西南大学伊朗研究系列丛书
国家语委项目《中东国家语言政策与实践研究》(YB125-12)

中东国家语言政策与实践研究

A Study of Language Policy and Practice in the Middle East Countries

探索中东代表性国家语言政策形成的多种因素，探索语言政策的丰富实践，解读语言政策的作用以及深远影响

冀开运◎主编

时事出版社
北京

图书在版编目（CIP）数据

中东国家语言政策与实践研究/冀开运主编. —北京：时事出版社，2018.2
 ISBN 978-7-5195-0159-4

Ⅰ.①中… Ⅱ.①冀… Ⅲ.①语言政策—研究—伊朗 Ⅳ.①H733

中国版本图书馆 CIP 数据核字（2017）第 271674 号

出 版 发 行：时事出版社
地　　　址：北京市海淀区万寿寺甲 2 号
邮　　　编：100081
发 行 热 线：(010) 88547590　88547591
读者服务部：(010) 88547595
传　　　真：(010) 88547592
电 子 邮 箱：shishichubanshe@ sina.com
网　　　址：www.shishishe.com
印　　　刷：北京朝阳印刷厂有限责任公司

开本：787×1092　1/16　印张：16.75　字数：280 千字
2018 年 2 月第 1 版　2018 年 2 月第 1 次印刷
定价：98.00 元

（如有印装质量问题，请与本社发行部联系调换）

目 录

绪 论 /1
 一、语言与语言政策理论分析 /1
 二、国内外学术史回顾 /5
 三、研究思路与方法 /12

第一章 以色列语言政策与实践 /15
 第一节 以色列的希伯来语政策 /16
  一、以色列希伯来语政策根源探析 /17
  二、犹太人的语言意识形态分析 /23
  三、希伯来语从第二语言教学到母语教学的转变 /30
  四、以色列中小学希伯来语的母语教学 /34
  五、以色列犹太移民的希伯来语教学政策 /42
  六、希伯来语是阿拉伯语人的第二语言 /56

 第二节 以色列的阿拉伯语政策 /63
  一、阿拉伯语在以色列的地位分析 /63
  二、阿拉伯语在以色列处于弱势地位的根源探析 /67
  三、阿拉伯语作为阿拉伯人的母语教学政策 /76

 第三节 以色列的英语政策 /81
  一、英语在以色列传播与发展的历史 /82
  二、英语在以色列传播的影响因素 /85
  三、以色列独立后学校的英语教学政策 /88

第二章　伊朗语言政策与实践　/98

第一节　伊朗语言概况　/98
一、伊朗的语言和种族特点　/98
二、伊朗历史上的语言政策和规划　/99

第二节　伊朗的官方语言政策　/102
一、波斯语的纯洁运动　/103
二、1925 年之前的波斯语纯洁运动　/104
三、1925—1979 年现代化改革中的波斯语政策　/105
四、1979 年伊斯兰革命之后　/113
五、结论　/114

第三节　伊朗少数民族语言政策　/116
一、伊朗少数民族语言概况　/117
二、恺加王朝时期的波斯语优先政策　/119
三、巴列维王朝时期的强制同化政策　/120
四、伊斯兰共和国时期的语言多元化发展政策　/121
五、结论　/122

第四节　宗教语言政策　/122
一、伊朗宗教语言概况　/123
二、伊朗宗教教育　/125
三、恺加王朝时期　/126
四、巴列维王朝时期　/128
五、伊斯兰共和国时期　/129
六、结论　/130

第五节　伊朗外语教育政策　/131
一、外语教育　/131
二、伊斯兰革命之前的外语教育政策　/132
三、伊斯兰革命之后外语教育的政策　/134
四、结论　/137

第六节　伊朗语言政策形成的原因　/138
一、政治　/139
二、宗教　/141

三、民族主义 / 143

　　四、全球化 / 145

　　五、结论 / 146

第三章 土耳其语言政策与实践 / 150

第一节 土耳其语言改革与语言政策 / 150

　　一、关于语言的争论 / 152

　　二、共和国之后：国家精英和社会 / 155

　　三、土耳其共和国建立的背景 / 156

　　四、共和国前十年的民族主义：土耳其化 / 158

　　五、在民族构建中的语言 / 161

　　六、地位规划：语言的官方化 / 161

　　七、语料库规划 / 163

　　八、字母革命 / 163

　　九、语言革命 / 166

　　十、太阳语言理论 / 167

　　十一、对语言政治的评价 / 168

　　十二、国际比较 / 173

　　十三、结论 / 175

第二节 土耳其的外语教育政策 / 176

　　一、土耳其外语教育的背景简介 / 176

　　二、土耳其外语传播和教育的历史回顾 / 176

　　三、1989—1997年大讨论：外语教育还是用外语教学 / 181

　　四、结论 / 183

第四章 阿拉伯国家语言政策与实践 / 185

第一节 《古兰经》降世与古典阿拉伯语 / 187

　　一、古莱氏方言的特殊地位 / 187

　　二、古典阿拉伯语的诞生 / 189

第二节 阿拉伯帝国语言政策 / 191

　　一、古典阿拉伯语在阿拉伯半岛内的传播 / 191

二、阿拉伯语走出阿拉伯半岛 / 192

第三节 阿拉伯语的规范化过程 / 201
一、语音与文字 / 203
二、语法 / 205
三、词典 / 206
四、修辞 / 208

第四节 1258年后中东阿拉伯语的地位 / 209

第五节 北非阿拉伯国家语言政策异同比较 / 217
一、摩洛哥语言政策与实践 / 217
二、阿尔及利亚语言政策 / 222
三、突尼斯语言政策与实践 / 227
四、突尼斯共和国的语言教育 / 231

第六节 埃及的语言思想 / 233
一、埃及语言思想 / 233
二、古典阿拉伯语的认知价值 / 236
三、不同场合使用不同的阿拉伯语 / 237

第七节 沙特阿拉伯双语制与英语教学 / 238
一、英语——沙特的第二语言 / 238
二、沙特英语教学的现状及存在的问题 / 240
三、沙特学生的英语学习困难 / 243
四、结论 / 245

第八节 约旦中小学英语教学 / 245
一、约旦对英语教学的重视 / 246
二、约旦公立学校和私立学校的英语教学 / 246
三、约旦中小学的英语教学目标 / 248
四、英语师资培训 / 249
五、结论 / 251

参考文献 / 252

绪 论

一、语言与语言政策理论分析

什么是"语言",语言是对人类的认同、发展和文明的一种反映,是一种被人们用来交流沟通、传达信息和维持人类社会地位的工具。人们凭借语言能够传达他们的愿望、规范、情感和价值观。每一个民族都有自己的民族语言,通过民族语言可以认识到自我和其他民族,同时民族语言也是一种文明、进步的工具,是反映某个民族现实存在的一面镜子。只有通过一门共同的语言,才能使同一群体实现行动的一致性,从而写就一段共同的历史。[①] 不同的民族、不同的国家拥有不同的语言政策,共同书写世界语言史上的绚丽篇章。

那么何谓"语言政策",目前学术界对语言政策的概念还没有统一的界定,但是无论定义如何界定,都必须以特定国家和历史文化背景为基础。语言政策是语言冲突与矛盾的产物,它能够反映一个国家的战略意图,并且深受一个国家的历史、民族、宗教、文化、政治等多种因素的制约,同样它可以反映出一个国家统治者的意识形态。以色列语言学家博纳德·斯波斯基对"语言政策"有过这样解释:语言政策是由语言实践[②]、

[①] 尼古拉斯·奥斯特勒著,章璐、凡非、蒋哲杰等译:《语言帝国:世界语言史》,上海人民出版社,2011年5月版,第3页。

[②] 语言实践,即对语言库(linguistic repertoire)中各种语言变体(variety)所做的习惯性的选择模式。

语言信仰或语言意识形态①和语言规划或者语言管理②这三部分组成。③ 著名语言学家豪根认为，语言政策的制定过程可以分为四个阶段：前两个阶段是标准的选择（selection of a norm）和标准的制定（codification），后两个阶段是标准的实施（implementation）和标准的扩建（elaboration）。④ 语言学家克洛斯（Kloss 1969）则把标准的选择叫作"地位规划⑤"，把标准的制定叫作"本体规划⑥"。

斯波斯基在《语言政策——社会语言学中的重要论题》一书中将语言政策定义为是"对语言做出选择。这种选择可能是对于语言中某一具体的语音语调或表达方式的选择，也可能是对语言中某一具体的语言变体的选择；这种选择可能是由个人来做出，也可能是由一个社会制定的群体来做出，还可能是由一个对这种群体有管理权的机构来做出；这种选择可能从个人或群体的语言行为（即语言实践）中找到，也可能从个人或群体的语言意识形态或语言信仰中找到；最后，这种选择可能以显性的方式表现在正式的语言管理中或权威机构所做出的承诺中"。⑦

语言政策可以应用于语言的各个方面，例如：语音、拼写、词汇选择、语法或问题、不良语言、种族歧视语言、猥亵语言或标准语言；语言政策也可应用于非自立语言；也可应用于得到认可的自立语言，如何处理语言编译以及如何对语言变体进行分类，这些成为语言政策的中心内容。不可否认的是把语言政策的关注焦点放在政治单位上是理所当然的，因为语言政策与权利权威密切相关。在当今世界，国家是权力彰显的地方，政

---

① 语言信仰或语言意识形态，即对语言本身和语言使用的信念。
② 语言规划或语言管理，即通过各种语言干预、规划或者管理的方法来改变或影响语言实践的具体行为。
③ 博纳德·斯波斯基著，张治国译：《语言政策——社会语言学中的重要论题》，商务印书馆，2011年9月版，第7页。
④ "标准的选择"，是指某人发现了语言问题；"标准的制定"，是指语言的书面或者口头形式、语法和词汇的标准制定；"标准的实施"，是指确保政策受到目标人群的接受和执行；"标准的扩建"，是指不断修改已经制定的标准，以满足现代化发展的需要。
⑤ 地位规划，是指选择一种语言的某一种具体变体作为常用语言。
⑥ 本体规划，是指在同一语言的使用过程中对具体语言成分的选择。比如，塞尔维亚人要剔除塞尔维亚语中的克罗地亚语的成分；2005年1月19日，韩国汉城市市长李明博举行记者招待会，宣布把汉城市的中文名称改为"首尔"，"汉城"一词不再使用，这就是本体规划的具体体现。
⑦ 博纳德·斯波斯基著，张治国译，赵守辉审订：《语言政策——社会语言学中的重要论题》，商务印书馆，2011年9月版，第244页。

府机构是依靠宪法建立起来的,它拥有公民管理权。原则上任何政府都能够依照宪法、法律或规章制度来制定语言政策,并且有办法实施或执行这些语言政策。

语言政策理论的第一大特点是语言政策成分的三位一体性,即语言实践、语言信仰或语言意识形态、显性的语言政策或语言规划。第二个特点是语言政策不仅与某一特定的语言变体有关,还与语言各个层面的个体成分有关。第三个特点是语言政策运行于各种大小不一的语言者社区中。第四个特点是语言政策在复杂的语言生态关系中所发挥出来的作用。①

语言作为有效的信息传递者和创造者的特征,导致它经常被思想政治家所控制,因为他们发现这是实现他们改造社会以及实现他们想象的多种方法中最有吸引力的一个领域。政治集团根据自身的政治、经济和文化地位出于维护自身的话语权和主导权,并参照当时的语言实践,制定出相应的语言政策。通常来讲,19世纪时,在一个民族国家出现紧急情况之后,语言的使用就已被当作区别一个国家与另一个国家的方法,产生的结果则是语言与政治的关系更加靠近。肖哈米(Shohamy)将语言政策描绘为"建立语言习惯的原则"。② 在权利中,这些常常发展成为一些原则,在特定的国家这些原则是母语和外语的适当使用。因此,语言政策的制定具有强烈的主观性和客观性,既打上了统治阶级的烙印,也反映了一个国家和民族的诉求。

社会学、心理学、语言学、人类学、社会政治学特别是社会语言学这些学科的发展为语言政策的正式化铺平了道路,在1960年成为了一个新的学术性领域。该领域的发现给教育领域带来了许多与语言相关的问题,吸引了许多学者的注意力。

从一个国家到另一个国家,可能呈现许多不同的语言政策;在它们具体制定语言政策时,语言政策决策者可能都会意识到历史、经济、文化和政治的差异,调整政策和为满足公众最基本的需要及为权力提供解决方

---

① 博纳德·斯波斯基著,张治国译,赵守辉审订:《语言政策——社会语言学中的重要论题》,商务印书馆,2011年9月版,第320页。

② Shohamy describes language policy as "a set of principles regarding language behavior." A. MajidHayati and Amir Mashhadi, Language planning and language-in-education policy in Iran, Language Problems and Language Planning, Vol. 34, 2010, p. 80.

法，在他们制定政策时，如梅尔（Mey）和麦克豪尔（McHoul）宣称的那样：为了获得合法的公众的忠诚以及实际使用，一种语言必须要在文化习俗以及社会实践中有明显的使用价值……；必须提供一个合理的结构，还要与经济体系和部分问题保持一致。[①] 同样的思路，奥马尔也主张：为了能代表作为国家和官方的荣誉，一种语言必须要有一个好的形象。在这座荣誉大厦中使用者的自信是其组成部分，这份自信将会把这种语言带向一个新的高度。[②]

因此，建立一个合适的语言政策模式需要仔细分析语言使用者的需要，全面地科学研究在语言政策制定过程中所包含的因素。例如，在一个多语种和多方言的背景下，种族的语言权力就需要完整的说明。一方面，在多语种或多方言的国家中在大力提倡官方语言和国语的同时，也要照顾民族团体的需要与他们对自己语言和文化的忠诚；另一方面，在国家和全球层面上官方语言具有优先权。在如此多语种和多方言的背景下，如果过分重视各地方言和少数民族的语言，将会导致社会语言的混乱以及国家认同的弱化，妨碍整个社会的交流与整合。

通过所列举出来的这些思考，可以得出政策制定者在制定语言政策时要努力避免种族的和语言学的倾向，要尊重在国内所使用的每一种语言，反对任何一种民族沙文主义和民族分离主义。例如，在教育领域，他们应该尝试着扩大少数民族在语言上的权利，让他们平等地获取知识和其他的教育服务，阻止因语言分布不均而造成的社会经济的不平等。虽然这一过程极度困难，但是却非常有必要的。豪内特（Howlett）和拉梅什（Ramesh）概述了这样一个方法：制定语言政策的四步模型，在这里面所有的阶段都是分离的又是相互关联的；在这个模型中的四步分别为：设立原因，规划，决策制定，评估和执行。[③]

语言政策是一个全新的领域，它与社会语言学同步发展。目前，语言

[①] Luke, A, A. W. McHoul & J. L. Mey, On the limits of language planning: Class, state and power. R. B. Baldauf, Jr. & A. Luke, eds. Language Planning and Education in Australasiaand *the South Pacific*. Clevedon: Multilingual Matters, 1990, pp. 25–44.

[②] Omar, A. H, Language planning and image building: The case of Malay in Malaysia, International Journal of the Sociology of Language, 1998, pp. 49–65.

[③] Howlett, M. & M. Ramesh, Studying Public Policy: Policy Cycles and Policy Subsystems, Oxford: Oxford U, 1996, p. 58.

政策的研究至少有50年的历史，尤其是最近20年来，人们对语言政策越来越感兴趣，而且也出现了一些比较有代表性的研究成果。随着研究的深入，人们逐渐认识到语言政策与政治科学、历史学、公共管理学和教育学（尤其是教育语言学）之间出现了自然的重叠现象。一般而言，研究一个国家的语言政策，最好最直接的方法就是研究该国的语言教育政策。

在语言教育政策中经常会遇到各种各样的基本问题。其中第一个基本问题就是要解决选择何种语言作为学校教学媒介语的问题。通常情况下，儿童在未上学之前，就已经掌握了众多本地语变体或者方言中的一种或者多种，但是他们在学校期间就需要掌握一门定制的语言，该语言一般是本国的官方语言、国语①、宗教语、古典语或者标准语。② 第二个基本问题就是学校要解决的相关问题是：何时开始教授儿童学校指定的语言，以及何时开始把学校语言作为教学用语。语言政策的第三个基本问题是母语和学校语言之外的语言教学。在大多数国家的教育体系中，一般都开设至少一门外语课。这些外语往往都是主要的国际性语言、重要邻国语言或者外语。③ 在全球化的浪潮中，英语作为一门全球性语言越来越成为世界许多国家的首选外语。总之，学校是语言政策应用与研究的一个中心领域，④也是本书主要研究的对象。

二、国内外学术史回顾

（一）国内研究现状

随着语言政策研究的兴起，国内相关的期刊论文也逐渐增多，一般从语言与民族关系、希伯来语的复兴、以色列教育、阿拉伯人的教育、阿拉伯语的地位等角度研究。

---

① 官方语言和国语在有些国家是对等的，但是在有些国家则不同。例如，中国的官方语和国语都是汉语，而新加坡的官方语是英语、汉语、马来语和泰米尔语，但是新加坡的国语只是马来语。国语是国家身份的象征，所以，国语一般是本土语言。

② 博纳德·斯波斯基著，张治国译：《语言政策——社会语言学中的重要论题》，商务印书馆，2011年9月版，第55页。

③ 博纳德·斯波斯基著，张治国译：《语言政策——社会语言学中的重要论题》，商务印书馆，2011年9月版，第56页。

④ 博纳德·斯波斯基著，张治国译：《语言政策——社会语言学中的重要论题》，商务印书馆，2011年9月版，第57页。

1. 与中东国家语言政策相关的专著

中国社会科学院民族所课题组等编写的《国家、民族与语言——语言政策国别研究》（语文出版社，2003年4月），编者是以国家与民族为视角，研究世界五大洲共22个多民族国家的语言政策。编者认为语言政策、语言规划和语言立法属于政府行为，是国家干预语言使用的主要手段，对国家的稳定、民族的团结、经济的发展都有重要影响。其中简要分析了以色列语言政策和土耳其语言政策。周玉忠的《语言规划与语言政策：理论与国别研究》（中国社会科学出版社，2004年）主要从语言政策理论、语言立法、语言传播、国别研究与跨国研究这四方面进行论述，但主要面向世界上的主要语言和主要国家，对中东地区的研究近乎空白。国少华教授在《阿拉伯—伊斯兰文化研究——文化语言学视角》（时事出版社，2009年）中涉及到《古兰经》与阿拉伯语关系、阿拉伯语传播途径与动力、阿拉伯帝国语言政策、阿拉伯语地位的演变及其原因。全书气势恢宏，内容丰富，引证丰富，分析深刻，见解独特。特别是作者大量引用阿拉伯语专著，站在阿拉伯—伊斯兰文的角度论述了北方阿拉伯语、古莱氏方言、《古兰经》语言、古典阿拉伯语、标准阿拉伯语以及阿拉伯语各地方言的演变过程，解读了语言与文化之间复杂细腻微妙的关系。本书是我国思考阿拉伯国家语言政策的权威专著。仲跻昆先生100万字的《阿拉伯文学通史》（译林出版社，2010年）对理解阿拉伯语言和文学的历史具有权威性的参考价值。中国社科院研究员杰出的波斯文学研究专家穆宏燕在《波斯古典诗学研究》（昆仑出版社，2011年）里对现代波斯语产生的时代背景进行了精辟解读。北京大学昝涛教授在《现代国家与民族建构：20世纪前期土耳其民族主义研究》（生活读书新知三联书店，2011年）解读了土耳其荒谬的史学观，认为土耳其为了建构自己民族的伟大和文明，用简单的意识形态臆造历史，竟然相信所有的闪族语和雅利安语都起源于土耳其语。唐志超在《中东库尔德民族问题透视》（社会科学文献出版社，2013年）涉及到库尔德语在伊拉克、伊朗、土耳其、叙利亚的地位与相关语言政策的演变。以上七部著作是从语言政策的相关理论概念、语言的传播、语言规划以及国外语言政策等几个角度进行研究，是目前国内研究语言政策比较有代表性的学术成果，但仍有不足。目前涉及到中东国家语言政策的中文学术专著微乎其微，而且研究的对象过多地集中在欧美等国家，对其他发展中国家的语言政策研究的较少，目前国内全面而又成理论体系的研究成果不多，部分是借鉴国外语言政策相关的理论体系，这方面有待提高。

2. 以色列语言政策

钟志清在2010年《历史研究》第2期发表的《希伯来语复兴与犹太民族国家建立》一文分析了希伯来语复兴的是希伯来语口语，希伯来语的书面语言并没有死亡，希伯来语的口语在犹太复国主义运动中得以复兴，并成为了现代犹太民族的世俗语言，他认为希伯来语在现在社会中的复兴轨迹在一定程度上折射出犹太民族的兴衰历程。林书武的《希伯来语成为以色列民族通用语的原因》（《外语研究》，2001年第1期）从政治、民族归属感、宗教、历史四个方面论述以色列民族通用语的成因，认为希伯来语成为通用语言是一个特例，它不是一个民族的政治中心、经济或文化中心地区的方言，而是一种古老语言的复活。汪文清、王克非的《以色列社会现实与多语言教育政策分析》（《理论建设》，2008年第6期）认为，由于以色列特殊的社会现实促使以色列制定了符合自身发展和对外友好交往的多语言教育政策。作者分析了多语言教育政策产生的背景以及多语言教育政策制定和发展走向。作者认为，多语言教育政策仍将继续，但是希伯来语是该国全球化时代的最主要语言，其主导地位是不可动摇的，基于现实的需要，英语和阿拉伯语仍在其外语政策中占有极其重要的地位。

李先军的《减少文化摩擦及促进民族和解的新举措——以色列双语言、跨文化教育》（《世界民族》，2006年第6期），从双语言、跨文化教育的角度解读减少文化摩擦和促进民族和解的新举措，作者通过分析得出结论：以色列的双语言、跨文化教育以培养犹太学生和阿拉伯学生之间的伙伴关系为主要手段，以促进文化理解和民族融合为目的，同时这种教育模式对世界其他国家的少数民族教育有积极的借鉴意义。贺红霞的《浅谈以色列语言教育现状和政策》（《西安文理学院学报》（社会科学版），2009年8月，第12卷第4期），分析了国内外对以色列语言教育政策的研究现状，并对以色列教育发展的历史背景、以色列的教育及政策和以色列的相关语言政策做了概括性研究，内容广泛但缺乏深度。

张灵敏的《教育与以色列阿拉伯人的发展：1948—2000》（华东师范大学，2007届研究生硕士学位论文）一文，从教育角度解读阿拉伯人的发展，分析了以色列阿拉伯人教育的发展，并以1967年为界分两个时期，分别分析了以色列阿拉伯人教育发展存在的问题及其原因，最后作者分析了阿拉伯人的教育发展的影响。其中涉及到了阿拉伯语的教育内容。李志芬的《以色列阿拉伯人社会地位之探析》（西北大学硕士学位论文，2006年4月）通过剖析以色列国内的阿拉伯人政策、阿拉伯人的经济和社会状况、阿拉伯人的政治活动三个方面勾勒了阿拉伯人在以色列作为二等公民的身份地位。她在2011年《西亚非洲》第7期发表的《主体民族主义与国族构建的悖论——以色列民族政策思想之评析》中认为，国家的犹太属性、内部殖民主义以及分而治之这三个方面是处理以色列国内阿拉伯人民族关系的基本思想，从而使它竭力张扬的民族主义与国族的构建产生了深刻的悖论，进而影响该国的稳定、健康与和谐发展。邱兴的《以色列阿拉伯中小学教师素质研究》（《外国中小学教育》，2004年9期）主要以学校教育的视角论述以色列阿拉伯中小学教师素质，分析了其现状、产生教师素质问题的成因及其解决途径。

3. 伊朗语言政策

国内著名的伊朗史前辈王兴运教授在《古代伊朗文明探源》（商务印书馆，2008年）中论述了埃兰时期象形文字、线性文字和楔形文字之间关系。李铁匠先生在《伊朗古代历史与文化》（江西人民出版社，1993年）和《古代伊朗文化史》（苏州大学出版社，2003年）中论述了阿契美尼德王朝的楔形文字和安息帝国时的语言和文学。孙培良先生在《萨珊朝伊朗》（西南师范大学出版社，1995年）中提到萨珊王朝使用中波斯语，也叫帕勒维语，并分析了这种语言与阿拉米字母之间的关系。由李海峰主编的《古代近东文明》（科学出版社，2014年）提到古波斯帝国的语言政策。蔺焕萍在《论现代伊朗之父礼萨汗改革》（《洛阳师范学院学报》，2001年第3期）涉及到巴列维王朝前期波斯语纯洁化运动。

4. 土耳其语言政策

中央民族大学王远新在《语言文字改革与现代土耳其书面语的发展》（《突厥历史语言学研究》，中央民族大学出版社，1995年）中论述了土耳其语言政策及其历史根源。

5. 阿拉伯国家语言政策

於荣的论文《摩洛哥的阿拉伯化语言政策及其对摩洛哥教育发展的影

响》(《外国教育研究》，2013年第6期）和李宁的论文《摩洛哥官方语言政策变迁背景分析》(《阿拉伯世界研究》，2013年第3期）阐述了摩洛哥的语言政策。刘晖、于杰飞的论文《阿拉伯语在阿尔及利亚的发展及现状调查》(《阿拉伯世界研究》，2009年第4期）和白少辉的论文《突尼斯共和国的语言政策》(《云南师范大学学报》，2007年第1期）简要论述了阿尔及利亚和突尼斯的语言政策。但中国学术界对埃及、沙特、约旦、伊拉克等其他阿拉伯国家的语言政策几乎没有涉及。

（二）国外研究现状

国外对以色列语言政策研究主要集中在以色列国内，其中巴依兰大学的博纳德·斯波斯基（Bemard Spolsky）教授和特拉维夫大学的埃尔纳·肖哈密[①]（Elana Shohamy）是研究以色列语言政策的代表性学者，研究著述颇丰。

20世纪90年代中期，博纳德·斯波斯基负责的语言研究中心受以色列教育部委托，研究、规划以色列新的国家语言政策，该中心为教育部草拟的《国家语言政策》由以色列教育部于1996年发布实施，新的语言政策鼓励以色列学生在掌握希伯来语、阿拉伯语和外语的同时，努力学习其他语言，例如意第绪语、俄语、法语、德语或者西班牙语等。

博纳德·斯波斯基（Bemard Spolsky）与埃尔纳·肖哈密（Elana Shohamy）发表了 Languages of Israel: Policy, Ideology and Practice（Clevedon: Multilingual Matters Ltd, 1999）一书，该著作主要分析了以色列的语言现状，作为母语的希伯来语的习得和传播，以及少数民族的语言——阿拉伯语的地位和学习情况，接着作者概括了希伯来语作为通用语言的概况以及其他犹太移民的语言政策，并为以色列如何制定合适的语言政策提出建议，是目前研究以色列语言政策比较权威的一本专著。博纳德·斯波斯基发表的 Language in Israel: Policy, Practice, and Ideology（Georgetown University Press, Digital Georgetown, and the Department of languages and linguistics, 1999）一文中，主要说明了以色列的语言政策、语言实践以及语言意

---

① 埃尔纳·肖哈密（Elana Shohamy），以色列当代语言学家，以色列特拉维夫大学的教授，著有《第二语言研究方法》，与斯波斯基合著《以色列语言政策、实践和观念》(Language in Israel Policy, Practice, and Ideology) 等。

识形态，作者谈到希伯来语的复兴问题，并分析了最近25年以色列犹太复国主义的发展变化和俄裔犹太人的移民，直接影响了以色列的语言政策，最后作者列出了制定语言政策的一些原则。

博纳德·斯波斯基[①]的《语言政策——社会语言学中的重要论题》（商务印书馆，2011年9月）是目前研究语言政策理论中比较具有影响力的经典译著，该著作探讨了语言政策内涵、本质及其应用领域。作者认为，语言是重要的，任何排除语言的社会研究都是不完善的，应需要从最广阔视野下来看待语言和语言政策，而不要将语言和语言政策视为一个封闭的世界。在文章中，作者对中东国家语言政策及其影响进行了宏观论述。

英国尼古拉斯·奥斯特勒的《语言帝国：世界语言史》（上海人民出版社，2011年5月），该书把各种不同类别、形态的语言整合到一起、巧妙熔于一炉，通过世界历史上一段段与语言有关的故事，反映一个民族的真实特性及其在历史上所经历的盛衰涨落。回顾了曾在世界上有着重要影响力的语言如何从本土传播到世界各地，也论述了诸多语言在传播过程中所遭受的失败。作者指出在中东4500年历史中阿卡德语、阿拉米语（也称阿拉姆语、阿拉马语）和阿拉伯语先后占支配地位。作者还论证了阿拉伯语成为强势语言的过程，解读了伊朗高原双语制的形成原因和波斯语在伊朗高原、中亚和印度的历史地位。德国汉斯·约阿西姆·施杜里希的《世界语言史》（山东书画出版社，2009年）简略论述了上古波斯语、中古波斯语和现代波斯语之间的联系，指出现在希伯来语与《圣经》希伯来语之间、土耳其语与德语之间的区别，分析了阿拉伯语中外来词汇以及阿拉伯语对其他语言的影响。荷兰艾布拉姆·德·斯旺在《世界上的语言——全球语言系统》（花城出版社，2008年）提出超超中心语言（英语）、超中心语言（阿拉伯语、汉语、英语、法语、德语、印地语、日语、马来语、葡萄牙语、俄语、西班牙语、斯瓦西里语）、中心语言和边缘语言的系统分析方法。美国希提的《阿拉伯通史》（商务印书馆，1979年）是一部研究阿拉伯帝国和阿拉伯国家语言政策必须参考的权威性专著。

周庆生等编译的《国外语言政策与语言规划进程》（语文出版社，

---

① 博纳德·斯波斯基（Bernard Spolsky）是以色列巴依兰大学（Bar-Illan University）荣休教授、美国马里兰大学国家外语研究中心（NFLC）高级研究员、上海海事大学语言政策与语言规划研究所名誉所长。

2001年12月），是一部囊括了大洋洲、欧、美、亚、非几大洲一些主要国家的语言政策和语言规划的论文和文献的译文文集，主要分为语言政策、语言立法、语言规划和语言传播四大部分内容。此书的出版，为我们研究各国有关语言政策、语言立法、语言规划提供了丰富的资料。

姚小平译的《研究语言传播所用的分析框架：以现代希伯来语为例》（《国际社会科学杂志》，1985年第2卷第4期）将语言传播定义为一个交际网络为了实现特定的交际功能，而采用某种语言或者语言变体随着该网络的规模得以扩大的现象。很可能没有什么语言的使用程度是始终稳定不变的。语言不是在传播就是在缩小使用范围。并以希伯来语为例说明这些观点，通过分析，作者认为，希伯来语是唤醒和保持民族主义情绪的主要象征，提倡使用希伯来语意味着提醒使用它的人不要忘记祖先的光荣传统，对于希伯来语的复活和传播，意识形态方面的动机可能不如使用方面的动机重要。

Dafna Yitzhaki 的 *The discourse of Arabic language policies in Israel：insights from focus groups*（*Lang Policy*（2010）9：335－356），这篇文章主要研究了以色列少数群体和多数群体的公众使用阿拉伯语的态度和前景，通过分析32位来自以色列犹太学生和阿拉伯学生的数据，揭示了对当代以色列语言政策产生影响的根本原因。

阿里·贾巴林（Ali Jabareen）的 *Language Policy and the Status of Arabic in Israel*（http：//www.qsm.ac.il/asdarat/jamiea/9/3—Ali%20Jabareen.pdf.）主要分析了历届以色列政府对阿拉伯语采取的语言政策，进而剖析了阿拉伯语在以色列的地位、产生消极影响的政治原因及历史原因，作者认为阿拉伯语在以色列已经被边缘化了，这是一个不争的事实。

在 Muhammad Hasan Amara &ABD AL-Rahman Mar 合著的 *Language Education Policy：The Arab Minority in Israel* 一书中主要研究了在以色列的阿拉伯人的语言教育政策，这本书共分8章，主要为以色列阿拉伯人的现状、阿拉伯语在世界以及以色列国的使用情况、阿拉伯语是阿拉伯人的母语、希伯来语是以色列阿拉伯人的第二语言、英语是以色列阿拉伯人的第一外语、法语则是以色列阿拉伯人的第二外语，最后作者分析了以色列对待阿拉伯语、希伯来语以及英语的态度和语言意识形态。此著内容非常详实，是研究以色列阿拉伯少数民族语言政策不可多得的专著。

综上所述，外国学者研究水平远远高于中国学者，中国学者对中东国家语言政策的研究还刚刚开始。

三、研究思路与方法

《中东国家语言政策与实践研究》是国家语言文字委员会公布的十二五期间科研立项项目。中东是一个多种族、多文化、多宗教和多语言的地区，在这种复杂的社会和文化背景下，中东各国是如何打造新的民族认同，如何解决国内不同民族、不同文化和不同语言之间的矛盾与冲突，从而使古老文明、宗教传统与时俱进，适应现代社会的文明与发展。本书研究的重点是归纳20世纪中东各国语言政策措施，并探讨语言政策形成历史根源。本文用比较客观的态度来总结推动现代伊朗语言政策制定的原因，力求有所创新。在世界现代化进程中，每一个国家都在试图保留自己的民族特色，强化国家认同，这是中东国家制定语言政策的最根本原因，而想要加入世界现代化的浪潮中，推动国家的发展，这是语言政策制定的直接原因。实现民族化与全球化之间的平衡，正是中东国家制定语言政策的立意所在。

本书在结构上，共分为五部分，第一部分是绪论。

第一章论述以色列语言政策与实践。以色列是以犹太人为主体的、具有犹太国属性的现代民主国家，同时又是多民族、多语言的移民国家。本章通过分析希伯来语、阿拉伯语和英语在以色列的社会地位、历史发展、语言教学、课程设置、教学过程中存在的问题，对以色列语言政策有了一个比较全面的认识：希伯来语在犹太复国主义运动的浪潮中得以成功复兴，并且一跃成为以色列的主体语言，这与犹太复国主义、犹太教、社会沟通交流以及犹太知识分子的责任感等因素密不可分。政府积极推广希伯来语，并对犹太移民学习希伯来语提供政府资金支持，将学习希伯来语制度化，从而使其成为以色列占主导地位的民族语言。为了让阿拉伯少数民族能够认同以色列的公民意识，政府也对他们强化希伯来语第二语言的教育工作；与此同时，并未取消其他语言尤其是少数民族语言的使用。政府规定希伯来语和阿拉伯语同为官方语言，在阿拉伯社区的学校，阿拉伯语为母语教学语言，希伯来语是他们的第二语言，而英语则是阿拉伯人的第一外语。但由于多种因素的影响，阿拉伯语在以色列越来越处于弱势地位，甚至还面临着被边缘化的危险。

作为全球性语言，英语在以色列的地位日益提高，其地位仅次于希伯来语，在一定程度上甚至撼动了希伯来语的霸主地位。正因为如此，以色列语言政策的目的在于巩固和强化希伯来语的霸主地位，重视希伯来语教育；同时，由于各方需要，亦不放松对阿拉伯语教学的推广；而经济全球化和英语作为全球性语言的时代发展趋势，抬高英语的地位也正是顺应了时代发展的潮流。因此，以色列的希伯来语、阿拉伯语和英语这三种语言政策达到了传统与现代、主体民族与少数民族、全球化与民族化的一种平衡，有利于以色列现代民主国家的构建和现代公民社会的形成，也促进了以色列社会的稳定和综合国力的提升。

第二章论述伊朗语言政策与实践。伊朗的语言政策历史可以分为伊斯兰之前、公元7世纪至20世纪初、20世纪初至今。在伊斯兰化之前，波斯坚持着一种以波斯语为主，其他语言为辅的语言政策，创造出了灿烂的波斯文化。从公元7世纪起，伊朗开始了伊斯兰化进程，至公元11世纪伊朗完成了伊斯兰化进程，由于宗教政治上的改变，波斯语开始吸收阿拉伯语的词汇，不断扩大词汇和使用范围，但是这一时期阿拉伯语在波斯的地位开始由一门外来语言逐渐上升为一门重要的宗教政治语言，新波斯语在借鉴阿拉伯语的字母、词汇和语法的基础上诞生了。伊朗20世纪的历史，包含恺加王朝的末期、巴列维王朝时期和伊朗伊斯兰共和国时期。在巴列维王朝时期，在国家现代化改革的背景之下，政府推行从上而下的语言政策，其主要目的是要实现波斯语的纯洁性，剔除波斯语在发展过程中所吸收的外来词汇，并且推行了一种文化沙文主义，实行文化同化政策。在伊朗伊斯兰共和国时期，伊朗政府废除了巴列维王朝时期的一系列官方语言政策，开始推行有伊斯兰色彩的语言政策，波斯语依然是官方语言，但是对其他民族的语言也兼容并包，在外语教育上也以英语教育为主。伊朗语言政策的变化，因不同时期的政治经济文化需要而有所不同。在这一过程中，有兼容并包的时期，也有大国沙文主义的时候。综上所述，基本都是出于国家层面上的需要。本章归纳概括了伊朗现代语言政策在官方语言政策、少数民族语言、宗教语言以及外语教育上的特点，从而对伊朗语言政策的形成得出较为可靠的结论。

第三章论述土耳其语言政策与实践。土耳其语言文字改革起源于奥斯曼帝国时期，并一直伴随着激烈争论。在凯末儿革命中，在世俗化、西方化、民族化为特色的现代化改革中土耳其语言文字改革大获成功，并与现代民族建构和国家建构相配合。土耳其对自己民族语言的重视与对国内库尔德语言的压制形成鲜明的对比。在当今全球化时代，土耳其的外语教学与母语教学相得益彰。

第四章论述阿拉伯国家语言政策与实践。麦加古莱氏族的阿拉伯语是前伊斯兰时代阿拉伯半岛的共同语言。真主降世的《古兰经》正是用这种语言记录的，奥斯曼定本的《古兰经》语言因此成为古典阿拉伯语。在阿拉伯帝国时期，阿拉伯语是帝国的官方语言和当时的国际交际语言，同时古典阿拉伯语在众多语言学家的努力下日益完善。1258年阿拉伯帝国灭亡后阿拉伯语的地位依然尊贵。在西方殖民侵略期间，阿拉伯语地位被贬低，在阿拉伯各国独立后都实行阿拉伯化的语言政策，但英语、法语作为外语和精英社会交际用语其地位依然坚挺。其中摩洛哥、阿尔及利亚、突尼斯的语言政策，埃及的语言思想，沙特和约旦的外语教育政策在阿拉伯世界具有一定代表性。阿拉伯国家对柏柏尔语和库尔德语的政策可以代表这些国家的少数民族语言政策。

在研究方法上，首先，语言政策是多学科都涉及的交叉性学术问题，因此在研究过程中采用了多学科的理论与研究方法，努力收集国内外的研究成果，在充分收集中英文专著、期刊杂志、互联网等资料的基础上综合研究，已取得令人满意的研究成果。其次，采用史学实证法，在对史料收集尽可能全面的基础上，对中东国家语言所处的社会地位进行了深入的历史根源探析，并且通过分析、归纳与整理得出合理的结论，努力做到史论结合，论从史出。第三，借鉴国内外的相关研究成果，尝试对中东国家语言政策做出比较全面的分析，并对使用语言的人数、年龄、年级等数据做了图表分析，使文章更具有说服力。

第一章 以色列语言政策与实践

希伯来语在犹太复国主义运动的浪潮中得以成功复兴，并且一跃成为以色列的主体语言，这与犹太复国主义、犹太教、社会沟通交流以及犹太知识分子的责任感等因素密不可分。政府积极推广希伯来语，并对犹太移民学习希伯来语提供政府资金支持，将学习希伯来语制度化，从而使其成为以色列占主导地位的民族语言。为了让阿拉伯少数民族能够认同以色列的公民意识，政府也对他们强化希伯来语第二语言的教育工作；与此同时，并未取消其他语言尤其是少数民族语言的使用。政府规定希伯来语和阿拉伯语同为官方语言，在阿拉伯社区的学校，阿拉伯语为母语教学语言，希伯来语是他们的第二语言，而英语则是阿拉伯人的第一外语。但由于多种因素的影响，阿拉伯语在以色列越来越处于弱势地位，甚至还面临着被边缘化的危险。

作为全球性语言，英语在以色列的地位日益提高，其地位仅次于希伯来语，在一定程度上甚至撼动了希伯来语的霸主地位。正因为如此，以色列语言政策的目的在于巩固和强化希伯来语的霸主地位，重视希伯来语教育；同时，由于各方需要，亦不放松对阿拉伯语教学的推广；而经济全球化和英语作为全球性语言的时代发展趋势，抬高英语的地位也正是顺应了时代发展的潮流。因此，以色列的希伯来语、阿拉伯语和英语这三种语言政策达到了传统与现代、主体民族与少数民族、全球化与民族化的一种平衡，有利于以色列现代民主国家的构建和现代公民社会的形成，也促进了以色列社会的稳定和综合国力的提升。

第一节 以色列的希伯来语政策

以色列是一个多文化、多语言的移民国家。[①] 为了打造以色列民族认同，贯彻落实"一个民族，一种语言"的意识形态，政府积极推广希伯来语，并对犹太移民学习希伯来语提供政府资金支持，将学习希伯来语制度化，从而使其成为以色列占主导地位的民族语言。探究以色列希伯来语政策及其根源不得不研究希伯来语的复兴历史，这是制定以色列希伯来语政策最重要的历史背景，然后进一步剖析犹太人的语言信仰、以色列人的语言认同，以及希伯来语和阿拉伯语作为母语教学或者作为第二语言教学的政策，所有这些就构成了以色列语言政策的全部内容。下面就分别论述希伯来语的语言信仰、语言规范、希伯来语的母语教学以及犹太移民和阿拉伯人的希伯来语教学政策。

[①] 以色列是一个多语言国家，世界各地的犹太人在犹太复国主义的号召下如潮水般地源源不断地向巴勒斯坦汇集，尤其是以色列建国以后，出现了数次大规模的移民潮，其中最主要以20世纪90年代苏联的犹太人数量最大。据统计，90年代移居以色列的苏联东欧犹太人达到90万。目前以色列有120万苏联犹太移民，约占以色列现有犹太人口的17.7%。由于俄裔犹太移民长期受到俄罗斯社会的同化，因此对犹太文化和俄罗斯文化的亲和度明显不同，更多的俄裔犹太人（尤其是90年代以后的新一代俄裔犹太人）更加亲睐俄罗斯文化。新一代俄裔犹太人来到以色列，他们受到了以色列本土社会的排斥，为了保证自身的生存和发展，这些移民群体表现出了强大的内部凝聚力，具有强烈的俄罗斯化倾向。其中在对待语言的态度上最为明显，在以色列，大约有五分之一的以色列人说俄语，在以色列很多地方处处都有说俄语的以色列人，从产房、老年病房和投票箱到饭馆和夜总会，甚至在阿什德和艾斯卡兰之类的城镇，俄语成为了官方语言。在"俄罗斯街"，俄语是最为常用的交际语言，新一代俄裔犹太移民开设的商店、公司、娱乐场所、餐饮酒店、办事机构和民间组织都挂有俄语招牌，甚至在同政府或者企业签订的各种合同中使用的书面语言也是俄语。不少商品、广告、影视节目，除了用希伯来语和阿拉伯语书写外，还附加上了俄语说明。同时俄语作为新的民间语言也在公共教育中占有一席之地，获得了与阿拉伯语、意第绪语同等重要的地位。即便是他们在说希伯来语时，俄语味仍然非常浓厚。俄语的报纸和杂志有几十种之多，如《消息报》《每周新闻报》《我们的祖国报》《论坛报》等。随着互联网的兴起，许多俄语网站蓬勃发展，为俄裔犹太移民搭建了迅捷简便的信息互动平台，如"以色列消息网""以色列城市网""以色列地球仪网""联盟网""大屠杀网"等等。针对这种情况，以色列当局对新俄裔移民子女开展了文化适应教育和服务，缩小了他们与本土居民子女之间的心理和知识差距，为他们融入以色列学校和社会生活提供了帮助。以色列的语言教育政策在此过程中发挥了巨大作用，不仅让移民子女本身接受了犹太文化、历史宗教的学习，而且充分发挥"希伯来语是唯一由孩子来教父母的语言"的特殊作用，通过移民子女对其父辈产生了犹太文化的辐射功能，成为促进俄裔犹太移民尽快融入以色列本土社会，打造犹太民族新的认同积极因素。由于收集资料、文章篇幅和笔者的水平有限，以色列的其他语言的政策在本章中不做研究，本文主要研究以色列的希伯来语、阿拉伯语和英语这三种语言政策（资料参见周承的《以色列新一代俄裔犹太移民的形成及其影响》，时事出版社，2010年11月版，第160—179页）。

一、以色列希伯来语政策根源探析

一种共同的语言是一个民族文明中最重要的组成部分。希伯来语是一门古老而又神圣的语言，是识别犹太人的一个重要标志，同时也是犹太民族的一个重要特征。尽管历史上希伯来语是犹太人的通用语言，但是，随着犹太人国家的灭亡，成为了波斯人、希腊人、罗马人等其他民族压迫的对象，尤其是罗马人的残酷统治，大批的犹太人逃离了故土，开始了长达1800多年的流亡历史，希伯来语逐渐消亡。在此过程中希伯来语逐渐被其他语言取代，由于宗教的缘故，保留了书面希伯来语，但是希伯来语的口语功能已经消亡。19世纪中后期的犹太复国主义运动又为这门古老的语言燃起了希望，由于"一个民族，一种语言"的意识形态越来越深入人心，犹太民族语言——希伯来语[①]得以在犹太复国主义运动中成功复兴，成为

---

① 希伯来语，属于中东闪含语系闪语族的一个分支，语言学家通常把公元前12世纪以色列历史上的士师时期作为希伯来语发展史的起点，它经历了四个时期，即古典希伯来语时期、拉比希伯来语时期、中世纪希伯来语时期和现代希伯来语时期。古典希伯来语时期（约公元前12世纪至公元前后）使用的是《圣经》希伯来语，这个时期约有8000个词汇，出现了比较完整的语法，它既是人们日常的交际工具，又是多部成文经典语言。拉比希伯来语时期与古典希伯来语时期在时间上是重叠的。语言学家把拉比们向学生口头传授律法到《密西拿》的完成大约500多年称为拉比希伯来语时期。这个时期是对有1000多年历史的希伯来语做一次全面的总结和完善，《密西拿》和《希伯来语圣经》一样是希伯来语的经典，它的词汇和语法是以后希伯来语的基础。拉比希伯来语不仅是全面总结，而且发展了希伯来语，《密西拿》完成之后，希伯来语沉寂下来，这个时期又称为《密西拿》希伯来语时期。拉比希伯来语时期后，犹太人流散到了世界各地，这个时期希伯来语毫无生气，至多是神学家和哲学家研究神学的工具，完全僵化为"圣洁的语言"。在漫长的中世纪，犹太人不断遭受宗教歧视和迫害，生存都难以保证，更谈不上民族语言的发展，但是在10世纪的西班牙，这里的犹太人生存条件稍微有所改善，希伯来语也有了一定的发展，希伯来语语言学家规范了希伯来语的语言规则，他们根据经典中的词汇和语法，建立比较系统的希伯来语词法学和语法学，出版了希伯来语的语法书，为现代希伯来语的复兴打好了基础。除了引进外来语中的词汇，还扩大了原有词汇的词义，使之适应社会和文化发展的需要，创造了一批新词，古老的希伯来语又充满了活力。并且出现了一批用纯正的希伯来语创作的伟大诗人。1890年希伯来语委员会在巴勒斯坦建立，标志着现代希伯来语时期开始，至今已有100多年的历史了，前50年是希伯来语的复兴阶段，后50年是希伯来语的现代化阶段。在复兴过程中埃泽尔·本—耶胡达做出了巨大贡献，在他的努力下成立了希伯来语委员会，并且创造了数以千计的新词汇，提倡简朴文风，确定新的语言规则，剔除古代语言中繁琐的、不实用的规则，从而使古老的希伯来语复兴了。在现代希伯来语中，词汇大增，主要有两个方面，第一，引进许多外来词汇，其中最多的是英语外来词汇；第二扩大希伯来语的词汇库。遏制外来词泛滥的最有效的办法是简化并规范词变规则，创造出更多新的希伯来语词汇，以满足日益增长的需要。除了创造新词以满足需要外，还扩大原有词汇的词义。希伯来语现代化从1948年算起已经50多年了，从总的趋势来看，为了适应科技发展和快节奏的生活，希伯来语的变化有三种倾向值得注意：一是向简便化方向发展；二是放弃闪族语言中某些很特殊的语言现象和规则（如繁琐的不规则变化和书写方式）；三是在语言发展方向上，更多地向英语靠拢。总之，语言文字是文化的载体，其自身也是文化的一部分，它反映出民族的传统、民族的智慧和民族的精神。希伯来语及其发展的历史正好反映出了犹太民族强盛的生命力、强大的凝聚力和强烈的返乡情结（资料参见王维雅主编：《东方语言文字与文化》，北京大学出版社，2002年11月版，第52—76页）。

了以色列的官方语言。

希伯来语复兴运动与许多欧洲民族主义的语言运动不同：那些运动的目的是要扩大本地语的使用范围，使之具有书面语的功能，而希伯来语复兴运动的任务则是要扩展一种书面语的使用范围，使之具有口语功能。① 饱经磨难而又充满智慧的犹太人成功地将希伯来语从一种复杂、生硬、费解的老式语言转化成为一种简明实用、逻辑性强、容易学习和掌握的现代语言。② 希伯来语的复兴不仅创造了世界语言史上的一个奇迹，而且还带来了希伯来文化的复兴，同时也标志着犹太民族的振兴。希伯来语得以成功复兴是由众多因素共同作用的结果。③

（一）犹太复国主义因素

犹太复国主义开始于19世纪的欧洲，是犹太社会中集政治、经济、文化、种族和社会价值取向等诸要素于一体的一种持久的社会思潮。④ 其最终目标就是犹太人在上帝的应许之地——巴勒斯坦，重建一个犹太人独立自主的民族国家。希伯来语的复兴就是在犹太复国主义运动中开始的。希伯来语的复兴是犹太复国主义的第一步，即复兴犹太民族古老而又神圣的语言，让世界各地掌握不同语言的犹太人响应犹太复国主义的号召返回锡安山，加入重建犹太国的运动中去。犹太复国主义运动与希伯来语的复兴是逐渐结合的，作为犹太复古主义的倡导者——赫兹尔起初不赞同希伯来语的复活，因为在他的著作当中谈到未来的犹太国家时，他认为上层犹太人可以说俄语或者德语，而下层民众则说意第绪语。当时在中、东欧，德语、俄语和意第绪语在犹太人中具有普遍性。于是他和一些犹太复国主义者认为，意第绪语是拿来使用的最便捷的语言。⑤ 但是希伯来语是犹太人神圣而又古老的语言文字，在大多数犹太人心中具有非常崇高的地位。最终还是支持希伯来语的人在犹太复国主义运动中占据了上风。随后犹太复国主义运动与希伯来语的复兴运动相辅相成，共同发展。并最终在第十届

---

① 周庆生：《国外语言政策与语言规划进程》，语文出版社，2001年12月版，第644页。
② 王二建：《希伯来语复兴的原因探析》，载《黑龙江史志》，2013年第17期，第150页。
③ 王二建：《希伯来语复兴的原因探析》，载《黑龙江史志》，2013年第17期，第150页。
④ 王铁铮：《从犹太复国主义到后犹太复国主义》，载《世界历史》，2012年第2期。
⑤ 王二建：《希伯来语复兴的原因探析》，载《黑龙江史志》，2013年第17期，第150页。

世界犹太复国主义者大会上批准了确定希伯来语为犹太复国主义运动和伊休夫①的正式语言。②

犹太复国主义者选择了希伯来语,从政治与文化上考虑选定希伯来语有以下几个因素:第一,不选择非犹太语是因为它们不具有犹太标志;第二,除希伯来语外犹太人使用的其他所有语言都带有大流散的烙印;第三,希伯来语是所有犹太人唯一共同的语言;第四,没有选择意第绪语,是因为它得到了一些反犹太复国主义组织的支持。③ 此外,希伯来语自身的有利条件:首先,希伯来语是《希伯来圣经》的语言,是一种古老而又神圣的语言,具有一定的威望,人们想去学。其次,实际上,希伯来语并没有"死亡",而是处于一种休眠状态。最后,犹太人语言中原来的阿拉姆语——希伯来语成分成为现代希伯来语的重要组成部分。希伯来语的复兴,仅需要将大量的希伯来语词汇融入到意第绪语中,从而使其成为现代希伯来语。希伯来语对犹太民族来说,是其历史、宗教和经典的重要载体,尤其是犹太人强有力的团结象征。此外,犹太人重新获得民族认同的基本条件就是拥有一块属于自己的领土和语言,这也是犹太复国主义的政治需要。因此,希伯来语在犹太复国主义运动中得以重生,并且最终成为了以色列的官方语言。

(二) 社会交流沟通因素

犹太复国主义运动号召世界各地的犹太人返回巴勒斯坦,来自四面八方的犹太移民在语言、文化、历史背景等各方面都有很大的不同。如何把这些移民凝聚成一个整体,他们感到必须尽快找到一种共同的语言便于相互之间的交流沟通,而这种语言必须能够增强其民族归属感。在他们看来,意第绪语等其他犹太语言已成为流亡和屈辱的一种象征,④ 虽然使用的人数众多,但是犹太人对其还缺乏共同的认同感,他们在众多的犹太语

---

① 伊休夫(Yishuv),希伯来语意为"定居"。1882 年现代犹太人移居到巴勒斯坦以前的犹太定居点成为"老伊休夫"(The Old Yishuv),居民是传统的犹太教徒,主要生活在耶路撒冷、萨法德、希布伦等地。"新伊休夫"(The New Yishuv) 是指 19 世纪 60 年代在耶路撒冷老城之外建立的定居点及 1882 年后来到巴勒斯坦的犹太人所建立的定居点的统称。

② 王二建:《希伯来语复兴的原因探析》,载《黑龙江史志》,2013 年第 17 期,第 150 页。

③ 中国社会科学院民族研究所课题组编:《国家、民族与语言——语言政策国别研究》,语文出版社,2003 年 4 月版,第 75 页。

④ 刘向华:《希伯来大学》,湖南教育出版社,1994 年 7 月版,第 14 页。

言中不断寻找着合适的社会交际语言。众所周知,许多人都深深地热爱他们自己的母语,同时语言也是自我认同和群体认同的一个基本构成要素。当犹太人在他们自己古老的土地上团结在了一起时,希伯来语作为母语和声望最高的语言赋予了他们族群对自己语言神圣不可分割的忠诚。因此,强烈的民族认同和政治需要能够唤醒和加强希伯来语复兴的实现。①

一个成功的语言复兴运动需要两个必要的条件,它们分别是语言需要和社会需要。"语言需要"是指在语言变体中存在一种可以用来复兴的语言,"社会需要"是指社会语言环境需要一个用来解决交际问题的工具,希伯来语恰好满足了这两个基本条件。尝试语言复兴的爱尔兰语、毛利语、康沃尔语、威尔士语都没有成功,这是因为除了它们本身之外还存在着一个作为社会交流的主导语言。而且它们不像希伯来语在复兴语言运动中具有实时的和强烈的意识形态需要,希伯来语的成功复兴填补了犹太人缺乏共同语言的交际空白。由于历史原因使犹太个人和犹太社会产生了多语言现象,这为希伯来语的复兴提供了必要的前提条件。犹太人经历了长达两千年的大流散,犹太复国主义促使他们重新燃起了结束流亡历史的抱负和雄心,重新返回了巴勒斯坦。这些移民团体是由不同的语言群体组成,多语的社会现象必然需要一种通用语言,就是因为这种交流沟通的空白为通用语言的产生提供了一个现实需要的空间。②

(三)犹太教因素

宗教因素在语言复兴运动过程中不是很普遍的现象。然而,宗教活动通常在人们生活中占有特殊的社会地位,并在特定的语言社区中对语言的使用、结构和态度上扮演着一定的角色。蕴涵精神价值的宗教礼仪和文化活动对一个衰败的语言来说往往是保存语言的最后一块领域。民族宗教对于塑造社会和促进人们对自己民族的归属感和忠诚发挥着至关重要的作用,尤其是在那些政教没有分离的国家,它可以对人们的语言态度和关于如何决定语言和其他教育政策产生非常巨大的影响。③

纵观犹太人的历史,犹太人将希伯来语视为"神圣语言"的坚强信念

---

① 王二建:《希伯来语复兴的原因探析》,载《黑龙江史志》,2013年第17期,第151页。
② 王二建:《希伯来语复兴的原因探析》,载《黑龙江史志》,2013年第17期,第151页。
③ 王二建:《希伯来语复兴的原因探析》,载《黑龙江史志》,2013年第17期,第151页。

从来没有改变。在大流散期间，虽然希伯来语作为犹太人的国语已经消亡，但是希伯来语却以活的书面语形式继续保留下来。两千年来，犹太教的主要法律要求犹太男性参加在犹太教会堂或者家庭中举行的宗教仪式，而且对所有的犹太男性来说，参加宗教仪式和学习宗教经典成为了他们一生的使命。当然，宗教仪式和宗教经典的语言是希伯来语或者用阿拉姆语书写的一部分圣经语言。结果，男性犹太人掌握和习得一些书面希伯来语，犹太教在保存书面希伯来语，促使一代又一代犹太男性定期学习希伯来语和希伯来语的音韵、词法和语法的过程中发挥着功不可没的作用。另一方面，普世宗教教育有助于强化犹太人对希伯来语的认同感。在宗教学校中，主要课程内容是学习《圣经》，这样能够让犹太学生对希伯来语与圣地之间的特殊关系有更加深刻的理解，犹太教不仅仅保存了希伯来语书面语，而且它还充当维系犹太人和他们古老语言与家园联系的纽带。

（四）犹太知识分子与犹太组织的语言规划因素

希伯来语的复兴运动必然涉及到语言规划问题，它的主要目标就是提高希伯来语的地位和提供能够满足现代社会实用的语料库[1]。在缺乏领土和政府支持的情况下，语言规划和语言政策活动是一些犹太知识分子自动发起的行动。此外，一些团体和协会组织在语言规划中表现的也很积极。[2]这些知识分子单独行动或者相互合作，其中最杰出的人物是埃利泽·本—耶胡达（Eliezer Ben-Yehuda）。1884年，他与他人合伙创办了第一份希伯来文报纸，1890年建立了希伯来语委员会，他担任委员会的主席。[3] 1904年在收集和创造了数千个新词汇的基础上，他编出了第一本现代希伯来语辞典——《新希伯来语词典》，在现代希伯来语的发展中具有划时代意义。[4] 到1910年前后，在巴勒斯坦地区，越来越多的犹太移民呼吁在犹太学校正式使用希伯来语教学。他通过教育和写作实践，成功地把希伯来语

---

[1] 语料库，是语料库语言学研究的基础资源，也是经验主义语言研究方法的主要资源。包括词典编撰、语言教学、传统语言研究、自然语言处理中基于统计或者实例研究等方面。
[2] 王二建：《希伯来语复兴的原因探析》，载《黑龙江史志》，2013年第17期，第151页。
[3] 希伯来语委员会，即现代希伯来语研究院的前身，希伯来语研究院成立于1953年。
[4] 饶本忠：《希伯来语的复活——语言学史上的奇迹》，载《时代文学》（下半月），2009年第3期，第114页。

从一种复杂、生硬、费解的老式语言转化成一种简单、逻辑性强的现代语言。在重建希伯来语的语法结构、发明新词汇和使古老的希伯来文字深入到人们的日常生活方面，本—耶胡达的贡献，无疑为新的希伯来文化复兴奠定了坚实的基础。

希伯来语委员会和希伯来语教师协会都是复活希伯来语重要的专业组织机构。本—耶胡达所成立的希伯来语委员会主要宗旨如下：（1）编撰一部词典，其中这部词典的词汇主要以《圣经》《塔木德》和中世纪希伯来语为基础；（2）创造一些需要的希伯来语词汇；（3）促进希伯来口语发音的标准化和规范化。希伯来语教师协会是实施语言规划比较具有影响力的组织。该教师协会于1903年成立，它是一个以教育为导向的组织。它的主要目标是拟定示范性的教学大纲，制定教师的资格考试程序，加强教师培训工作，解决教学中时常存在的语言问题。希伯来语教师协会在希伯来语的复兴和犹太教育精神的培养，提高犹太人的教育以及合格的希伯来语教师培养方面发挥着不可替代的作用。该协会在希伯来语复兴过程中的工作重点主要集中在教材的发展方面，从而满足希伯来语教学和教师集中培训项目的需要，它通过学校教育让人们自然地习得希伯来语，从而促进了希伯来语复兴的实现。[①]

（五）希伯来语自身存在复兴的条件

希伯来语能够得以被犹太复国主义选定并成功得以复兴，除了以上的因素之外，它自身还包含着可以复活的内在条件：

1. 客观条件，希伯来语并没有"死亡"，而是处于一种休眠状态。自犹太人流散到世界各地，希伯来语也在流亡的过程中为了生存和商业需要而采用了所在国的语言，希伯来语不再是他们日常生活中的交际用语。但是，它仍是犹太人的书面语言，而且流传下来的书面资料非常丰富，例如《希伯来语圣经》《密西拿》等希伯来语经典文本。

2. 可行性强。两千年来，犹太教的传统要求犹太男性参加在犹太教会堂或者家庭中举行的宗教仪式。在宗教仪式中用的是希伯来语，而且男性必须学习《希伯来语圣经》。在此过程中，男性犹太人自然而然地掌握和

[①] 王二建：《希伯来语复兴的原因探析》，载《黑龙江史志》，2013年第17期，第151页。

习得一些希伯来语的书面语。

3. 希伯来语本身具有其他语言不可匹敌的声望。对所有犹太人而言，希伯来语是唯一的共同语言，人们有学习的意愿。

4. 选择复兴希伯来语是为了防止犹太人被同化，维护犹太人的传统的一种方式。希伯来语属于闪米特语系，在19世纪至20世纪的欧洲犹太人被同化的社会背景下，接受一种非印欧语系就有可能阻止犹太人被基督教社会同化。

（六）小结

希伯来语借助于犹太复国主义运动，在社会交际、宗教、犹太知识分子自发的语言规划等因素的影响下，按照自下而上的模式完成了复兴任务，并在以色列建国之后，在政府语言政策的支持下得以迅速推广和传播，经过几十年的努力，希伯来语已经成为了以色列的国语，创造了世界语言史上的一个奇迹。①

众所周知，民族语言是实现民族文化复兴必不可少的条件。希伯来语在现代社会中的复兴历程，一定程度上可以折射出犹太民族的兴衰历史，希伯来语的复兴对犹太人而言不仅可以促进犹太文化的复兴，而且还可以增强他们的民族自豪感和自信心。最为重要的是，从政治意义上来讲，希伯来语的复活将促进以色列现代民族国家的构建。但是希伯来语的复兴也存在着不足，其中最不切实际的目标就是希望为全世界犹太人创造一种统一的语言。此外，以色列过分地强调希伯来语的主导地位，对于犹太人其他的语言如意第绪语、拉迪诺语等采取忽略甚至排斥的语言政策，这在一定程度上不利于以色列现实社会多元化语言的发展需要；而且对于其他少数民族例如阿拉伯人的语言政策的重视不够，导致犹太民族与阿拉伯民族的民族隔阂长期难以解决，这些都是值得我们反思的问题。

二、犹太人的语言意识形态分析

犹太人早在《圣经》时代就产生了一种强烈的语言意识，并且对语言

---

① 王二建：《希伯来语复兴的原因探析》，载《黑龙江史志》，2013年第17期，第151页。

问题进行了深入的思考。① 在《创世纪》中有这样的一个神话传说,认为是耶和华变乱了人类的语言,在这个神话传说中,虽然带着神秘主义色彩,但是也能够表明当时的人对语言混乱的困惑。公元 135 年,犹太人在反抗罗马帝国的残酷殖民统治失败之后,大批犹太人被迫离开巴勒斯坦地区,从此之后,犹太人踏上了长达 1800 多年的流亡苦难历程。在犹太民族的语言史上,民族母语的变异与固守构成了犹太民族语言发展的基本特征。② 这是犹太人在长期的流散过程中对异族文化的接触使犹太人的母语发生了巨大的变化。他们将希伯来语与居住地的语言杂糅结合,创造出了新的犹太语言,如犹太—阿拉姆语、犹太—阿拉伯语、犹太—希腊语、意第绪语和拉迪诺语等等。③ 在欧洲的犹太人中,使用最广泛的犹太语言是意第绪语,这种语言是由希伯来语、德语和斯拉夫语混合而成的新的犹太语言。而希伯来语则从犹太人的日常生活中逐渐退去,但是在宗教领域仍然保留着书面希伯来语。

从历史上看,在犹太人的母语希伯来语发生诸多变异时,犹太人始终没有放弃他们对自己母语的固守努力。在 19 世纪后期,随着犹太复国主义运动的兴起,复兴希伯来语的呼声愈来愈高,并且最终成功地复兴了这门古老而又神圣的语言。在"一个民族,一种语言"的语言意识形态的影响下,希伯来语在巴勒斯坦地区犹太移民的使用人数迅速上升,在 1948 年以色列建国之后,希伯来语逐渐成为了以色列的主体语言。与此同时,犹太移民也经历了从多语言意识形态向单一语言意识形态的转化,以色列人的希伯来语认同越来越强,因此,希伯来语在打造以色列犹太民族认同上发挥着不可磨灭的作用。

(一) 从多语言意识形态向单语言意识形态的转化

犹太人的三语言现象(或者多语言现象)早在 2000 年前的第二圣殿后期就已经产生了。而且对待多种语言的语言意识很明显,在接下来的几

---

① 刘洪一:《犹太精神——犹太文化的内涵与表征》,南京大学出版社,1995 年 8 月版,第 324 页。

② 刘洪一:《犹太精神——犹太文化的内涵与表征》,南京大学出版社,1995 年 8 月版,第 325 页。

③ 刘洪一:《犹太精神——犹太文化的内涵与表征》,南京大学出版社,1995 年 8 月版,第 327 页。

百年间,《塔木德》的书写文字就体现了截然不同的语言认同。一些讲希腊语的拉比对此有这样的评论,希伯来语是赞美的语言;阿拉姆语,与希伯来语和希腊语相比,常常被视为一种低级的语言,它适合作为挽歌的语言;拉丁语是战争语言。① 在他们看来,不同场合使用不同的语言,掌握几种语言已成为普遍的现象,此时,在犹太人中间多语言意识形态占主导地位。

大流散时期,在犹太人多种语言认同的构建中,拥有和掌握三种(或三种以上)语言是十分普遍的现象,这些语言组成了犹太人的语库。尤其对犹太男性来说,掌握希伯来语与阿拉姆语成为识别和判断犹太人的一个标记,同时也是受教育和归属这个群体的一个标记。有文化的犹太人是指学习阅读希伯来语字母,能够用希伯来语或者阿拉姆语阅读文本(更高的水平就是能够书写)。正如掌握拉丁语和希腊语曾经是作为受过教育的西欧人的标记一样,掌握希伯来语与阿拉姆语是受过教育的犹太人的标记。但是也有一个例外的时期,即在公元1世纪,在斐洛②时期的亚历山大港讲希腊语的犹太人,此时希腊语的单一意识形态占主导地位,但是在世界的大多数地方,甚至在1000年前西班牙的黄金时代,当犹太作家使用阿拉伯语并掌握拉丁语和西班牙语的时候,希伯来语—阿拉姆语的地位没有受到过挑战。③ 现代希伯来语的复兴取得了非同寻常的成功,不仅仅是因为这种意识形态基础的牢固,而且还在于希伯来语不再是犹太人的交际用语时,它还在犹太人社会中继续发挥着不可替代的作用。

18世纪的法国大革命和拿破仑战争开启西欧犹太人的解放历程④,犹

---

① Bernard Spolsky & Elana Shohamy (1999), *The Language of Israel*: Policy, Ideology and Practice, Multilingual Matters Ltd, P65.

② 斐洛,全名为斐洛·尤迪厄斯(Philo)(公元前30—40年),是希腊化时期重要的犹太思想家,他的思想是联系希伯来文化、希腊文化、基督教文化的纽结,斐洛自身受过很好的希伯来文化和希腊文化的教育。

③ Bernard Spolsky&Elana Shohamy (1999), *The Language of Israel*: Policy, Ideology and Practice, Multilingual Matters Ltd, p.65.

④ 犹太百科全书从广义上把犹太人的解放过程分为三个阶段:1.1740—1789年,即法国革命前的50年为酝酿准备阶段;2.1789—1878年,即从法国革命到柏林会议召开的90年,为西欧、中欧犹太人全面解放的时期;3.1878年—1933年,为种族反犹太主义兴起,犹太人的解放出现逆转与倒退的时期(参见张倩红、张礼刚、刘百陆:《犹太教史》,华夏文化出版社,2011年11月版,第183页)。

太人获得了前所未有的公民权利和其他权利。[1] 这个时期同时也是欧洲的启蒙运动时期，西欧的启蒙运动同化和整合了本国的外来居民，在启蒙运动中没有犹太人的价值观，同时排斥希伯来语和其他犹太语言。为了争取公民基本权利，进一步融入欧洲的主流社会，犹太人普遍掀起了学习欧洲文化的热潮，并在教育内容与教育体制上广泛吸取近代西方教育的先进经验，从而大大提高了犹太人的文化素质。[2] 他们与非犹太人的区别表现在宗教层面上而不是语言或者文化层面上，德语已经成为了犹太人表达他们宗教认同的语言。在犹太教会堂（又名"圣殿"）中，使用一种标准的本地语言是犹太人为了建立新的民族认同的一种尝试。与此相似，在东欧，人们普遍认为一旦犹太人开始讲俄语，他们将会完全融入现代世俗世界，从而变成与其他任何人都一样的人。而事实并非如此，随着19世纪欧洲民族主义的兴起，他们经常被视为一个在古老世界里不古老、现代世界中不现代的奇异民族。民族主义主张建立高度同质化的统一民族国家，因而不可避免地要求犹太人抛弃他们独具特色的民族文化。而对犹太人来说，失去了自己的民族文化就等于放弃了自己的民族认同，他们陷入了比解放之前更为困惑的境地。[3] 即便是犹太人完全放弃了他们的民族特性，也难以得到外部世界的真正认可；因为欧洲社会不自觉地将本国的犹太人视为外来人，认为犹太人不具有他们自己的民族特征。例如，法国著名作家纪德[4]在1914年评论道，犹太人只能够掌握法语的皮毛而不能掌握法语的"精髓"，因此他们不能被认为是法国作家。[5] 因此，对犹太人来说，同化绝不是出路，犹太人只有团结起来为维护自身独特使命而努力，这才是解决"犹太人问题"的唯一出路。[6] 现代犹太民族认同的发展实质上是对这种反犹太主义的一种反应，是在反犹太环境下自觉或不自觉地产生的。

---

[1] 张倩红、张礼刚、刘百陆：《犹太教史》，华夏文化出版社，2011年11月版，第183页。
[2] 张倩红、张礼刚、刘百陆：《犹太教史》，华夏文化出版社，2011年11月版，第193页。
[3] 张倩红、张礼刚、刘百陆：《犹太教史》，华夏文化出版社，2011年11月版，第254页。
[4] 安德烈·纪德（André Paul Guillaume Gide）（1869年11月22日—1951年2月19日），法国作家，保护同性恋权益代表。
[5] Bernard Spolsky & Elana Shohamy, *The Language of Israel: Policy, Ideology and Practice*, Multilingual Matters Ltd, 1999, p.66.
[6] 张倩红、张礼刚、刘百陆：《犹太教史》，华夏文化出版社，2011年11月版，第255页。

对于那些反对同化的人来说，他们对语言的选择是表达犹太民族认同的一个非常重要的途径。同时，所有这些选择都或多或少地涉及到一个语言意识形态的转变，即从传统犹太多语言意识形态向单一语言意识形态转变。犹太人在表达他们自己的民族认同时，有以下几种语言选择：第一，非犹太语言；第二，世俗化的希伯来语；第三，标准的意第绪语。毋庸置疑的是，犹太人在表达自己的民族认同时，不管使用何种语言，都已经开始向单一语言意识形态发生重大转变，而这种转变是与启蒙运动同时开始的。但是随着犹太复国主义运动的迅速发展，越来越多的犹太人认同古老而又神圣的希伯来语，希伯来语单一语言意识形态逐渐地被确立下来。

（二）犹太复国主义运动与希伯来语意识形态的选择

在选择何种语言最能表达犹太人的民族认同问题上出现了两种截然不同的观点，而且每一种观点都主张使用一种语言。第一种是主张现代犹太民族自治的观点，被称为犹太复国主义运动。尽管犹太复国主义先驱西奥多·赫茨尔最初似乎没有考虑过语言问题，他最初并未憧憬将希伯来语设定为梦想建立的新兴犹太国家的语言，甚至想借鉴瑞士等国家的经验保持多语共生的局面。赫茨尔在他的著作《犹太国》中指出，"我们想要有一种共同的语言会有不少困难。我们相互之间无法用希伯来语来交谈。我们当中有谁掌握了足够的希伯来语，能靠说这种语言去买一张火车票？这样的事情是做不到的。然而，困难是很容易克服的。每个人都能保持他可以自由思考的语言。瑞士为多种语言共存的可能性提供了一个具有说服力的证明。我们在新国家中将保持我们现在在这里的这种情况，我们将永远保持对我们被驱赶离开的诞生之地的深切怀念。"[1] 早期犹太复国主义者并不没有强烈的希伯来语认同，在他们看来，将犹太人团结在一起的是信仰，而不是希伯来语，因此不会强制推行一种民族语言。[2] 但是随着犹太复国主义运动的展开，呼吁复兴希伯来语的人越来越多，犹太人不仅要拥有土地，而且要有一门民族语言，而这片土地就是巴勒斯坦，这门语言就是希

---

[1] 西奥多·赫茨尔著，肖宪译：《犹太国》，商务印书馆，1993年版，第81—82页。
[2] 钟志清：《希伯来语复兴与犹太民族国家建立》，载《历史研究》，2010年第2期，第121页。

伯来语。希伯来语的复兴自然而然地成为了犹太复国主义者的最重要目标之一。第二种更多是从文化角度来选择自己的语言,他们接受标准化的犹太方言——意第绪语作为表达他们民族认同的语言。从社会语言学角度来说,这两种观点都要完成自己不同的任务,因为希伯来语是一门文化语言,需要将其转变成日常生活语言,而意第绪语是一门日常生活用语,需要重视其文化潜力。不久,犹太复国主义提倡复兴希伯来语的观点占据了上风。希伯来语作为书面语言和口头用语通过努力加以改良和使用,不仅使一门古老的语言在现实生活中恢复了生机活力,而且延续古代圣经时期犹太民族的辉煌历史,保存了民族文化;同时可以淡化犹太人在大流散期间的耻辱过去。换句话说,如果犹太复国主义者讲摩西的语言,那么在某种程度上则为他们在巴勒斯坦建立犹太民族国家提供了某种合法的依据。[①]

19世纪末犹太复国主义运动在意识形态上的重点是抛弃大流散时期人为创造的屈辱的犹太人生活。对犹太人来说,要重新获得民族认同,他们需要其他民族拥有同样的东西——他们自己的领土、自己的语言。尽管对此仍存在一些分歧,但是占有压倒性优势的观点主张返回1800年前犹太人被驱逐的故土。希伯来语作为新犹太民族认同语言是合情合理的,因为它是犹太人流散之前使用的语言。

犹太复国主义思想的中心主题是打造一种新的犹太民族认同、让希伯来人讲希伯来语,让他们能够回到希伯来语圣地生活和工作。例如,在第二次阿利亚[②]中希伯来语劳动力和希伯来语二者同等重要。"Hebrew"术语并不是仅仅适用于语言,而且还可以区分大流散时期的"旧"犹太人的民族认同。大流散时期讲意第绪语的犹太人("旧"犹太人)逐渐被讲希伯来语的("新"犹太人)犹太人所取代。[③]甚至新城市特拉维夫在它的发展规划书中宣布,将其打造成为纯粹的希伯来语城市。第一次阿利亚的移

---

① 钟志清:《希伯来语复兴与犹太民族国家建立》,载《历史研究》,2010年第2期,第124页。
② 阿利亚,Aliyah在希伯来语的意识是"上升""攀登",原指犹太人去耶路撒冷的朝圣活动,意味着精神上会得以"升华"。后来泛指犹太人移居巴勒斯坦的活动,同于英语中的 immigration,即移民活动。第一次阿利亚从1882年开始至1903年结束,第二次阿利亚从1904年开始至1914年结束。
③ Bernard Spolsky & Elana Shohamy, *The Language of Israel: Policy, Ideology and Practice*, Multilingual Matters Ltd, 1999, p. 71.

民都讲意第绪语，而第二次阿利亚的移民开始也用意第绪语，后来他们为了表明他们新的犹太民族认同，付出了巨大努力来转变他们所使用的语言——意第绪语，他们逐渐接受并开始学习和使用希伯来语。到 1948 年，此时，这种希伯来语认同已经被牢固地确立，大约有 80% 的巴勒斯坦犹太人宣称懂希伯来语，并且超过半数的人口声称希伯来语是他们唯一使用的语言。这种从多语言意识形态到单一语言意识形态的转变花了 50 年的时间。[1]

随着犹太复国主义运动的展开以及希伯来语的成功复兴，犹太人逐渐从多语言意识形态逐渐向单一语言意识形态转化，在此过程中，希伯来语的单一语言意识形态已经明显占据主导地位。一般来说，语言意识形态就是没有管理者的语言政策。[2] 也正是因为这种无形的语言政策在以色列建国之后仍然发挥着不可替代的作用。

（三）以色列人的希伯来语认同

这种语言认同的选择是一个复杂曲折的过程。因为大部分成年人在其成长中仍然使用其他语言，因此他们的希伯来语继续带有其他语言很强的语音和语法特征。许多人继续带有他们移民国家的明显的语言学特征，并以此来维持他们的种族认同。因此，大多数以色列年轻人能够清楚地知道他们朋友的种族来源。

随着移民学习希伯来语的人数不断增多，他们以及他们的孩子开始阅读希伯来语报纸与书籍，收听希伯来语的无线广播电台。希伯来语的地位在以色列国内已经被牢固确立，并且应用于各个领域，希伯来语已经被视为从足球到原子物理学范围内一切都在广泛使用的一门活语言。

以色列国家的建立为希伯来语提供了一个不可动摇的官方地位和充分的制度支撑，但是非希伯来语移民的大量涌入也给希伯来语的地位带来了严重的挑战。到 1953 年，讲希伯来语的青年人的比例已经下降到了 53%。以色列政府在此期间做的主要工作是教授新移民希伯来语，并且强调该语

---

[1] Bernard Spolsky & Elana Shohamy, *The Language of Israel: Policy, Ideology and Practice*, Multilingual Matters Ltd, 1999, p. 71.

[2] 博纳德·斯波斯基著，张志国译：《语言政策——社会语言学中的重要论题》，商务印书馆，2011 年 9 月版，第 17 页。

言在以色列人认同中的中心地位。渐渐地，这些新移民及其后代开始接受希伯来语的主体地位，到1972年，声称希伯来语作为他们的主要语言的比例上升到了77%。但是，通过仔细研究发现，近年来，对希伯来语霸主地位提出挑战的语言来源于两个方面：一方面是来自英语的传播，另一方面则是来自其他语言的抵抗。斯波斯基研究发现，讲希伯来语的犹太人认为英语更加国际化，而且与希伯来语相比学习和掌握英语更能使人成功。但是希伯来语在以色列的教育体系中仍然保持着优势地位，以色列人的希伯来语认同已经被牢固确立，在相当长的时期内是不可动摇的。

三、希伯来语从第二语言教学到母语教学的转变

以色列语言学家博纳德·斯波斯基认为，在语言政策所涉及的所有领域中，学校是最重要的领域之一。[①] 他认为，大多数国家都制定了各自的语言教育政策。在语言教育政策中，首先是决定何种语言作为教学媒介语的问题。尤其是在一个多语言、多文化的以色列更是如此。正如前面所述，在以色列，犹太人的希伯来语认同随着以色列国家的建立而更加稳固，而这种意识形态在语言实践的反应主要体现在希伯来语的教学上。这些语言意识形态在语言教育规划中所产生的重要影响，主要表现如下：以色列采用文化熔炉政策，大力推广希伯来语教学，而希伯来语在复兴过程中也完成了第二语言教学到母语教学的重大转变，非常重视希伯来语语言的标准化和规范化问题。

（一）文化熔炉政策

以色列建国后，世界各地大量的犹太移民源源不断地涌入以色列，由于语言的不统一，人们之间无法进行有效的交流，只能靠手势或借助翻译。官方的通知、新闻广播往往要同时用多种语言才能被多数人接受。[②] 尤其是在战争年代，一些新移民到达以色列后，就进入军队保家卫国，但一些人由于听不懂命令而不明不白地死在了战场。因此，语言问题成为了

[①] 博纳德·斯波斯基著，张志国译：《语言政策——社会语言学中的重要论题》，商务印书馆，2011年9月版，第55页。
[②] 杨曼苏：《以色列谜一样的国家》，世界知识出版社，1992年5月版，第217—218页。

以色列当局迫切需要解决的重要问题。以色列的国父戴维·本—古里安发起了一场"国家主义"革命，即要在以色列锻造一座"文化熔炉"，用他自己的话说："我们必须把这一堆杂七杂八的东西熔化掉，放在复兴的民族精神这个模子中重新铸造"。① 以色列实行文化熔炉政策，目的就是为了尽快建立一种共同的民族意识，用这种新的民族意识形态克服犹太人民在地理和历史上的差异。这样，近期犹太史的复杂性和模糊性，就被几千年的民族共同性的烙印掩盖掉了。② 希伯来语的复兴和传播成为实施这项文化熔炉政策的重要途径。因为只有以希伯来语为媒介，回到遥远的过去，才能靠民族历史与几千年的历史结合在一起，才能把那些由移民带来的文化上千差万别的东西熔化，并重新铸造。③ 在这一思想的指导下，以色列政府当局出台了一些列政治、经济、文化和语言政策，而以色列最为重要的语言政策就放在了希伯来语母语教学与传播上。

（二） 从第二语言教学到母语教学的转变

在100年前希伯来语复兴运动期间，希伯来语作为第二语言教学是现代以色列的希伯来语作为母语教学的历史根源。在此期间，最为重要的政策就是被埃利泽·本—耶胡达和其他希伯来语学者所采用的语言教育政策，即直接教学法，就是使用希伯来语教授希伯来语。早期比较重要的三位希伯来语教师中分别是：大卫·耶林、艾普斯坦和本—耶胡达，④ 他们采用这一原则发展自己独特的教学方法，这些方法后来成为在巴勒斯坦地区的犹太学校教授希伯来语的基础。

希伯来语复兴初期，希伯来语还不能作为母语教学，因为真正掌握希伯来语的人毕竟有限，因此，在20世纪的头十年，希伯来语教学是采用第二语言教学法，即将希伯来语作为第二语言进行教学。但是在早期希伯来语教师的努力推动下，他们采用希伯来语教授希伯来语的直接方法使这一教学状况发生了变化，开始从第二语言复兴教学向20世纪20～30年年代

---

① 张倩红、艾仁贵：《犹太文化》，人民出版社，2013年5月版，第296—297页。
② 诺亚·卢卡斯著，杜先菊等译：《以色列现代史》，商务印书馆，1997年版，第403—404页。
③ 张倩红、艾仁贵：《犹太文化》，人民出版社，2013年5月版，第297页。
④ Bernard Spolsky & Elana Shohamy, *The Language of Israel: Policy, Ideology and Practice*, Multilingual Matters Ltd, 1999, p. 74.

的母语教学转变。但是第二语言教学原则在一定程度上有助于解决以色列目前的语言教学问题,即在以色列学校体系中,他们始终忙于将非希伯来语移民的孩子融入到讲希伯来语母语的课堂中去。但是这样做出现了一个问题,就是混淆母语教学与第二语言教学之间差别,这种教学方法无法达到令人满意的效果。在母语教学中,总体方法是努力提高孩子们目前希伯来语的能力水平,并且通过增加新词汇、新文风和新体裁来丰富希伯来语知识。但令人无法忍受的是,母语教学包含着对孩子家庭语言的歧视,并将那些语言视为没有教养的和不恰当的语言,在学校不允许他们讲他们的移民国家的语言。

而在第二语言教学中,尤其当教授一门外语时,通常是在规定使用的范围内增加一门新的语言,但是不能取代儿童现有的语言知识。可是,完成希伯来语复兴的单一语言意识形态在犹太复国主义运动中异常强大。这种单一语言意识形态不认可学生带来的语言变体,毫无忌惮地将它们谴责为缺乏创造力的方言。教师将这一思想观念灌输给他们的学生,"如果你除了希伯来语还说其他语言,你必须停止使用它,因为你现在身在以色列,就必须转变成使用希伯来语。此外,如果你现在讲的是任何一种不同类型的希伯来语,你就必须用正确的希伯来语代替它"。[①] 这些都是语言实践中比较典型的例子,教师有权判断学生所使用的语言形式以及所选的话题是否恰当,此时,教师就充当了语言政策的执行者和管理者。

(三) 希伯来语教学中语言的规范化

有些语言政策旨在阻止人们使用不良语言,以及促使人们避免使用对别人有伤害的词汇或短语。因为这些词汇或短语在意义上、形式上或联想上带有侮辱性,或者夹杂着洋腔土调,或者属于语言的变体。[②] 这就涉及到了选择什么样的语言才是语言标准化问题,斯波斯基认为,语言标准化的根本动机是人们对语言正确性的语言信仰,即人们认为语言中存在着一

[①] Bernard Spolsky & Elana Shohamy, *The Language of Israel: Policy, Ideology and Practice*, Multilingual Matters Ltd, 1999, p. 74.

[②] 博纳德·斯波斯基著,张志国译:《语言政策——社会语言学中的重要论题》,商务印书馆,2011年9月版,第32页。

种正确的和理想的语言形式。① 在希伯来语教学中一直比较重视语言的规范化，不论希伯来语是作为母语教学，还是作为第二语言教学，都是非常规范的，目的就是使用标准的希伯来语取代非本国人和本国人所使用的那些"错误"形式。其中一个特别困难的问题就是确定什么才是标准的希伯来语。希伯来语语言学家也无法回答这个问题，但是他们会告诉在各个时期的希伯来语，而且最近他们的研究范围已经扩展到了密西拿时期的希伯来语，从那时起，即公元2世纪希伯来语作为母语已经停止使用。事实上，他们认为现代希伯来语并不是一门新阶段的语言，而是"一门名副其实的混合语言，它融合了古希伯来语各个阶层的元素，从而形成了一个新的统一体"。②

希伯来语语言学家们认为，这些希伯来语古老的形式对现代希伯来语来说古板陈旧，不合时宜，但是他们又不愿尝试创立现代希伯来语的新语言形式，而是将这一任务留给了其他人。例如新闻报纸的专栏作家或者学校督查员为希伯来语的规范性设计和创造规则。与18世纪英国的规范化运动相似，这些主要自我任命的专家已经列出了确定范式的长长的清单，用自己创造出来的语法规则作为他们的支撑。正如英语语法学家所说，没有像"ain't"这样的词语一样。③ 但是在纠正语言规范的过程中，这些规范主义者不认可受过教育的讲母语人士的权威。40多年来，以色列广播节目每天至少能够发现一个被任何人使用的新的"错误"。这一传统被保留下来，一定程度上是因为它在语法教学或者语法测试的制定中所确立的影响力。

（四）小结

在以色列，不论是对本国出生的以色列人还是对新的移民的母语教学，通常与传播民族意识形态和价值观密切相关。希伯来语作为伟大传统的知识库与民族复兴重要的标志，它的保存和教学需要无偿奉献与最高信

---

① 博纳德·斯波斯基著，张志国译：《语言政策——社会语言学中的重要论题》，商务印书馆，2011年9月版，第33页。

② Bernard Spolsky & Elana Shohamy, *The Language of Israel*: *Policy*, *Ideology and Practice*, Multilingual Matters Ltd, 1999, p. 74.

③ Bernard Spolsky & Elana Shohamy, *The Language of Israel*: *Policy*, *Ideology and Practice*, Multilingual Matters Ltd, 1999, p. 74.

念。在以色列1948年独立之后的那些年,大规模的非希伯来语移民的到来被视为一种巨大的威胁,因为他们讲不同的语言,在他们中间开始出版自己的报纸,对希伯来语认同构成了巨大威胁,克服这一威胁被视为是保存新希伯来语文化的重要保证。讲希伯来语的人非常的自豪,因为他们的语言复兴已经取得了胜利,这不仅仅是一种语言现象,而且还是犹太复国主义者的事业在他们古老的土地上重建犹太人的生活和使用他们古老语言的见证。

20世纪90年代,随着冷战的结束和全球化趋势的迅猛发展,世界经济和政治秩序开始重新洗牌。[①] 面对着世界多极化的新格局,长时间支配以色列人生活的强大的犹太复国主义意识形态的力量被削弱,以色列国内出现了新的社会思潮,这便是后犹太复国主义[②]。在这种思潮的影响下,这种单一语言现象和单一文化意识形态被那些宣扬文化多样性价值和民族多语言能力的人提出了质疑。在这种观念的影响下,希伯来语的母语教学似乎是一场等待爆发的革命。

四、以色列中小学希伯来语的母语教学

为更清楚地了解以色列中小学的母语教学,需要简单介绍以色列教育发展概况。19世纪后半叶至20世纪初,随着犹太复国主义运动的发展和巴勒斯坦地区犹太移民数量的增加,一些国外志愿者组织和慈善团体开始在巴勒斯坦的犹太人社区兴办小学、中学、职业学校和师范学校等各类型的现代学校,这为以后以色列中小学教育奠定了基础。[③] 这一时期,希伯

[①] 王铁铮:《从犹太复国主义到后犹太复国主义》,载《世界历史》,2012年4月第2期,第9页。

[②] 后犹太复国主义:20世纪90年代,随着世界格局发生巨大变化,世界朝多极化趋势发展。在此情况下,以色列内部具有开明、自由倾向的犹太知识分子开始对传统犹太复国主义意识形态重新审视和反思。其根本特征就是,要求以色列实现社会与文化的多元化,从与阿拉伯邻国的敌对状态向与本地区国家融为一体转变,从犹太人占主导地位向与其他民族平等合作转变,从否定和驾驭流散地犹太人向平等和互助的新世界犹太人关系转变。后犹太复国主义既不是对犹太复国主义的超越,更不是一种反犹太复国主义的思想,它追求的是实现一个更加自由、民主、开放、平等的以色列国家和社会思想,即对犹太复国主义发展过程中出现的一些不合理因素的反思、批评和修正(资料来源:张倩红、艾仁贵:《犹太文化》,人民出版社,2013年5月版,第325—330页)。

[③] 于蔚天:《以色列教育立国经验研究》,西北大学硕士论文,2011年6月,第17页。

来语不仅是学校的教学语言，而且还是学生的主要交际用语。由于希伯来语刚刚复兴，社会条件还不具备，希伯来语教师没有经过专业培训，许多是不合格的，他们的教学方法过于陈旧，但是他们拥有一种开拓进取的精神，充满热情与激情地投入希伯来语母语教学中，对后来以色列的母语教学积累了一定的经验。

1948年以色列建立，深处战争漩涡和百废待兴的以色列人没有忘记教育的重要性，当时只有两个成员的教育部着手起草以色列的第一步教育法律《义务教育法》，该法规定义务教育阶段从5岁开始（包括1年幼儿园教育），1953年又通过了国家教育大法《国家教育法》。① 此后不断延长义务教育的年限，"从70年代以来，以色列政府决定把免费义务教育由9年延长到13年，2001年又修正为3—18岁"。② 这些法律都保证了绝大多数适龄儿童的入学，随着以色列人口的增加，参加义务教育的中小学生人数激增。据统计，"1949年参加中小学教育的学生有9.79万人（其中犹太学生9.11万人，阿拉伯学生6800人），1952年增加到20.77万人，1967年为44.54万人，1989年为100.63万人。1998年，以色列人口增加到550万人，参加中小学教育的人口也随之增加到117.1万人，其中小学生有69万人，占适龄人口的96%，中学生48.1万人，占适龄人口的90%。2004年，以色列总人口达到680万，进入中小学教育的人口也随之增加到143万人（其中，小学生为79万人）"。③ 以上数据表明，随着以色列社会经济发展和人口数量的不断增加，以色列中小学生人数呈现出了爆炸性的增加趋势。

目前以色列中小学的教育体制分两种，第一种是幼儿园一年，小学八年，中学四年；第二种是小学六年，初中三年，高中三年。④ 目前普遍采用第二种教育体制。犹太中小学教育一般可以分为国家普通学校教育和国家宗教学校教育以及特殊教育，大部分犹太学生会选择世俗学校，学习的内容一般是世俗课程。国家宗教学校以宗教教育为主，但是也结合了世俗教育。⑤ 以色列中小学课程可以分为必修课、选修课和学校自定课程三类。

---

① 陈腾华：《为了一个民族的中兴》，华东师范大学出版社，2005年8月版，第21—22页。
② 彭正文：《以色列中小学的"国家教育"：目标、途径及启示》，载《外国中小学教育》，2012年6月第6期，第7页。
③ 陈腾华：《为了一个民族的中兴》，华东师范大学出版社，2005年8月版，第42页。
④ 达洲、振堂、徐向群：《中国人看以色列》，新华出版社，1990年11月版，第73页。
⑤ 于蔚天：《以色列教育立国经验研究》，西北大学硕士论文，2011年6月，第19页。

必修课包括希伯来语、文学、书面表达、《圣经》、数学和历史等。教育部规定，希伯来语、犹太律法、犹太历史和《圣经》等有关犹太教的学习是每个犹太学生从小到大都必须学习的课程。选修课是根据教育部教学大纲推荐的内容而定。学校自定课程由学校根据家长委员会的意见开设，大纲由学校编写。[1] 希伯来语是中小学的必修课，同时也是以色列的国语，因此以色列历来都格外重视中小学的母语教学。

（一）以色列小学的希伯来语母语教学

以色列犹太小学有两种希伯来语课程，一种是为国家普通学校制定的，并在1979年颁布实施；另一种是为国家宗教学校制定的，于1986年颁布实施。[2] 这两种课程主要不同之处在于它们指定的阅读与文学教材上。两种课程在阅读理解、书写表达、语言基础知识和听力理解的培养方面都基本相同。1986年为国家宗教学校制定的课程比较特殊，这主要是考虑到宗教因素，目的是为了确保课堂上的阅读教材能够和他们的家长与拉比的观点保持一致。如此以来，阅读教材的不同成为继续区别犹太世俗学校与宗教学校最为显著的特征。

教育部一直非常重视小学生希伯来语的读写能力培养，在1991年教育部部长的一个特别通告的中心话题就是希伯来语的读写教育问题，他认为学校要时刻关注学生的希伯来语写作和文学掌握情况。[3] 小学阶段的希伯来语课程设置深受整体语言教学法的影响，负责小学希伯来语课程设置的教育部分支机构积极探究整体语言教学法与希伯来语母语教学之间的关联性。整体语言教学不是一种简单的语言教学方法和技巧，而是融汇了语言、语言学习和语言教学的基本理论。[4] 整体语言教学法要突出学生的中心地位；教材要突出语言的趣味性、真实性与实用性；同时，整体语言教

---

[1] 李汉朝：《以色列基础教育特点及启示》，载《现代教育论丛》，2010年1月第1期，第88页。

[2] Bernard Spolsky & Elana Shohamy, *The Language of Israel: Policy, Ideology and Practice*, Multilingual Matters Ltd, 1999, p. 82.

[3] Bernard Spolsky & Elana Shohamy, *The Language of Israel: Policy, Ideology and Practice*, Multilingual Matters Ltd, 1999, p. 83.

[4] 侯红：《整体语言教学初探》，载《沈阳教育学院学报》，2009年9月第3期，第79—80页。

学法在第二语言教学中还允许非希伯来语母语的师生使用他们自己的母语。此外，整体语言教学还主张采用整体的、非传统的评估和测试方法。①受整体语言教学法的影响，以色列的新课程涉及语言的全部内容，但对语言实践的复杂性认识明显不足。以色列政府当局在各种各样的、混乱的学校教育体系中为传播这些思想所做的努力是值得肯定的。

教育部试图对学校课堂在某种程度上采取集中控制教学的方法，这个方法通过一个部门的实施教科书审定政策的工作来实现。教科书的审定工作过程极其复杂而又神秘，它是独立于一般与特殊课程委员会以及督学之外，但是它需要阐明和执行他们建立的审定标准。② 教育部认可用于希伯来语教学的教科书和辅助教材的书目种类繁多，并且为教师留有一定自由选择的余地，他们选择的书目可以与教育部所列的书目列表有出入，但是，同时规定他们不能要求学生购买列表中没有的书目。总体来讲，这些教科书在内容上十分可靠，很适合适龄儿童学习。这些教科书没有把说、阅读、写作、拼写等技巧割裂，而是采用综合方式教学。

以色列目前对小学的希伯来语教学还没有一种令人满意的教学评估。在以色列，从1975年开始对小学的希伯来语教学评估已经常规化。这一年，以色列教育部制定了一系列希伯来语标准化测试，但是这些标准化测试及其测试结果却没有达到令人满意的结果，不久这些测试被废除。③ 1996年，教育部决定在母语、数学和英语学科设立国家评估测试，其中希伯来语母语测试是在四年级和八年级的学生中，在100所学校中抽出400间样本教室中进行。④ 这种教学评估是为了判断学生在学习希伯来语课程之后的教学效果，是对当前以色列现行的教学大纲的一次成绩测试，其测试结果可以作为整体评定这一教育体系以及在特定行业学校的绩效。但是在测试过程中，不提供学生个人或者学校的信息，抽查的这些学生的回答并不能代表班级的平均水平。

---

① 侯红：《整体语言教学初探》，载《沈阳教育学院学报》，2009年9月第3期，第80页。
② Bernard Spolsky & Elana Shohamy, *The Language of Israel: Policy, Ideology and Practice*, Multilingual Matters Ltd, 1999, p. 83.
③ Bernard Spolsky & Elana Shohamy, *The Language of Israel: Policy, Ideology and Practice*, Multilingual Matters Ltd, 1999, pp. 83-84.
④ Bernard Spolsky & Elana Shohamy, *The Language of Israel: Policy, Ideology and Practice*, Multilingual Matters Ltd, 1999, p. 84.

(二) 小学阶段的希伯来语教学管理

在中央，小学的希伯来语教学是由教育部的基础教育分支机构——基础技能部门（the Department for Basic Skills in the Elementary Education Branch）负责。[1] 以色列一共划分六个行政区：分别为特拉维夫区、中央区、北方区、南方区、耶路撒冷区和犹太人定居点，其中犹太人定居点是由基布兹[2]和莫沙夫[3]负责学校教学，其余五个区都有一名地区督查员负责希伯来语文化教育工作。此外，在各个地区还有许多希伯来语教学顾问，他们的任务是负责希伯来语文化教育，组织希伯来语教师及时参加在职培训和讲习班学习，维持着督查员与校长之间的联系。由于以色列的地区教育实行地方自治政策，所以，每一个区的希伯来语教育在一定程度上受到该地区督查员观念的影响，这种情况会在教育实践中体现出来。

以色列教育组织机构的运行机制是实行中央学术领导制，对实施新政策者提出问题，而不是对学校与教师采取行政管理直接领导，从而导致了中央对各个地区的小学希伯来语教育工作缺乏有效的控制与协调。因此教育部的基础技能部门需要寻找能够影响和说服教师在母语教学方面接受和实施他们新观点的方法。在职培训就是一种方法。即为督查员、校长、协

---

[1] Bernard Spolsky & Elana Shohamy, *The Language of Israel: Policy, Ideology and Practice*, Multilingual Matters Ltd, 1999, p. 84.

[2] 基布兹（Kibbutz）是希伯来语"集聚""团结""集体定居点"的音译，它指的是建立在生产资料公有制基础上的农业公社或集体农庄，它既是一种农业经济实体，也是一种群众性的社会自治组织。1909年底至1910年初，第一个基布兹—德加尼亚基布兹在约旦河谷南端金纳雷特（Kinneret）湖畔的德加尼亚（Degania）地区建立起来。这个基布兹最初只有7名成员，他们集体劳动、集体生活、集体拥有并且保卫自己的财产和安全。到1947年以色列建国前夕，基布兹的数量已增至145个。以色列建国后，基布兹又有了进一步的发展，到20世纪末，以色列的基布兹总数约300多个（资料来自百度百科：http://baike.baidu.com）。

[3] 莫沙夫是一个约60户人家的村庄，每户人家拥有自己的房屋和土地，自给自足。每户人家均从属于莫沙夫集体，莫沙夫以联合的形式负责供销，并提供教育、医疗和文化服务。第一个莫沙夫村是1920年建立的。一些原基布兹成员认为基布兹过于集体主义，条条框框太多，但人们依然希望在一个没有剥削的社会中互相帮助以求得生存，就对基布兹加以调整，于是一种新型的合作组织形式——莫沙夫诞生。这种新型合作组织更重视单个家庭的作用。莫沙夫历来遵循四条原则：（1）土地国有；（2）家庭是农场的主要劳动力；（3）成员须互相帮助，服从于集体利益；（4）莫沙夫统一销售各农场产品，并向农民提供现代农业生产技术和设备。社区的主导思想是：相互支持、相互负责，但家庭成员取得酬劳多少完全凭熟练程度和个人努力，莫沙夫须为合作社和社区服务支付费用。总体来讲，莫沙夫既是一个多功能合作社，又是一个自治区（资料来自百度百科：http://baike.baidu.com）。

调人和教师提供定期的在职培训课程。

最近几年，教育部的基础技能部门增加了新任务，就是为小学生提供新的全球电子通讯服务。它包括国内外组织的讲习班和在职培训课程以及各种各样的电子计算机化中的具体项目。[①] 例如，在南方区的一个项目就是为学校师生提供大量的程序，即从课本文化转移到电脑文化，电脑文化涵盖检索技术、电子学习环境、通讯和数据库。[②] 设立专门的培训对学校的教师进行计算机信息技术的在职培训课程，使他们学会工作中使用计算机的教学技能。

综上所述，少数乐于奉献的热心人士为了改善庞大而又复杂的教学机构的母语教学方法而不懈努力，目的就是为了对小学的母语教学施加影响，从而发展一种更加适合小学母语教学的方法和课程。在此过程中他们借鉴国外母语教学的经验和方法，但是不同的国家由于具体国情不同而不能完全生搬硬套。例如，在21世纪初，法国学校对母语教学所做的努力以及高度集权的教育系统，从而毫不费力地在课堂上实施明确的教育方针。但是这种方法在复杂而又混乱的以色列教育体系中不能发挥作用。以色列在小学的母语教学究竟采取何种比较恰当的方法来提高学生的希伯来语母语水平呢？对此目前还没有明确的答案，这一探索过程仍在继续。

（三）以色列中学的希伯来语母语教学

在以色列，中学希伯来语母语教学的课程设置比较混乱，包括希伯来语课程、书面表达课程和文学课程，这三者在内容上存在着重叠现象。出现这种现象主要是因为中央政府对初中和高中阶段的希伯来语课堂教学缺乏有效的管理体制。此外，这种现象的出现还与以色列大学的相关学科体系的设置密切相关，在所有的大学中，存在着明显独立的、相互矛盾的院系，它们分别是希伯来语系、希伯来语文学系和语言学系，从而导致了学校的教学力量和资源过于分散。从这些学校毕业的学生，如果到中学当老师，根据自己所学的专业的不同而开设了这三门不同的课程。这三种课程

---

① Bernard Spolsky & Elana Shohamy, *The Language of Israel: Policy, Ideology and Practice*, Multilingual Matters Ltd, 1999, p. 85.

② Bernard Spolsky & Elana Shohamy, *The Language of Israel: Policy, Ideology and Practice*, Multilingual Matters Ltd, 1999, p. 85.

在国家普通学校和国家宗教学校各不相同,而且在初中和高中有12个分别不同的课程表。①

1977年中学语言知识课程包含以下的目标:学习各个历史时期和不同阶层的各种不同的语言类型、语言学术语和语言形式;使学生习得标准的希伯来语,并且能够理解和区分希伯来语不同的表达;学生把希伯来语看成自己民族宝贵的文化遗产(宗教学生将其视为一门神圣的语言),并且能够认识到标准希伯来语的价值。② 该课程目标比较重视各个时期希伯来语的类型与现代希伯来语之间的联系,同时强调学习标准希伯来语的价值,让学生明白希伯来语不仅是一种民族语言,更是犹太人的历史文化遗产,在希伯来语教学过程中,以色列重视语言教学与历史传统文化教育之间的联系。

在1982年为国家普通中学与国家宗教中学的语言表达与理解制定了可以扩展的课程,该课程表在语言、交流、思考、敏感性以及个人表达和价值观方面共有28个明确的目标。③ 其中,国家普通学校更注重学科知识教育,而国家宗教学校则更注重价值观教育;在课程设置重点上也各不相同,国家普通学校的课程设置重点强调与这片土地的联系,而国家宗教学校课程着重强调与犹太教之间的联系。

此外,在以色列的中学课程设置中,还对中学阶段的特殊学生群体设置了与众不同的学习规划。第一种规划在1979年颁布实施,它设置的主要目标是发展有效的交流沟通、语言技能、智力、情感与美学教育、语言知识和文化知识。第二种学习规划(1980年颁布实施)有四个目标:准确而又有效的口头与书面交流、逻辑思维的培养、个人与民族价值观的培养以及艺术敏感度。④

这些课程规划的实施在某种程度上是由教育部所分配的时间决定的。

---

① Bernard Spolsky & Elana Shohamy, *The Language of Israel: Policy, Ideology and Practice*, Multilingual Matters Ltd, 1999, p. 86.
② Bernard Spolsky & Elana Shohamy, *The Language of Israel: Policy, Ideology and Practice*, Multilingual Matters Ltd, 1999, p. 86.
③ Bernard Spolsky & Elana Shohamy, *The Language of Israel: Policy, Ideology and Practice*, Multilingual Matters Ltd, 1999, pp. 86—87.
④ Bernard Spolsky & Elana Shohamy, *The Language of Israel: Policy, Ideology and Practice*, Multilingual Matters Ltd, 1999, p. 87.

分配的时间多少与政府投入的财政预算多少是挂钩的，政府投入的财政预算决定了课程的学习时间。一般而言，计划给母语教学一周分配四个小时，这四个小时在语言、表达与理解以及文学这三个领域之间分配。

（四）中学阶段的希伯来语教学管理

直到 1991 年，在教育部只有一个教育督查员负责中学阶段的希伯来语和希伯来语文学教学的监督与管理。此年，这一职位被分开，由两个兼职的督查员负责这两门课程的教学工作。以色列的教学秘书处主任（the head of the Pedagogical Secretariat）最近提出要重新统一这个职位，指派专人负责这项工作，他必须具备相关学历和专业资格证。[①] 然而，此举遭到了这两门学科教师群体强烈反对，他们提出每一学科都要有个专家专门负责。在地方，他们呼吁增加更多负责希伯来语教学顾问，具体如下：一共需要 20 名地区希伯来语教学顾问，其中有 6 名负责语言与文字表达、12 名负责文学和 2 名负责文字表达。[②] 由此可以看出，他们的职责分工不是很具体明确，但是他们都认为自己的工作很重要。

以色列政府对课程的管理做出了许多努力，目的都是为了让学生在高考中发挥出他们的最高水平，并且为工作和再学习深造奠定坚实的希伯来语基础。因此，所有的学生都必须参加希伯来语（语法、表达与理解）和作文的考试，所有学生也必须参加文学考试。尽管在 1995 年以色列教育部部长下达的通知中要求学校提高中学生的希伯来语口语水平，但是在高考中，却没有涉及希伯来语的口语表达与听力理解的考试内容；作文写作的考试没有给学生留下足够的正规复习时间。文学考试不是测试学生的阅读水平，而是用阅读概括的答案回答相关的问题。[③] 从 1997 年开始，高考中语言考试已经变得标准化。对于增加希伯来语书写测试的建议，以色列的教育部门仍在斟酌中。

总体来讲，以色列中小学的母语教学具有以下特点：第一，以色列教

---

① Bernard Spolsky & Elana Shohamy, *The Language of Israel: Policy, Ideology and Practice*, Multilingual Matters Ltd, 1999, p. 88.

② Bernard Spolsky & Elana Shohamy, *The Language of Israel: Policy, Ideology and Practice*, Multilingual Matters Ltd, 1999, pp. 88-89.

③ Bernard Spolsky & Elana Shohamy, *The Language of Israel: Policy, Ideology and Practice*, Multilingual Matters Ltd, 1999, p. 89.

育组织机构的运行机制是实行中央学术领导制,对实施新政策者提出问题,而不是对学校与教师采取行政管理直接领导,从而导致了中央对各个地区的小学希伯来语教育工作缺乏有效的控制与协调。第二,在课程设置上,分为普通教育和宗教教育课程,对希伯来语课程规定了十分明确的教学目标。希伯来语课程分为语言、文学与书面表达三个课程,形成既有分工又有一贯性原则。第三,教育部对教科书的审定十分严格,但是同时对于教师选择何种教科书上留一定的自由权利。第四,以色列政府比较重视中小学的希伯来语教学评估,但是目前还没有找到令人满意的方法和标准。

当然,以色列中小学的母语教学同样也存在着很多问题:首先,由于以色列对希伯来语口语教学重视不够,导致学生的口语表达马马虎虎,在日常的学习和生活中还过度借用外来词汇。其次,中小学校缺乏系统的希伯来语课程设置,虽然母语课程设置在小学阶段有所创新,对读写能力和整体语言教学越来越重视,但是这些都未在高中阶段的母语课程中表现出来。第三,在职教师的职业培训规划中对于希伯来语的读写能力、理解、表达方面有了细微的进步,但是这些内容在所有的大学中却没有任何相关的培养计划。第四,在学校,母语教学被视为希伯来语教师分内之事,其他学科的教师对母语教学缺乏重视,从而使母语教学缺乏统一性和协调性。

五、以色列犹太移民的希伯来语教学政策

众所周知,以色列是一个移民国家,大部分人口都是犹太移民组成的。以色列建国后,其主要任务就是吸收世界各地的犹太人移居以色列,从而充实了这个新生的犹太国家。为此,以色列当局先后于1950年和1952年颁布了《回归法》和《国籍法》。其中《国籍法》规定,任何一个犹太人只要返回以色列,便可立刻获得公民权。《回归法》则对犹太人的认定做了如下的规定:只要其母亲是犹太人或者皈依犹太教、并不信仰其他宗教的人便是犹太人,每一个流散异乡的犹太人都有权利返回以色列定居。[1] 从以色列建国以来,就源源不断地有世界各地的犹太人在以色列定

---

[1] 李志芬:《主体民族主义与国族构建的悖论——以色列民族政策思想之评析》,载《西亚非洲》,2011年第7期,第47—48页。

居，自然而然地以色列就成为了多语言、多元化的国家。但是鉴于以色列的犹太国属性，希伯来语习得和传播成为整合以色列犹太社会的有力武器。为了帮助新来的移民学习希伯来语，以色列当局做出了巨大的努力。

以色列对犹太移民的希伯来语教学政策，包括两方面内容：成年移民的希伯来语教学政策和移民孩子的希伯来语教学政策，其中在成年移民的希伯来语教育中，军队在此过程中发挥着不可忽视的重要作用。显而易见，只要希伯来语在以色列继续保持主导语言地位，那么这种特殊的语言教学政策过去、现在以及将来都是以色列语言政策的核心内容。

（一）历史回顾

希伯来语复兴的最经典事例就是母亲要向他们的子女学习希伯来语。这也许可能是由于意第绪语中包含大量的希伯来语词语，因此他们可能容易理解孩子们所讲的希伯来语，由此可见，希伯来语教学的最初努力放在了孩子们身上。从100年前的希伯来语复兴运动开始，希伯来语主要的语言政策就是给那些通过自然的代际传递而没有掌握希伯来语的人传授希伯来语。

在1905年到1935年的希伯来语教学初期，在巴勒斯坦地区，所有成年人的希伯来语教学重点强调的方法就是鼓励他们讲希伯来语。用"希伯来语教授希伯来语"（Hebrew in Hebrew）的谈话教学方法为这项工作奠定了基础，这种谈话教学方式是希伯来语教学的主要方式。[1] 目的是培养新移民的希伯来语口语能力，希伯来语的阅读和写作教学内容是后来加上的。随着移民人数的不断增加，在1935年到1948年以色列独立之前，犹太代办处和总工会成立的成年人夜校中，大约有六万名学生。[2]

1948年以色列建国以来，大量的移民涌入带来前所未有的挑战。大部分新移民都是在没有做任何准备的情况下来到以色列的。他们与早期的犹太复国主义定居者不同，早期的犹太复国主义者在没有来到以色列之前就花费了很多时间学习希伯来语，并且他们自己准备过农村生活。尽管许多

---

[1] Bernard Spolsky & Elana Shohamy, *The Language of Israel: Policy, Ideology and Practice*, Multilingual Matters Ltd, 1999, pp. 96-97.

[2] Bernard Spolsky & Elana Shohamy, *The Language of Israel: Policy, Ideology and Practice*, Multilingual Matters Ltd, 1999, p. 97.

人受过宗教学校教育，学习《圣经》和祈祷书，并且参加古典希伯来语的培训课程，但他们所掌握的宗教语言知识与现代希伯来语相比毕竟相差很远，这些新来的移民大部分都缺乏现代希伯来语知识。他们最初被安排在农业领域，或者成为无技能的劳动者，学习足够的希伯来语来维持生活已经不是他们迫在眉睫的问题。但是对于那些拥有专业，或者学术培养，或者职业经验的人来讲，如果要将其成功地整合为对社会有用的人，他们需要更加系统的方法来学习希伯来语。

从表面上看，如果以色列的正规教育工作主要集中在那些受过良好教育和具有专业水平的移民身上，这会使阿什肯纳兹人（Ashkenazi）[①]与米兹拉希人[②]之间以及从欧洲来的移民与从讲阿拉伯语国家来的移民之间的差距更加严重。虽然在此过程中出现了一些弊端，但是公平地说，在努力传播新语言作为整合新到来的移民的效果来看，以色列是走在了其他国家的前列，以色列给新来的移民提供七个月全日制的希伯来语教学指导，这在世界上也是独一无二的。我们可以从1983年对所选择人群的希伯来语知识的调查表中就可以得知以色列希伯来语教学成就的大小，如下表1所示：

表1　1983年不同年龄段讲希伯来语人群调查表（单位百分比:%）

类型	15–24	25–34	35–44	45–54	55–64	65–74	75+	共计
各年龄段共计	72.7	74.7	70.8	65.4	56.7	46.6	34.0	66.1
犹太人	89.3	85.3	80.6	72.7	60.4	49.4	36.3	74.9

[①] 阿什肯纳兹人，阿什肯纳兹这一称呼原来是指中欧说意第绪语的犹太人，今天在以色列泛指所有来自欧洲、澳大利亚和南非的犹太人，也称西方犹太人。随着犹太复国主义运动的兴起，这些被称为阿什肯纳兹的犹太人大批移居巴勒斯坦，成为犹太复国主义运动的核心力量。在以色列建国初期，他们成为以色列犹太人中的多数，在1948年犹太定居者中占80%。阿什肯纳兹人大都文化水平较高，经济和社会地位也高，并且以色列建国时的第一代领导人大多属于这类犹太人。目前，西方犹太人仍是以色列社会的上层，在国家的政治、经济生活中发挥着重要作用（资料来自：冯基华：《犹太文化与以色列社会政治发展》，社会科学文献出版社，2010年10月版，第80页）。

[②] 米兹拉希人，又译米兹腊希人，为居于中东、中亚和高加索地区的犹太人的后裔，在现代用语中，用于描述一切出身北非及西亚的犹太人。现有人口约四百万人，其中超过三百万居于以色列。除了在源头上与塞法迪犹太人不同，米兹拉希人的宗教仪式与其几乎完全相同。仅仅在某些特定族群中与之有些许差异。米兹拉希犹太人中有很多原本居于阿拉伯国家，1948年以色列成立之后，被穆斯林国家驱逐或自愿迁至以色列居住，许多犹太人将非阿什肯纳兹裔的犹太人同归为塞法迪，目前，他们占以色列人口总数超过一半（资料来自维基百科：http://zh.wikipedia.org/wiki/米兹拉希犹太人）。

续表

类型	15-24	25-34	35-44	45-54	55-64	65-74	75+	共计
以色列出生的犹太人	93.2	92.0	92.7	91.3	87.0	80.8	72.3	92.3
国外出生的犹太人	70.6	74.3	75.4	68.1	58.2	48.3	35.2	62.9
1965年以来的犹太移民	65.6	57.8	50.0	36.7	25.1	14.3	8.8	44.2
非犹太人	10.5	11.4	9.9	8.3	5.7	2.5	1.5	9.6

资料来源：Bernard Spolsky & Elana Shohamy, *The Language of Israel: Policy, Ideology and Practice*, Multilingual Matters Ltd, 1999, p.96。

从表1中我们可以看到不同年龄的人群与讲希伯来语的比例有十分密切的关系，国外出生的犹太移民和1965年以来的犹太移民会讲希伯来语的人口比例都与年龄成反比的关系，移民年龄越大，会讲希伯来语的人比例就越少，反之则越多。在1983年以色列的人口调查中，把只讲希伯来语的人规定为100%，其中希伯来语为第一语言的人口占75%，希伯来语为第二语言的人口占25%。[1] 由此可见，以色列对犹太移民的希伯来语教育政策取得明显成效。由于世界各地的犹太移民仍源源不断地涌入以色列，因此，对这些讲其他语言的新移民教授希伯来语的任务仍然继续成为以色列语言政策的核心组成部分。

（二）乌尔潘学校（Ulpan）[2]

1. 乌尔潘学校产生的历史背景及学校介绍

以色列为成年移民组织的语言教育方式就是乌尔潘学校。成立这种学校在很大程度上主要功劳应该归功于一位美国犹太移民——约书亚·舒沃拉比（Rabbi Joshua Shuval），他在1948年来到以色列之前名字叫路易斯·

---

[1] Bernard Spolsky & Elana Shohamy, *The Language of Israel: Policy, Ideology and Practice*, Multilingual Matters Ltd, 1999, pp.95—96.

[2] 乌尔潘学校，音译，英文为Uplan，"乌尔潘"一词源自犹太教法典《塔木德》中阿拉姆语的一个词语，意为"习惯（custom）、培训（training）、教学（instruction）、或者法律（law）"等，是现代希伯来语新造的词语，在现代希伯来语中这个词语与"练习室"（studio）的意思相同。从美国到苏联、从法国到墨西哥、从南美到北非，遍布世界各地的希伯来语的夜校都叫乌尔潘学校，是以色列用集训办法为移民开设的希伯来语课程或者学校。

斯威福（Louis Schwefel）。① 舒沃曾在纽约的犹太神学院学习，并成为了一名犹太教保守派的拉比。在第二次世界大战期间，他在康奈尔大学学习军人培训课程（the Armed Service Training Program）。② 事实上，这种课程包括有三部分：第一部分就是学习培训工程兵；第二部分是学习培养卫生与医疗人员；第三部分就是学习培养语言与区域研究的人才。该培训课程为期六个月，其特点就是全日的、集中强化的学习一门语言口语的实际应用技能。所开设的许多语言在之前的大学中是从来没学习过的。有趣的是，最后发现经过这样培训的部队在实际的战争中发挥不了多大的作用，但是这种培训课程却受到了公众的热烈吹捧，因为这是教授成年人快速有效地说一门语言的最理想的方法。此后，它成为了美国政府语言学校的样板，例如国外服役研究所和国防语言学院以及一些美国大学在改革方案中采纳了这种集中强化培训的教学方式。

1948年舒沃移民到以色列，他最初在希伯来语大学教学，他提出使用美国军队集中培训的教学方法，借此可以解决新到来的成千上万具有专业特长移民的希伯来语教学问题。而业已成名的地区知名专家对此建议嗤之以鼻，没有一位希伯来语教授认为这样的口语教学是有效的，而且他们认为希伯来语教学也不需要从其他任何人那里借鉴经验和方法，尤其希伯来语奇迹般地复活之后更是如此。尽管如此，以色列的教育部长扎勒曼·夏扎尔（Zalman Shazar）被舒沃成功地说服尝试接受他的这种想法。

此后，舒沃开始着手建立这类的培训学校。舒沃收集了美国军队语言教学的资料，他与另外一个充满热情的希伯来语老师莫迪凯·卡姆约特一起合作，设计了第一个集中强化的希伯来语培训课程。1949年，他们被指派到耶路撒冷郊区的一栋建筑里，即特森住宅收容中心（Etzion residential absorption centre）开始了一项新的教学项目。③ 因为这里的学生都是成年人，而且教学方法也是全新的，他们决定不称其为"学校"，而是叫"乌尔

---

① Bernard Spolsky & Elana Shohamy, *The Language of Israel: Policy, Ideology and Practice*, Multilingual Matters Ltd, 1999, p. 97.
② 军队服役训练课程，英文全称为 the Armed Service Training Program, 缩写为 ASTP, 在1943—1944年, 美国许多学院都开设这门课, 其目的就是让士兵学习并掌握一门有用的口语, 希望在将来的战场上能够对军队有所帮助, 尽管后来证明这种愿望并没有实现。
③ Bernard Spolsky & Elana Shohamy, *The Language of Israel: Policy, Ideology and Practice*, Multilingual Matters Ltd, 1999, p. 98.

潘学校"（ulpan），这是来自《塔木德》中阿拉姆语的一个词语，意思为"习惯（custom）、培训（training）、教学（instruction）或者法律（law）"，而在现代希伯来语中这个词语与"练习室"（studio）的意思相等。第一所乌尔潘学校有两个班级，每一个班级有25名学生。① 从一开始培训项目就增加了唱歌和旅行的教学内容，实质上就是运用交谈的方法教学。

设计该课程最初的动机并不是为了教育的目的，而是为了教授希伯来语，但是它具有很高的实用主义价值，从而能够满足社会的迫切需要。第一届培养课程所取得的成功使每一个人都感到非常吃惊，这都归功于集中强化教学方法和老师与学生对此课程的热爱。博纳德·斯波斯基认为乌尔潘学校的教学方法并不是唯一性的，而事实上，每一个老师都形成了他或她自己独特的教学方法。

乌尔潘学校的观念在以色列逐渐流行。舒沃开始在以色列其他地区成立更多的乌尔潘学校，其中也开始涉及到使用简易希伯来语进行广播。他后来被派遣到其他部门工作。不久以后，在以色列全境有另外120所居民区有乌尔潘学校。总而言之，在以色列建国以后的20年内，大约有12万学生在乌尔潘学校学习希伯来语，这为这个新成立的国家的政治与经济生存做出了重要贡献。不过，需要特别指出的是，乌尔潘学校所培训的人数大约仅占这个时期总移民人口的10%。剩下的绝大多数成年犹太移民只能在他们日常生活中学习非正式的希伯来语。

经过一段时间以后，乌尔潘学校形成有大量的各不相同类型的教学模式，但是其中第一种模式就是移民收容中心的乌尔潘学校。移民收容中心的乌尔潘学校是由犹太代办处为新到来的移民家庭设立的。全日制课程持续五个月的时间，教学按等级分班级，每一班少于25名学生，每天上午上五个小时；有些学校是在下午组织学习。在这样的课程所提供的正规教育的总时数大约为530个小时，乌尔潘学校的学习时间一般要持续五个月，这五个月的语言教学课程允许一年分成两个学期完成，教师一年有两个月的假期。②

---

① Bernard Spolsky & Elana Shohamy, *The Language of Israel: Policy, Ideology and Practice*, Multilingual Matters Ltd, 1999, p. 98.

② Bernard Spolsky & Elana Shohamy, *The Language of Israel: Policy, Ideology and Practice*, Multilingual Matters Ltd, 1999, p. 99.

第二种模式就是基布兹的乌尔潘学校。1951年在哈斯豪菲特基布兹成立了第一所乌尔潘学校，它位于从海法到阿弗拉（Afula）高速公路的历史遗址米吉多（Megiddo）附近。[①] 到1970年，一共有100所基布兹乌尔潘学校，它们已经教了大约两万名新来的移民和旅游者。从理论上来讲，参加者要半天工作、半天学习，这种安排对学生的学习效率很有帮助——因为在田里工作几个小时之后，就不会因为长时间精力集中而导致精神疲惫，这种基布兹的乌尔潘学校的教学方式至今仍然继续发挥作用。

此外，以色列的大学也借鉴了乌尔潘学校的这种教学模式。利用暑假的两个月时间为外国留学生和新来的移民提供集中强化培训课程。在这些课程中，教学重点自然而然地放在了学术性语言与技巧上，这些课程完全使用希伯来语进行教学，与以色列大学的教学模式雷同。

2. 乌尔潘学校的现代模式

目前，以色列教育部从犹太代办处手中接管了开办乌尔潘学校的任务。负责希伯来语教学事宜的机构隶属于成人教育部门，在以色列成人教育部门管理下的乌尔潘学校一共有四种类型，它们都是为那些第一次来到以色列的移民开办的。

第一种是初级乌尔潘学校，这是为了使不断进入以色列的新移民尽快融入主流社会，国家拨出经费，一般提供五个月的课程学习，每周为25个学时，总课程量达到500个学时。[②] 基布兹的乌尔潘学校也属于初级乌尔潘学校，为来到以色列时间比较长的移民开办的希伯来语学校提供10个月的课程教学，每周有12个学时，总课时数与前面提及的学校相同。[③] 从1995年开始，成立了初级职业型乌尔潘学校，目的就是让那些从苏联来的具有职业特长的移民通过希伯来语学习和培训，期望他们能够获得以色列劳工部对他们的职业资格的认可。这类学校首先是与建筑职业相关，在常规课程的基础上增加了职业术语的学习以及建筑工地上实习的内容。经过两个月的学习之后，没有达到规定的希伯来语水平的学生就会转到初级乌

[①] Bernard Spolsky & Elana Shohamy, *The Language of Israel*: *Policy*, *Ideology and Practice*, Multilingual Matters Ltd, 1999, p. 99.

[②] 陈华腾：《为了一个民族的中兴：以色列教育概览》，华东师范大学出版社，2005年8月版，第214页。

[③] Bernard Spolsky & Elana Shohamy, *The Language of Israel*: *Policy*, *Ideology and Practice*, Multilingual Matters Ltd, 1999, p. 100.

尔潘继续学习，而且仍然是免费学习。此外，在以色列，计算机科学、时尚领域以及其他职业方向的职业型乌尔潘学校正在筹建当中。

第二种类型就是高级乌尔潘学校，经过五个月初级乌尔潘学校的学习，他们已经初步掌握了希伯来语的基础知识。以色列政府为那些需要掌握更高水平的希伯来语知识和技能的犹太移民成立了高级乌尔潘学校。一般这类高级乌尔潘学校也是持续学习五个月时间，但是每周只有八个学时。同样，设立了高级职业型乌尔潘，一共五个月，每周有25—28个学时，目的就是为了让他们能够有足够的时间来学习与他们职业相关的专业希伯来语术语和技能。① 高级职业型乌尔潘按照职业方向可以划分为四种类型，分别是管理与贸易、教育与社会专业、医学与医疗辅助人员以及技术领域。

第三种乌尔潘学校是专门为特殊情况而开办的特殊学校，同样也是为期五个月，每周上八个小时的课程。其中一种是与社会救济相关，设立在以色列首都特拉维夫，是与以色列的慈善机构合作开办的，主要学生对象是那些无家可归的流浪群体。在这类乌尔潘学校中，不但教他们学习希伯来语，而且为他们解决食宿问题。另外一种是与社会福利组织合作，专门为聋哑移民开办的特殊乌尔潘学校。此外，还有其他特殊的乌尔潘可能是根据特殊情况而开办的。

第四种乌尔潘学校是为那些因为一种或者其他多种原因第一次来到以色列之后错过了第一种乌尔潘教育机会的人设立的，这种学校的规模一般不大，但是学生人数却占移民总数的30%。

在1995年7月，以色列教育部管理下的各类乌尔潘学校总数大约有1000所。其中学校人数最多的是初级乌尔潘学校，一般有400个班级，大约有1万名学生。在以色列，一共有40所基布兹的乌尔潘学校，共计有900名学生。高级乌尔潘学校总数超过350所，人数达9000人。除此之外，还有为年长的移民开办的180个乌尔潘学校，服务的人数达4000人。② 在这些乌尔潘学校中，所有学生的年龄都超过了18周岁，而且是最

---

① Bernard Spolsky & Elana Shohamy, *The Language of Israel: Policy, Ideology and Practice*, Multilingual Matters Ltd, 1999, pp. 100-101.

② Bernard Spolsky & Elana Shohamy, *The Language of Israel: Policy, Ideology and Practice*, Multilingual Matters Ltd, 1999, p. 101.

近三年来到以色列的移民。其中90%的移民是来自苏联。正常情况下,这些学校的辍学率大约为25%,其原因常常是因为这些移民找到了工作而放弃了在学校学习的机会。

此外,在以色列,还有三所专门为外国旅游者提供的乌尔潘学校,这些都是自费学校。一般情况下,这些学校在7月学生人数低于一年中其他月份的学生人数。在1995年,每个月来以色列旅游的外国游客平均人数在2.5万—3万之间,这一年一共有76800名外国游客在乌尔潘学校学习。[①]

3. 乌尔潘学校教学存在的问题

乌尔潘学校发展的实质是对紧急情况的一种反应。尽管学校的管理机构已经制度化,但是学校的课程设置仍保留着自己的特殊性。1978年开始有人尝试着对乌尔潘学校教学进行正式的教学评估,他们从20所乌尔潘学校中的32个班级中抽出343名学生进行抽样测试。测试结果表明,这些学生每个月的希伯来语水平都有一点提高,但是经过五个月学习之后,他们还是不能阅读比较复杂的希伯来语资料。[②] 需要说明的一点是,至今没有人对学生的希伯来语口语掌握的熟练程度进行测试。如今,以色列国内正在对乌尔潘学校酝酿一种全新的教学评估,尽管缺乏官方正式的教学评估,但是公众普遍认为这种学校有助于整合以色列国内新来的移民,并有助于提高他们说希伯来语的能力。

当进一步研究乌尔潘学校,就会发现存在一个重要的问题,就是这些学校的老师都缺乏正规培训。从历史的角度来看,将希伯来语教授给其他语言的人,不论是大流散时期的犹太人,还是近现代移居巴勒斯坦地区的未成年或者成年犹太人,这一重要的教学任务通常落在了那些兼职的或者临时的希伯来语业余爱好者或者老师身上。这些人一般都具有热情、乐于奉献的精神,这些精神在一定程度上或者能够弥补他们缺乏正规培训的缺陷。但是前面我们提到,更为严重的是,这一伟大的事业缺乏正式的教学评估,从而很难知道这样的希伯来语教学可能产生的影响。这不仅会使人产生疑问,例如,这些移民在乌尔潘学校究竟能够学到多少呢?参加乌尔

---

① Bernard Spolsky & Elana Shohamy, *The Language of Israel: Policy, Ideology and Practice*, Multilingual Matters Ltd, 1999, p. 101.

② Bernard Spolsky & Elana Shohamy, *The Language of Israel: Policy, Ideology and Practice*, Multilingual Matters Ltd, 1999, p. 101.

潘学校学习的人与没有参加乌尔潘学校学习的人相比能够得到多少好处呢？对此目前没有准确的统计，这些问题需要我们更进一步深入研究。

（三）军队在希伯来语教学中的作用

以色列国防军在保家卫国的同时，还要发挥国家学校的作用，负责为国防军的青年提供有关这个国家的语言、地形、历史、犹太遗迹、基础教育、整洁与秩序，以及热爱故土的知识。本—古里安于1948年5月26日颁布命令组建以色列国防军，取消其他一切军事组织。他赋予军队在社会化中以特殊使命，不仅作为保证国家生存与国防安全的机构，更是促进国民教育与移民吸收的先锋，将之服务于国家构建的伟大目标；而且军队超越了政治与党派的偏见，成为贯彻国家主义意识形态的强力工具，在社会整合中发挥了不可估量的重大作用。[①]

以色列的国防军很多都是由移民构成，这就会涉及到语言统一的问题，部队与部队之间，军官与军官、军官与士兵之间必须能够有效地沟通和交流，这也是战争取胜的关键。因此，以色列军队有一个重要的使命，就是所有新兵必须在他们服兵役结束时至少完成小学基础教育，并为那些没有完成高中教育的新兵提供了完成12年教育的机会。

军队的希伯来语教育计划充分利用了合理的资源。老师是从军队的新兵中挑选出来的，一般是受过良好高中教育的年轻女兵，他们对担任基础教育的老师进行集中培训，而且提高她们的军衔从而让她们在男兵学生中间树立权威。此外，国内师范院校的老师对这些新老师提供系统的培训，他们做这件事是为了履行服兵役的义务。一般而言，军队教育实行小班教学，12个士兵或者12个文盲组成一个班级，各自独立展开教学工作。整体来看，以色列军队实行的这一计划是非常经济有效的，这种课程成本最低，但是可以用尽资源（人和时间）。

目前，军队提供的普通教育有五种课程。第一种是为本国出生的新兵制定的课程，在测试中他们的希伯来语分数低于军队服役的要求。一共有200个学时教会他们使用希伯来语阅读和书写。每一班一般限制在10人，其中也包括非犹太人，如德鲁兹人和贝都因人士兵。每一班有两个士兵老

[①] 张倩红、艾仁贵：《犹太文化》，人民出版社，2013年5月版，第198页。

师，他们每天 11 个小时轮流集中授课。① 第二种课程为那些测试水平没有达到九年义务教育所期望的水平的士兵设立的。在军队中设立的这种课程得到了以色列教育部门的认可，如果成绩合格，可以被视为完成了九年义务教育，这类课程总共有 90 个学时的希伯来语课程，而且班级的规模也很小。② 第三种是为那些希伯来语文化水平低于 11 年级学生的士兵准备的高级课程。这种课程是按照教育部 11 年级教育的培养计划进行的，并且使用教育部制定的课本进行考试。③ 另外，对没有完成高中教育的新兵设立了两种课程。一种是文凭课程，为那些常备军中没有完成高中 12 年教育的士兵设定的。它是按照教育部的 12 年级的课程与考试规定实行的。另外一种是为想要高考的士兵准备的课程。

多年以来，军队在希伯来语教学方面产生了巨大作用。一方面，通过设立的这五种课程，提高了新兵的希伯来语水平，所设置的课程不是千篇一律，而是根据他们具体的希伯来语水平安排不同的课程学习，这种方法针对性强，而且富有成效；另一方面，在服兵役期间，参加希伯来语课程学习的士兵能够提高他们自身的知识文化素养，他们退役之后能够更好地融入主流社会，从而将来自世界各地的犹太移民打造成一个全新的犹太民族。这正如本—古里安所说："我们的军队不只在战争年代负有使命，而且，或许尤其在和平时期负有使命。它必须塑造我们青年的性格，通过他们得以塑造我们民族的性格。"④ 总体来讲，在母语教学方面，军队进行的可能是所谓的"扫尾行动"，通过它可以努力填补识字教育的空白。

（四）移民孩子的希伯来语教学

众所周知，一旦一门语言不再是他们的母语，就会有灭亡的危险，如果振兴这门语言，最有效的方法就是将该语言传授给孩子们。由于与传统割裂的缘故，希伯来语逐渐从犹太人的日常生活中消失，只是作为一门神

---

① Bernard Spolsky & Elana Shohamy, *The Language of Israel: Policy, Ideology and Practice*, Multilingual Matters Ltd, 1999, p. 91.
② Bernard Spolsky & Elana Shohamy, *The Language of Israel: Policy, Ideology and Practice*, Multilingual Matters Ltd, 1999, p. 91.
③ Bernard Spolsky & Elana Shohamy, *The Language of Israel: Policy, Ideology and Practice*, Multilingual Matters Ltd, 1999, p. 91.
④ 张倩红、艾仁贵：《犹太文化》，人民出版社，2013 年 5 月版，第 299 页。

圣的宗教语言被继续保留下来，而犹太人在19世纪后期又开始复兴这门沉睡很久的语言，培养犹太人讲希伯来语逐渐成为犹太人的一种共识。以色列建国后，来自世界各地而且讲各种语言的犹太移民的语言问题成为了以色列当局亟待解决的一大难题。"一个民族，一种语言"的观念已经深入人心，统一语言势在必行。几代人的不断努力，希伯来语俨然成为了以色列的优势语言。因此，以色列当局的最重要的语言政策之一就是在移民中间推广希伯来语。

多年以来，以色列是根据意识形态与实用主义的动机来确定最重要的语言政策，他们认为这些移民的孩子应该尽快学会希伯来语，以此取代他们家乡的语言。在这种民族纯粹主义的影响下，希伯来语在以色列占绝对的霸主地位，这样有利于来自各个地区的犹太移民的融合，培养全新的犹太民族文化；但是，其他移民语言因为被忽视或者被歧视而逐渐削弱，在某种程度上不利于文化多样性和可持续性发展。虽然近年来有呼吁应该保留他们自己家乡的语言，但是想将其付诸实施的可能性依然非常渺茫。

由于以色列移民的复杂性与流动性的本质特征，一般情况下，移民孩子的教育任务一般由地方政府负责办理。此外，因为移民浪潮的规模大小不一，性格也各有不同，因此以色列当局认为，为他们建立统一的教育体系是无济于事的。

1. 移民学生身份的认定

以色列移民学生身份与以色列教育优惠政策直接相关，如果移民学生满足以下三个条件，教育部就会将他或者她认定为移民学生。第一个条件他们是被以色列内政部官方认定为新移民。其中不包括外国游客或者外国务工者的孩子。第二个条件就是他们来到以色列的时间不超过四年。至于埃塞俄比亚移民的学生，这个期限可以放宽到12年。第三个条件就是他们来到以色列时符合1年级至12年级的学龄。满足以上条件的即可享受以色列新移民学生的各种语言教育优惠政策。

1996年，在教育部管理下的学校中使用这种方法认定新移民学生的人数达11.6万名，他们学习希伯来语可以得到国家的财政补贴。这种补贴金额是根据一系列因素确定，例如他们来以色列已经多久了，他们来自哪里，他们个人的高考目标，此外，还有其他个人因素，例如家庭规模等。2年级至12年级年龄段的学生大约有1.4万名，他们每人在学校可以得到

50—70小时的希伯来语学习指导。①

2. 移民学生的希伯来语教学分析

由于这些新来的移民以及他们的社会地位在不断发生变化，从而使希伯来语教学评估结果变得复杂。在 1995 年，超过 5 万多名的移民孩子是小学生，1.5 万名是初中生，高中阶段的学生数量与初中生人数大体相当。随着学生人数和集中程度的变化，造成了移民学生在整个教育体系中比较分散的特点。在以色列国内，共 2200 所学校有移民学生，其中 1/10 学校声称它们学校移民学生所占比例超过了 1/4；另外 570 所学校移民学生的比例为 10%，其余学校移民学生人数不到 10%。② 这些移民学生也是来自不同的国家。在 1995 年，70% 的学生来自苏联，10% 的学生来自埃塞俄比亚，其余的学生来自美国、法国、匈牙利和其他国家。③ 这些学生大约有 3/5 在国家普通学校，1/5 在国家宗教学校，还有一小部分学生是在犹太正统派学校。大部分埃塞俄比亚移民的孩子被安置在国家宗教学校，而来自苏联的移民孩子恰好与此相反，大部分学生就读于国家普通学校，由于移民学生的多样性与复杂性，因此采取任何统一的政策或者方式都是不允许的。

以色列教育部赞成使用许多不同的方法来整合这些新移民。在处理移民学生教育问题时有三种相同的模式，这些学生首先参加乌尔潘学校的学习，经过一段时间的学习之后，再将这些学生安排到常规课堂上，但是还会专门指导这些学生的希伯来语学习。一般而言，乌尔潘课程与常规课堂是按 50：50 的比例分配的。通常来讲，这种类型的课堂教育持续三个月或者四个月的时间。④ 按照教育部的要求，肖哈密创立了一整套测验体系来帮助老师处理移民学生从希伯来语培训课堂到主流课堂之间的转变效果。这一套测验体系包括测试、自我评估与观察等，其测验的结果在学生、希

---

① Bernard Spolsky & Elana Shohamy, *The Language of Israel: Policy, Ideology and Practice*, Multilingual Matters Ltd, 1999, p. 104.

② Bernard Spolsky & Elana Shohamy, *The Language of Israel: Policy, Ideology and Practice*, Multilingual Matters Ltd, 1999, p. 104.

③ Bernard Spolsky & Elana Shohamy, *The Language of Israel: Policy, Ideology and Practice*, Multilingual Matters Ltd, 1999, p. 104.

④ Bernard Spolsky & Elana Shohamy, *The Language of Israel: Policy, Ideology and Practice*, Multilingual Matters Ltd, 1999, p. 105.

伯来语老师以及班主任的评估会议上进行讨论。另外一种模式，将移民学生从一开始就放在常规课堂上，在课余时间，让他们组成一个小班级来专门学习希伯来语。

在特殊情况下，例如当有大量的移民或者在移民高度集中的某一个区域，就会开办一个完整的乌尔潘学校。移民学生会在乌尔潘学校集中强化学习希伯来语一年的时间，这样就会耽误学习其他知识的时间。在20世纪90年代，从苏联和埃塞俄比亚来的大量移民移居以色列，以色列在全国范围内为新移民学生开办了大量的乌尔潘学校，学习时间为一年，在这些学校集中强化学习希伯来语，灌输一个民族、一种语言的思想观念，其目标就是要求学生达到希伯来语的中级水平。在课程学习上，为了达到此目标甚至以牺牲其他学科为代价。学校似乎没有考虑使用双语教育来解决这个问题。新移民学生与较高年级学生同班学习，而在较高年级中，这些移民学生感到非常的吃力，他们既要很好地完成希伯来语的学习任务，又要及时地通过考试。教学评估的结果证明，这些方法都有利弊得失。

据研究表明，在学校中，一个班级全部都是移民学生组成的，没有一个学生辍学。但是一旦这些学生被送到常规课堂上，有许多学生在他们没有赶上本国语言的学生水平之前就离开了学校，他们出去工作以维持他们的家庭生活。在1995年初，大约有4000名学生已经辍学，尽管他们中间一些学生仍然在学校，但是在教育部的纪录中却没有这些学生的名单。

埃尔纳·肖哈密、塔玛·莱文和博纳德·斯波斯基对移民学生的社会整合进行了一些探索性研究。[1] 但是，由于缺乏有效的实证评估，所以很难对当前移民学生希伯来语教学方法的有效性进行准确的评估。总之，希伯来语在犹太移民中学习和推广过程中，不论他们是成年人还是小孩，在意识形态上都秉承这样一种观点：即新语言必须取替旧语言，就是强调希伯来语的唯一性，宣扬"一个民族，一种语言"的思想观念，将世界各地的犹太移民重新融合，打造新的民族认同。

---

[1] Bernard Spolsky & Elana Shohamy, *The Language of Israel*: *Policy*, *Ideology and Practice*, Multilingual Matters Ltd, 1999, p. 106.

六、希伯来语是阿拉伯语人的第二语言

以色列的希伯来语政策中另一个重要的内容就是在阿拉伯少数民族中推广希伯来语，这与犹太移民在希伯来语教学目标上有根本性的不同，即犹太人的希伯来语教学目的是为了让希伯来语取代移民家乡的语言，是一种文化熔炉政策的具体体现，阿拉伯人的希伯来语教学从一开始就被认为是非强制性的，希伯来语作为说阿拉伯语民族的第二语言学习。

在以色列境内，希伯来语是阿拉伯少数民族的第二语言。他们在学校一开始只学习标准的阿拉伯语。希伯来语的教学是从小学3年级开始，一直持续到12年级，并且是高考的一个重要考试科目。阿拉伯人的希伯来语教学目标包括实用性与文化性，其中也涉及希伯来语文学。在阿拉伯学校希伯来语教师是由阿拉伯人担任。德鲁兹人的希伯来语学习课程与阿拉伯人的课程类似，教材是由德鲁兹作家把阿拉伯语翻译成希伯来语书籍。德鲁兹人的学校同样也使用希伯来语的教科书教授自然学科。在东耶路撒冷区的阿拉伯学校，学生学习希伯来语更多地带有实用性目的，目的是为了更好地融入以色列主流社会，从而提高自身的生活水平。在约旦河西岸与加沙地带的阿拉伯学校开设希伯来语课程，这里的学校课程使用约旦或者埃及的课程教学设置，一直持续到巴勒斯坦权力机构统治这个地区为止。在新巴勒斯坦课程中有一个提议，就是将希伯来语作为学校的选修外语课，由学生自主选择学习。

以色列的阿拉伯人占以色列人口总数的1/5，因此，希伯来语作为第二语言学习是他们工作和继续深造的必要条件。希伯来语是大部分阿拉伯人视为最重要的语言之一，甚至将其地位放在他们母语前面。希伯来语是阿拉伯人的第二语言而不是外国语言，它不仅仅可以在学校的正规教育中习得，而且在日常的社会生活中也可以学习。事实上，在工作和日常的生活中这种非正规的、耳濡目染的学习希伯来语的方法在以色列阿拉伯人的希伯来语学习中发挥着更为重要的作用，甚至比学校的正规教育所起到的作用更大。

以色列阿拉伯人学习希伯来语是出于实用主义和现实需要的动机，他

们学习希伯来语更多地是出于能够在政府和私营机构中获得工作与贸易以及为了更高教育的目的。所有的以色列大学、犹太人创立的教育机构都在意识形态上致力于更有效地传播希伯来语,"希伯来语大学"名称的由来也正是出于这种目的。因此,以色列的阿拉伯人将希伯来语视为他们生活中至关重要的工具,如果不懂希伯来语,他们在希伯来语占支配地位的主流社会中很难获得就业的机会。

在阿拉伯语地区,希伯来语教学是直接进入少数民族社会的最重要的手段。可以将其视为传授给以色列阿拉伯人关于本国犹太主体民族的生活、文化与历史的机会。此外,还可以传授给他们关于公民身份的相关知识,从而使他们能够形成一种以色列公民意识,这不仅仅有助于少数民族经济的发展,而且有助于与本国主体民族的融合,还可弥补这两大民族的隔阂,有利于以色列社会的长治久安。对于大多数阿拉伯语少数民族群体来说,希伯来语是他们进行国内交流沟通的通用语言。英语作为阿拉伯人的一门外语来学习,在国际交流中扮演着重要的角色,但是希伯来语是以色列阿拉伯人需要学习的最主要的语言。

(一) 以色列阿拉伯人的希伯来语教学的历史概况

在英国委任统治时期,阿拉伯学校是使用阿拉伯语教学,英语则是作为第二语言教学,在阿拉伯学校完全没有教授希伯来语。在委任统治期间阿拉伯人是最大的民族,在学校不需要给犹太少数民族开设希伯来语课程,但是少数阿拉伯人在与犹太人社会接触的环境中学习了希伯来语。英国委任统治时期的教育体系是毫无建树的,甚至连阿拉伯语教学也没有达到理想的效果。

在犹太社会内部,为联合国的分治计划做准备所进行的讨论中,一个由犹太代办处与犹太民族委员会成立组成的委员会早在以色列成立之前就已经提出新犹太国家的教育计划。1944年规定新犹太国家的教育划分为犹太人教育与阿拉伯人教育两个不同的部门。在这些讨论中有一个主题,即分治决议不能将民族分开,这样就会导致犹太人社区有阿拉伯人存在,阿拉伯人的社区有犹太人存在的混居情况。在1948年的过渡时期,政府建议阿拉伯语在阿拉伯小学阶段是唯一的教学语言,在中学阶段增加了英语或者希伯来语。事实上,阿拉伯语在中学阶段与大学阶段都是作为教学语言使用,而希伯来语和英语则是作为阿拉伯学生的选修语言。

在阿拉伯社区的学校教育中,希伯来语教学是从以色列建国之后就立刻实施的。希伯来语是所有小学的必修课,从小学四年级开始,每星期上四或者五个小时,此外,在所有的中学阶段和阿拉伯教师培训计划中都要求继续学习希伯来语。这一决定在新闻媒体中引起了轩然大波,出现了四种截然不同的观点。有一些人站在政治和宗教的立场上对此持完全反对的态度。持赞成观点的人又分为三种,第一种认为阿拉伯人应该被同化,第二种认为这对阿拉伯人的教育非常重要,最后一种认为这对阿拉伯人形成以色列公民身份尤为重要。

当然,在希伯来语教授过程中困难重重,遇到的第一个实际问题就是为阿拉伯学校寻找有资格教授希伯来语的教师。由于在英国委任统治期间,在阿拉伯学校没有教授希伯来语,因此阿拉伯人无法担任希伯来语教师。在阿拉伯社区的第一批希伯来语教师是阿什肯纳兹犹太人。对他们来说在一个陌生的环境中教授希伯来语是非常困难。通常情况下,他们不会讲阿拉伯语,因此在学科教学过程中会遇到许多困难。不久以后,会讲阿拉伯语的新犹太移民,尤其是来自伊拉克的犹太移民成为了阿拉伯学校新的希伯来语教师。这些教师中有一些人曾经接受过教育培训,并且拥有教学经历。但是他们的教学效果不是很理想,不久被阿拉伯教师所取代。这些教师都受过特殊的希伯来语培训,到 1955 年为止,在阿拉伯地区的 90% 的希伯来语教师是他们自己人。[①] 然而这种变化出现了很多问题,这些阿拉伯人的教师并不能胜任这份工作,他们掌握的希伯来语知识可以应付初级教学水平——他们非常擅长初级语法,但是他们不能讲授希伯来语文学或者《希伯来语圣经》,解决这个问题的唯一办法就是这些阿拉伯人的教师在希伯来语与文化方面必须拥有很深的造诣。

到 1957 年,希伯来语在阿拉伯学校课程地位已经被牢固确立。因为政府对阿拉伯地区的整个课程设计、各学科教材的编写和培训教师上付出了巨大的努力。沙曼认为,这个时期阿拉伯人的希伯来语教育有三个目标:

---

① Bernard Spolsky & Elana Shohamy, *The Language of Israel: Policy, Ideology and Practice*, Multilingual Matters Ltd, 1999, p. 109.

第一个目标是关注阿拉伯民族及其相关文化的发展研究；第二个目标是为阿拉伯语社区传授沟通交流所需要的语言技能——包括书面技能与口语技能；第三个目标是准备将以色列阿拉伯人培养成以色列公民。

在1959年，阿拉伯地区小学的新课程规定希伯来语固定教学时间为每三周一共有四个小时。而中学的新课程到了20世纪60年代才出现，标题命名为"中学阶段9至12年级阿拉伯学生的希伯来语与文学课程"。[1] 其目标就是传授给阿拉伯学生基础性、普遍性和标准的希伯来语知识，从而使他们能够理解书面希伯来语，只要他们掌握希伯来语口语与书面语，就能满足实用主义与文化目的。这个教学目标为阿拉伯学生打开了通往以色列文化以及过去与现在价值观的一扇门，这样有助于学生理解以色列犹太社会与文化生活。

随着越来越多的教师适合这个岗位，在1967年该课程开始扩充了学习内容，阿拉伯学校从小学三年级开始学习希伯来语，每周三个小时。从1973年开始，每周又增加了一个小时希伯来语教学时间。在1972年，教育部在海法大学成立了与该课程相关的委员会，它专门负责修订阿拉伯学生的希伯来语课程。这个新课程在1977年发布，在四年后开始生效。该课程规定小学、初中、高中阶段都有各自独立的课程。[2]

在1993年修订了希伯来语语言与文学的课程，首先在加利利的10所学校中进行实验测试，并于1995年之后推广到所有的学校使用。这个新课程涵盖了四种基本技能：听、说、读、写。它的新重点就是给不同年龄与背景的学生提供适当的阅读材料，这样有助于他们学习希伯来语，从而将阿拉伯人融入到这个国家的社会、政治、经济与文化生活当中。

在1998年，大约有190名阿拉伯学生被培养成希伯来语教师，其中75名学生毕业于海法阿拉伯师范学院（Haifa Arab Teachers College），70名学生毕业于贝特·波尔师范学院（Beit Berl Teachers College），还有50名学生毕业于其他大学，[3] 大约有20名学生拿到了希伯来语的高级学位。他

---

[1] Bernard Spolsky & Elana Shohamy, *The Language of Israel: Policy, Ideology and Practice*, Multilingual Matters Ltd, 1999, p. 110.

[2] Bernard Spolsky & Elana Shohamy, *The Language of Israel: Policy, Ideology and Practice*, Multilingual Matters Ltd, 1999, p. 110.

[3] Bernard Spolsky & Elana Shohamy, *The Language of Israel: Policy, Ideology and Practice*, Multilingual Matters Ltd, 1999, p. 110.

们大部分人都修完了这些课程，并熟练地掌握了希伯来语，而且成为了希伯来语教师，师范学院毕业的学生在小学阶段教学，本科大学的毕业生在初中与高中教学。

（二）阿拉伯人希伯来语教学所取得的效果分析

以色列的希伯来语政策在阿拉伯人的希伯来语教学中能够发挥多大的作用呢？在1983年的人口调查中可以给出部分答案。从表2的15岁及以上的非犹太人最重要语言抽样调查表中我们可以看出，除了阿拉伯语之外，希伯来语是使用人数最多的语言。表3中显示不同年龄阶段的人讲希伯来语的指数，55岁以上年龄段的人的指数急剧下降。同时可以看出，生活在城镇的阿拉伯语基督教徒讲希伯来语的比例远远高于生活在农村的穆斯林。

表2　15岁及以上的非犹太人最重要的语言抽样
调查一览表——1983年人口调查数据

语言	唯一语言	第一语言	第二语言	总数（人）
希伯来语	2240	6750	106630	115620
阿拉伯语	221500	114685	5935	342120
英语	825	1210	10320	12355
罗马尼亚语	340	665	605	1610
法语	210	360	955	1525

表3　讲希伯来语的特定群体的抽样调查指数——1983年的人口调查数据

分类	15-24岁	25-34岁	35-44岁	45-54岁	55-64岁	65-74岁	75岁以上	总数（人）
各年龄段总比例	72.7	74.7	70.8	65.4	56.7	46.6	34.0	66.1
犹太人	89.3	85.3	80.6	72.7	60.4	49.4	36.3	74.9
非犹太人	10.5	11.4	9.9	8.3	5.7	2.5	1.5	9.6
穆斯林	9.2	9.8	8.4	6.4	3.3	1.4	1.0	8.2
基督教徒	16.2	18.2	15.8	13.4	12.2	5.5	3.1	14.8
德鲁兹人	12.6	12.7	10.1	8.1	3.3	1.4	0.4	10.5

资料来源：表2和表3来自Bernard Spolsky & Elana Shohamy, *The Language of Israel: Policy, Ideology and Practice*, Multilingual Matters Ltd, 1999, p.111。

从上面的两个表格的数据可以看出，阿拉伯人的希伯来语教学取得了相当大的成果，阿拉伯人的希伯来语知识在不断增多。但是希伯来语教学仍然是阿拉伯教育的重要问题之一。因为希伯来语是作为阿拉伯人的第二语言学习，许多学生没有达到大学要求的希伯来语水平，所以它成为了阿拉伯学生接受更高教育的一个严重障碍。希伯来语是阿拉伯人的第二语言而不是外语，但是希伯来语掌握的程度与阿拉伯人的居住地区有关系，生活在混合居住城镇的阿拉伯人希伯来语知识最多，而生活在农村里面的人希伯来语知识最少。事实上，希伯来语与阿拉伯语都属于闪米特语系，这同样有助于阿拉伯人学习希伯来语。因此，与英语相比，阿拉伯学生更懂希伯来语，即使在希伯来语的教学时间非常少的情况下也是如此，这些学生学习希伯来语口语的能力非常强。

希伯来语必修课的地位有利于阿拉伯学生的学习，学生没有通过希伯来语考试就不能通过高考。然而犹太人学习阿拉伯语"必修课"的愿望就没有这么强烈，而且缺乏强制性。以色列阿拉伯人学习希伯来语非常积极，因为该语言被视为他们日常生活中各方面的必备条件，例如阅读书信和打电话；并且从长远角度来看，这也是阿拉伯人找工作、接受更高教育以及走向成功的桥梁。说阿拉伯语的父母将他们孩子学习希伯来语视为他们找工作时优先考虑的必备条件，有些人甚至将他们的孩子送到了希伯来语学校。当然希伯来语的学习存在着性别差异，阿拉伯男性更可能与犹太人进行交往，并且参观游览说希伯来语的地方，更可能受到希伯来语社会的影响，从而能更很好地掌握这门语言。

在以色列，犹太人与阿拉伯人之间的关系是不对称的。阿拉伯人作为以色列国内的少数民族，他们自然而然地被主体民族更高地位的语言与价值观所吸引。这正是犹太人学习阿拉伯语失败的原因。

（三）阿拉伯人的希伯来语教学存在的问题

第一个问题就是以色列当局对阿拉伯人的希伯来语教学没有足够重视。在阿拉伯学校通常是使用希伯来语进行教学，但是第一步就是将希伯来语文学教材翻译成阿拉伯语。希伯来语教学一般模式就是老师站在讲台前面，大部分时间都在自己讲课。直到 1995 年才首次任命一个阿拉伯人为阿拉伯学校的希伯来语教学督查员，而且这个职位是兼职的,即使是全职的督查员利用他全部的时间来处理这些工作都力不从心,而且事实上,几乎很少对这些希伯来语教师进行在职培训。

第二个问题是在阿拉伯学校希伯来语教学中存在大量的犹太教内容。犹太教神圣的和传统的经典著作在希伯来语课程中占绝大部分,并且许多的教学内容都是强调犹太人的世界。由此带来的一个问题就是存在大量的古老而又艰涩难懂的希伯来语词汇,从而使阿拉伯学生感觉他们大部分时间都在学习犹太教而不是他们自己的宗教与传统,这样就割裂了他们自己的宗教与文化传统,是典型的文化同化政策。这是基本问题,也是难以解决的问题,同时又是与以色列少数民族希伯来语教学相关的根本性问题。以色列教育与文化部的一份报告中曾提到过这个问题,即如何区分犹太人的希伯来语教学大纲与阿拉伯人的希伯来语教学大纲,讨论结果认为,前者教学大纲强调犹太身份认同,而后者则强调对国家的忠诚。同时他们也注意到这样一个事实,就是阿拉伯人掌握犹太人的文化与语言知识是以牺牲他们自己的民族知识为代价的。

如今,以色列当局正在努力改善阿拉伯人的希伯来语教学情况。目前阿拉伯学校的希伯来语督查员是全职的,而且在1997年4月阿拉伯社区出现了阿拉伯学校希伯来语教师的期刊杂志。如果在以色列全部阿拉伯学校普及希伯来语,最合适的是从小学二年级就开始希伯来语教学,这需要开发新的教材与教学方法。针对以上阿拉伯社区希伯来语教学存在的各种问题,1997年2月16日在教学秘书处(Pedagogical Secretariat)的领导下成立了一个委员会,专门负责处理阿拉伯地区的希伯来语教学工作。另外一个委员会在1996年5月设立,专门负责研发阿拉伯小学与初中阶段的希伯来语教学新课程,这些委员会都肩负着非常重要的使命。[1] 在这些委员会的努力下,阿拉伯人的希伯来语教学会有质的提高。

综上所述,希伯来语在犹太复国主义运动中重新复兴,并在单一语言意识形态的主导下,很快成为了以色列的国语。以色列采取文化熔炉政策,在犹太学校、犹太移民中积极推广希伯来语,慢慢弱化他们移民国家

---

[1] Bernard Spolsky & Elana Shohamy, *The Language of Israel: Policy, Ideology and Practice*, Multilingual Matters Ltd, 1999, p. 113.

的语言，使他们尽快融入以色列的主流社会，在犹太移民差异性的基础上打造新的民族认同，期望建立一个世俗、民主的犹太国家。在阿拉伯语地区，希伯来语教学是直接进入少数民族社会的最重要的手段，可以将其视为传授给以色列阿拉伯人关于本国犹太主体民族的生活、文化与历史的机会。虽然在希伯来语教学过程中存在着许多问题和不足之处，但是希伯来语作为阿拉伯人的第二语言教学不仅可以培养他们的以色列公民意识，而且还有利于阿拉伯少数民族经济的发展，并有助于与本国主体民族的融合，在一定程度上可以弥补这两大民族的隔阂，有利于以色列的长治久安。

第二节　以色列的阿拉伯语政策

自7世纪阿拉伯语传播到巴勒斯坦地区以来，阿拉伯语经历了外来语言到主体民族语言，而后从主体民族语言到少数民族语言的复杂历程。由于以色列的犹太国属性以及长期战争的影响，使阿拉伯语成为了持续不断的政治斗争的牺牲品，这种政治斗争使阿拉伯语在以色列的地位和发展遭到了重创，使其从该地区的强势语言慢慢变成了弱势语言。本章深入剖析了阿拉伯人和阿拉伯语在以色列的历史地位，并分析阿拉伯语在以色列处于弱势地位的根源，对如何改善阿拉伯语在以色列的地位问题提出自己的一些独立思考，最后对阿拉伯语作为阿拉伯人的母语教学政策做了进一步的分析和研究。

一、阿拉伯语在以色列的地位分析

根据联合国第181（二）号决议，以色列于1948年5月14日成立，随后经过了四次中东战争，以色列实际控制了巴勒斯坦绝大部分地区。在战火中成立的以色列，是一个多民族、多语言的国家。其人口主要由犹太人和阿拉伯人组成。"据2010年以色列中央统计局公布的数据显示，本国人口已达764.55万，其中犹太人为577.09万，占人口总数的75.5%；阿拉伯人①为155.9万，占人口总数的20.4%；其余的为德鲁兹人和少量的切尔克斯人等"。② 以色列的《独立宣言》规定，"以色列国……将保证全体公民不分宗教信仰、种族和性别充分享有社会的和政治的平等，将保证宗教信仰、语言、教育和文化的自由"。③ 在以色列，希伯来语是国语，阿拉伯语与希伯来语均为官方语言，英语是通用语言。④ 这主要是因为以色列处于阿拉伯世界的包围之中，并且长期处在战争冲突与敌对状态，以色列阿拉伯人又是其国内最多的少数民族群体，从而使以色列当局意识到了阿拉伯语的重要性，阿拉伯语也因此成为了第二大官方语言，是阿拉伯学校的教学媒介语。

但是，就目前和今后的一段时间内，犹太人在以色列的数量、社会、经济、政治、军事和文化等各个方面占据优势的情况下，以色列境内的阿拉伯人，无论是从人口数量还是从宗教、语言方面来说，无疑成为了少数民族群体。并且，在一个充满犹太属性的国度中，阿拉伯人自然而然地在以色列的国家权力、社会资源、自然资源的分配上处于劣势地位。据有关文献显示，历届以色列政府对于阿拉伯语作为第二官方语言的政策一直是模棱两可的。⑤ 当以色列历届政府试图考虑制定针对在以色列的阿拉伯少数民族的语言政策时，政治因素分量很重，因为语言政策的制定权掌握在政府手中。他们在对这项政策的任何合法的讨论中将阿拉伯人排除在外。由于以色列当局意识到语言能够对以色列的阿拉伯少数民族的地位发挥影响，历届以色列政府都试图将语言作为管理阿拉伯民众和消除他们的民族情感的手段。因此，通过对相关文献的进一步研究表明，历届政府采用了"没有政策"的政策作为对待阿拉伯少数民族的一项语言政策。⑥ 因此可以说，虽然以色列政府已经意识

---

① 以色列的阿拉伯人是指"绿线"内的阿拉伯人，1947年11月29日，联合国分治决议通过后，以色列建立，此后，尤其是在德尔亚辛大屠杀以后，大量的阿拉伯人外逃，到1949年仍然留在以色列同埃、黎、叙、约四国建立的停战线内（即"绿线"内）的阿拉伯人，他们是拥有以色列国籍的阿拉伯人。本书主要研究"绿线"以内阿拉伯语的语言政策问题。
② 雷钰、黄民兴等：《列国志·以色列》，社会科学文献出版社，2011年版，第6页。
③ 肖宪：《中东国家通史·以色列卷》，商务印书馆，2001年版，第132页。
④ 雷钰、黄民兴等：《列国志·以色列》，社会科学文献出版社，2011年版，第7页。
⑤ Ali Jabareen. *Language Policy and the Status of Arabic in Israel*，http://www.qsm.ac.il/asdarat/jamiea/9/3—Ali%20Jabareen.pdf.
⑥ Ali Jabareen. *Language Policy and the Status of Arabic in Israel*，http://www.qsm.ac.il/asdarat/jamiea/9/3—Ali%20Jabareen.pdf.

到了阿拉伯语的重要性，但是与希伯来语和英语相比，阿拉伯语仍然是处于弱势地位。而这种弱势地位的出现有着一定的历史渊源。

（一）奥斯曼帝国时期（1846—1917年）

1846年，奥斯曼帝国发布了第一条涉及初级和高级教育的法令。法令规定在初级教育阶段，土耳其语是阿拉伯穆斯林学生的官方语言。阿拉伯语则成了第二语言。[1] 这条法令实际上意味着阿拉伯语被边缘化，并作为一种语言会慢慢地消失。土耳其语成为学校教学用语，而各级政府机关也不使用社会地位非常低下的阿拉伯语。但是，在20世纪初期，阿拉伯政治家和知识分子的抗议和游行示威迫使土耳其政府在阿拉伯穆斯林小学的课程上进行了某些改进。于是，阿拉伯语成为了官方语言和学校教学媒介语，而土耳其语则变成了第二语言。[2] 然而，在这些措施实施之前，在土耳其人统治巴勒斯坦400年间，为了迫使阿拉伯人丧失他们民族的遗产、身份认同和语言，土耳其人已经把阿拉伯语贬低为一门完全被忽视和边缘化的二等语言。在土耳其结束了巴勒斯坦的占领之后，这种严重的消极影响可能仍将会继续影响这门语言多年。

（二）英国委任统治时期（1917—1948年）

在英国委任统治期间，尽管英国采取的是"扶犹抑阿"的政策，[3] 但是在此期间，阿拉伯语的地位也开始稍微有所改善。阿拉伯语已经成为了教学用语。而英语不像土耳其语那样，没有强制巴勒斯坦的阿拉伯人学习。奥斯曼时期出于政治与社会因素考虑，将土耳其语引入了阿拉伯学校，并使其成为控制阿拉伯人的一种手段，但是英国委任统治当局则尽量避免把教育作为实现社会和政治控制的工具。然而，英国则有着不同的政治安排，并且委任统治政策的目的就是维持现状。[4] 按照米勒

---

[1] Ali Jabareen. *Language Policy and the Status of Arabic in Israel*, http://www.qsm.ac.il/asdarat/jamiea/9/3—Ali%20Jabareen.pdf.

[2] Al-Haj, M（1996）. *Education Among the Arabs of Israel: Domination and Social Change*. Jerusalem: Magnes Press, p. 31.

[3] 李唯啸：《一战后英国在中东的政策》，兰州大学硕士论文，2011年4月，第10页。

[4] Al-Haj, M（1996）. *Education Among the Arabs of Israel: Domination and Social Change*. Jerusalem: Magnes Press, p. 38.

(Miller) 的观点,英国以帮助阿拉伯人获得了宗教研究和普遍价值观权利来达到阻止他们进行民族教育的目的。[①] 在委任统治期间,巴勒斯坦以相邻的阿拉伯国家的同样的教学方法来教授阿拉伯语。在认识到了学生学习阿拉伯语的困难时,委任统治当局延长了阿拉伯语的教学时间,并且提供各种各样的方法和途径来帮助学生学习这门语言以及获得学习这门语言所需的各种各样的技巧。这个时期,虽然阿拉伯语同英语、希伯来语在表面上一样,成为了巴勒斯坦的三大官方语言之一。但实际上阿拉伯语与英语、希伯来语的社会地位相比,还是十分明显地处于弱势地位。阿拉伯穆斯林学校却没有获得像犹太教和基督教学校一样的自治权。阿拉伯穆斯林学校数量以及这些学校里的课本数量正在不断增多,但是这并没有导致教学质量的改善。二战结束以后,残酷的战争早已使英国疲惫不堪,而且犹阿的矛盾已经远远超出了英国所能控制的范围。于是英国不得已将巴勒斯坦问题提交给联合国,草草结束了英帝国的委任统治。

(三) 以色列阿拉伯语的现状分析 (1948 年以后)

以色列建立之后,阿拉伯语的地位在历届以色列政府的统治之下发生了相当大的变化。阿拉伯语在以色列成为了持续不断的政治斗争的牺牲品,这种政治斗争使阿拉伯语在以色列的地位和发展遭到了重创。尽管历届政府口头承诺把阿拉伯语视作第二"官方语言",但是,这些政府对阿拉伯语都执行了一种控制的政策,排斥和弱化阿拉伯语的地位,使希伯来语变成唯一占支配地位的官方语言。具体表现如下:

在法律上,阿拉伯语是一种官方语言,然而实际上,公众和政府机关则把阿拉伯语视为二流角色。"由于阿拉伯人在以色列处于公认的少数民族地位,因此他们的语言在整个社会上对处于支配地位的希伯来语构不成任何威胁。"[②] 作为一种少数民族的语言,阿拉伯语的合法地位被否定,也许表面原因在于它是第二官方语言,实际上是因为政治和意识形态的众多

[①] Ali Jabareen. *Language Policy and the Status of Arabic in Israel*, http://www.qsm.ac.il/asdarat/jamiea/9/3—Ali%20Jabareen.pdf.

[②] Spolskey, B. and Shohamy, E (1999). *The Language of Israel: Policy, Ideology and Practice.* Clevedon: Multilingual Matters Ltd, p. 11.

深层因素。作为第二官方语言，阿拉伯语在官方层面遭受了废置不用的命运。

在银行与卫生机构几乎都不使用书面阿拉伯语，甚至说阿拉伯语的职员也不使用阿拉伯语。在与这些机构打交道时，一个不懂希伯来语的阿拉伯人，在没有翻译的情况下是无法沟通的。收据与其他商业单据一般都是使用希伯来语。在广告、景观美化、官方投标、媒体、新闻界、法庭程序等许多方面都几乎排他性地使用希伯来语；以色列官方的电视频道和广播电台几乎都很少使用阿拉伯语播放节目。本·拉斐尔（Ben Rafael）声称阿拉伯语如今被边缘化和削弱了。他还补充道，以色列被看作西方文明的一部分，而阿拉伯语在其中居于次要地位。[1] 此外，对于阿拉伯语，犹太人仅仅出于安全因素考虑才学习和使用。肖哈密认为以色列的语言政策便是被这种"一个民族和一种语言"的意识形态所煽动的结果。[2]

二、阿拉伯语在以色列处于弱势地位的根源探析

虽然以色列政府规定，阿拉伯语与希伯来语都是官方语言，但是实际上，历届以色列政府对于阿拉伯语作为第二官方语言的政策一直是模棱两可的。而阿拉伯语这种地位的取得有着十分复杂的历史根源，是犹太复国主义时期的单一语言意识形态、阿拉伯人的经济地位、战争与冲突以及阿拉伯语教学自身存在的问题等多种历史因素综合作用的结果。历届政府采用了"没有政策"的政策作为对待阿拉伯少数民族的一项最基本语言政策，同时考虑到现实的需要，勉强维持了阿拉伯语的第二官方语言地位，其实是处于有名无实的、被边缘化了的弱势地位。

（一）犹太复国主义及犹太国属性因素

现代犹太复国主义产生于 19 世纪中后期的欧洲，是"犹太社会中集政治、经济、文化、种族和社会价值取向等诸要素于一体的一种持久的社

---

[1] Ali Jabareen. *Language Policy and the Status of Arabic in Israel*, http://www.qsm.ac.il/asdarat/jamiea/9/3—Ali%20Jabareen.pdf.

[2] Ali Jabareen. *Language Policy and the Status of Arabic in Israel*, http://www.qsm.ac.il/asdarat/jamiea/9/3—Ali%20Jabareen.pdf.

会思潮"。① 犹太复国主义的最终目标是在巴勒斯坦为流散世界各地的犹太人建立一个民族家园,建立一个纯粹的犹太王国。而占以色列人口近 20%的阿拉伯人,对犹太人来说是一个无奈的现实存在。因此,以色列对"绿线"(即 1967 年中东战争后夺得的约旦河西岸和加沙地带)以内的阿拉伯人并没有一个明确而又系统的政策。以色列颁布的《独立宣言》《回归法》《国籍法》和《土地获取法》等一些列的法令规定无不透露出以色列的犹太国属性。犹太人是国家的统治民族,犹太文明是国家政治、经济、文化的基础,国家政策必须以保护犹太人的利益为最高目标。犹太国家性质在社会文化上的体现非常明显,"以色列的国旗、国歌、国徽和其他国家象征物都带有犹太教和犹太复国主义色彩,以色列的各种各样的节假日也是以犹太人为中心,纪念犹太人在流散过程中的许多不幸的遭遇"。② 在语言政策方面,大部分犹太人希望保持希伯来语和文化的优越地位,不愿让阿拉伯语和文化共同参与以色列民族文化的塑造,甚至认为以色列的民族文化中不应有阿拉伯文化的影子。③

根据斯波斯基和肖哈密的观点认为,以色列历届政府都执行了一种控制的政策,尽管政府口头承诺把阿拉伯语视作第二"官方语言",但还是排斥和边缘化了阿拉伯语,使希伯来语变成唯一占支配地位的官方语言。而实际上,尽管以色列在历史上和现实中都是一个多语言国家,但是曾经影响了希伯来语复兴的单一语言的意识形态导致了对其他语言的合理要求的忽视,甚至忽视了作为第二种官方语言的土著阿拉伯语的合法权利。这种单一的语言意识形态主张全部都使用一种语言,即希伯来语,这种意识形态必然会排斥包括阿拉伯语在内的任何其他的语言。"虽然阿拉伯语被明文规定为以色列的官方语言之一,但仍有 70.7% 的犹太人认为没有必要在公共场所同时标注希伯来语和阿拉伯语。而 48.6% 的犹太人认为在以色列,阿拉伯人和犹太人无法分享共同的生活习惯和价值观念。"④ 以色列名

---

① 王铁铮:《从犹太复国主义到后犹太复国主义》,载《世界历史》,2012 年第 2 期,第 4 页。
② 李志芬:《主体民族主义与国族构建的悖论——以色列民族主义政策思想之评析》,载《西亚非洲》,2011 年第 7 期,第 50 页。
③ 李志芬:《主体民族主义与国族构建的悖论——以色列民族主义政策思想之评析》,载《西亚非洲》,2011 年第 7 期,50 页。
④ 李志芬:《主体民族主义与国族构建的悖论——以色列民族主义政策思想之评析》,载《西亚非洲》,2011 年第 7 期,第 50—51。

义上是一个民主国家，标榜以色列阿拉伯人拥有与犹太人平等的社会、政治和法律地位。但是，由于犹太复国主义的主流思潮和犹太国家属性的影响，阿拉伯人和阿拉伯语变成了政治博弈中的牺牲品。

(二) 经济因素

经济因素在一定程度上决定了一种语言在某个国家中的地位。通常来说，经济上较弱的言语社区的成员掌握经济上较强者的语言，往往会取得一些优势。然而，没有学习掌握该语言，则无法取得这些优势。掌握强势语言的人可以取得金钱、商品、服务、工作以及其他经济利益。[1] 从而使得经济薄弱群体语言的人明白，他们自己的语言在不断发展变化中变得无用。这种意识使得他们越来越不重视本民族语言，逐渐增加对强势语言的使用，即便是掌握和使用该语言并没有带来多大的经济利益也是如此。[2] 这样以来，就牺牲了该言语区的语言，使它的使用遭到严重削弱，从而使这种语言在多语言的国家中的地位不断下降，甚至有可能面临被边缘化或者是灭亡的命运。

以色列的经济深受安全、吸引移民、建立定居点等政治因素的制约，经济的各个方面都被政治化，政治目标主导着经济政策及其发展方向。[3] 以色列政府实行的是内部殖民主义政策，[4] 政府积极干预经济生活，在以色列形成了以犹太人经济为主的发展方针，而阿拉伯人在经济生活中被边缘化，与犹太人的社会差距逐步拉大。[5] 由于犹太复国主义活动的性质和目标就是取代当地的阿拉伯人，让犹太人成为巴勒斯坦的主人。"犹太复国主义实质上是一种殖民主义、种族主义和霸主主义，它的历史是以武力掠夺和驱逐阿拉伯人，并不断对其压迫和奴役的历史，特别是1967年以色列用武力征服并占领了全部巴勒斯坦地区，造成了迄今无法解决的难民问题。"[6] 以色列政府通过各种方式将阿拉伯人的土地、财产、水资源等掠夺

---

[1] 周庆生编：《国外语言政策与语言规划进程》，语文出版社，2001年第1版，第83页。
[2] 周庆生编：《国外语言政策与语言规划进程》，语文出版社，2001年第1版，第84页。
[3] 李志芬：《以色列阿拉伯人社会地位之探悉》，西北大学硕士论文，2006年4月，第17页。
[4] 李志芬：《主体民族主义与国族构建的悖论——以色列民族主义政策思想之评析》，载《西亚非洲》，2011年第7期，第51页。
[5] 李志芬：《以色列阿拉伯人社会地位之探悉》，西北大学硕士论文，2006年4月，第17页。
[6] 张倩红、艾仁贵：《犹太文化》，人民出版社，2013年5月版，第326页。

过来，而且还将阿拉伯人完全排除在国家各种发展计划之外，优先考虑发展犹太人的经济，从而导致了阿拉伯人居住区基础设施和公共服务的极端落后，远远不能为正常的经济发展提供必要的物资基础。

作为经济薄弱群体的阿拉伯人意识到，要想在以色列维持生存，就不得不学习以色列的强势语言希伯来语或者英语，从而使阿拉伯人的群体常常使用希伯来语。根据《全景报》（Panorama）报道，阿拉伯年轻人使用希伯来语或者是为了炫耀，或者是因为他们缺乏相应的阿拉伯术语。在混居的城镇，阿拉伯青年讲希伯来语比讲阿拉伯语更加流利。[1] 由于希伯来语是闪米特语系的一支，它和阿拉伯语很接近，所以阿拉伯人在他们日常讲话中更容易转换成希伯来语。越来越多的阿拉伯年轻人乐于讲希伯来语而忽略了他们自己母语的使用，在阿拉伯社区内阿拉伯语就被慢慢边缘化。

（三）战争因素

自以色列建国以来，在该地区已经发生了多次重大的地区战争和冲突，使得有知识、有管理能力的阶层大量外逃，留下来的人文化水平大都比较低，从而导致以色列建国后出现了阿拉伯语老师严重匮乏和阿拉伯语合格教师数量也严重不足的局面。例如，在雅法（Yafa）原来的125名教师中，只有一名女教师在战争之后留了下来；在拉马拉（Ar-Ramlah）和利达（Al Lid），只有3名教师留下来，其中1名很快被逮捕并被驱逐；在海法（Haifa），46名教师中只有1名留下来。[2] 而大部分教师都在战争中逃离了以色列，从而导致了阿拉伯语教师在以色列一度非常缺乏。由于没有足够的合格阿拉伯语教师，阿拉伯语教学不得不聘用一些没有达到要求的教师。1953年，在所有780名阿拉伯教师中，事实上只有73个有教学资格，有300名阿拉伯教师没有接受过超过10年的教育，即高中都没有毕业。这就是说，只有9%的阿拉伯教师是合格的，38%没有完成中等教育。[3] 但是众所周知，教师在初级教育阶段的作用是非常巨大的，他直接

---

[1] Ali Jabareen. *Language Policy and the Status of Arabic in Israel*, http://www.qsm.ac.il/asdarat/jamiea/9/3—Ali%20Jabareen.pdf.

[2] Al-Haj Majid, *Education, Empowerment, and Control: The Case of the Arabs in Israel*, State University of New York press, 1995, p. 153.

[3] 张灵敏:《教育与以色列阿拉伯人的发展: 1948—2000》，华东师范大学硕士论文，2007年，第20页。

影响到学生今后的教育水平。此外，为了弥补这种不足，以色列教育部还聘用了许多犹太人的教师在阿拉伯教育体系中任教。尽管随着经济的发展以及阿拉伯人在以色列地位的慢慢改善，这种局面已经得到极大的改变。但这期间间隔了很长时间，阿拉伯语的教育也因此受到了极大的影响，从这个角度来讲，阿拉伯语在阿拉伯社区的使用水平并没有得到根本的改善，阿拉伯语在以色列处于弱势地位的趋势依然存在。

（四）阿拉伯学校的教师与教学因素

第一，阿拉伯教育系统目前仍然存在教师缺乏的问题。由于没有足够的合格教师，阿拉伯教育系统不得不聘用一些没有达到教师要求的不合格教师，[1] 甚至聘请一些犹太人来教授阿拉伯语。但是，由于这种情况的出现，阿拉伯语教师自身的教学素质和教学水平受到了极大的影响，阿拉伯语的教学也因此受到严重的影响。不仅如此，由于以色列政府严格控制着阿拉伯人的教育，政府在选拔阿拉伯语教师时，首先主要是从政治因素考虑，并不是十分在乎这些教师的教学水平如何。这样对这些阿拉伯语教师来说，他们在教师的角色上存在着很大的矛盾：一方面，他们是阿拉伯人中教育水平较高的阶层，阿拉伯社区希望他们能在各个方面都起到表率作用，传播和发扬阿拉伯民族优秀的文化遗产，维护阿拉伯民族的尊严；而另一方面，对他们大多数人来说，他们处在以色列政府的控制之下，教学已经变成了他们谋生的一种手段，因此，他们在课堂上的言辞都要注意，阿拉伯语的课文也几乎完全回避任何有关阿拉伯人的民族、历史的内容，讲授阿拉伯语只是为了满足日常表达的现实需要而已。

阿拉伯学校的其他学科老师似乎不愿意营造一个有利于学生学习阿拉伯语的良好环境。尽管那些老师使用阿拉伯语讲授专门学科，但是他们大多数人在教学过程中并没有把阿拉伯语本身的重要性作为一种教学目的。这些老师只把阿拉伯语作为一种教学工具，而忽视了阿拉伯语句法和语法特征。这种行为已经有意或无意地影响了阿拉伯学生看待他们自己语言的态度。由于在阿拉伯人学校中，有一些犹太人充当阿拉伯语教师，甚至有些阿拉伯裔老

---

[1] 邱兴：《以色列阿拉伯中小学教师素质研究》，载《外国中小学教育》，2004年9期，第26页。

师都没有真正掌握他们的母语，这在一定程度上导致了许多老师不能教给学生以熟练的口语和书面语，而这正是要求老师在把这些技巧传授给学生之前，就应该熟练掌握它们。用阿拉伯语阅读和写作并不一定意味着学生能够理解他们所读到的，一个学生如果不能用自己的语言理解课文，又如何能够熟练地掌握其他相关的学科呢？这个问题在各个层次的学校教育中普遍存在。[①] 阿拉伯语被自己的民族忽视了，大部分从外国的大学或者犹太人的大学毕业的阿拉伯教师似乎没有做出任何努力来改进他们的阿拉伯语水平。这在一定程度上影响了以色列阿拉伯人下一代阿拉伯语的使用情况，如果不妥善处理，极有可能使阿拉伯语在以色列的地位进一步被弱化。

第二，阿拉伯学校教学缺乏合适的教科书。由于受到犹太复国主义思想以及犹太国属性的影响，以色列对阿拉伯人的教育审查十分严格。在"一个国家，一个民族，一种语言"的单一语言意识形态影响下，阿拉伯学校中所使用的阿拉伯语教材都灌输着许多犹太价值观，却几乎没有能够表达阿拉伯学生民族愿望的内容。官方当局规定，任何具有反犹太情绪的教材都将会被彻底禁止使用。在以色列国家建立之后，尤其是在1948—1967年这段时期内，这项决定对阿拉伯人的教育和阿拉伯语都产生了不利的影响。几乎在没有任何合适的阿拉伯语教材和合理的课程设置的情况下，阿拉伯裔学生不得不这样完成了他们的学业。建国以来的两年期间，阿拉伯语的教育工作者采用的是英国委任统治时期的教科书。[②] 1949年1月，以色列教育与文化部组成了一个特别委员会来处理阿拉伯人的教学课程和教科书问题。在1952年，为小学一年级和二年级的学生编写了新教材。而其他的各个年级依旧使用的是旧教材。然而，所有这些课本书都回避任何民族主义的内容，它们的设计不是真正为了满足阿拉伯语学生的实际需要或者不是为了帮助他们推广阿拉伯母语。因此，为阿拉伯语学生提供的新阿拉伯语教材总是迟迟难以到位。供一至四年级使用的教科书是1957年版的，而供五至八年级使用的教科书是1959年版的。[③] 1954年，

---

① Ali Jabareen. *Language Policy and the Status of Arabic in Israel*, http://www.qsm.ac.il/asdarat/jamiea/9/3-Ali%20Jabareen.pdf.

② Ali Jabareen. *Language Policy and the Status of Arabic in Israel*, http://www.qsm.ac.il/asdarat/jamiea/9/3-Ali%20Jabareen.pdf.

③ Al-Haj, M (1996). *Education Among the Arabs of Israel: Domination and Social Change*. Jerusalem: Magnes Press, p. 38.

为了应对高考测试（Bagrut Test），高中必须使用带有诗歌和散文的小册子，而新教材的设计在 1967 年才完成。①

第三，阿拉伯学校的教学方法十分落后，缺乏创新。在阿拉伯学校里的大多数老师直接教授阿拉伯语，好像他们从来没有听说过最新的教学方法和技巧一样。旧的教学方法来自于前两个时期，即奥斯曼统治时期和英国委任统治时期，更多的是依赖重复记忆和死记硬背，而从以色列教育系统中引进的新教学方法则更多地强调综合理解和自我表达。依赖教科书作为唯一学习资源的教育与包含广泛的课外阅读资料以拓展一个人的教育是截然不同的。基础语音教学法或者从字母到词语（"自下而上"的教学法）的教学法与整体语言教学方法或者要求学生在掌握散乱的词组及字母之前要会阅读整个句子的"自上而下"的教学方法是完全不同的。② 在委任统治时期常常花费许多时间专门用于讲授穆斯林的神圣经典《古兰经》，但是在 20 世纪 50 年代学习阿拉伯语的时间被削减到最低限度。

第四，阿拉伯语课程设计速度缓慢，而且在内容上存在许多不合理之处。以色列的阿拉伯语教学课程在 1967 年才完成，从课程设计的完成到 90 年代期间，以色列阿拉伯教学课程经历了从旧课程时代到新课程时代的转变。在 1968 年到 1980 年期间，即所谓的"旧课程"年代，以色列的阿拉伯学校的阿拉伯语教育没有特别大的改观。这些年只是把之前形成的课程加以强化。教学方法的混乱和对阿拉伯语采取的相关政策缺乏透明度的情况要么未改变，要么更加恶化。在 1981 年到 1995 年这 10 多年间产生了今天众所周知的"新课程"，而这种新课程自身也处于不断改变的过程中。③ 基于之前的抗议活动和过去这些年的挑战，教育与文化部与阿拉伯督查员一起组成的委员会④创制了适合于 1—12 年级的学

---

① Ali Jabareen. *Language Policy and the Status of Arabic in Israel*, http://www.qsm.ac.il/asdarat/jamiea/9/3—Ali%20Jabareen.pdf.

② Ali Jabareen. *Language Policy and the Status of Arabic in Israel*, http://www.qsm.ac.il/asdarat/jamiea/9/3—Ali%20Jabareen.pdf.

③ Ali Jabareen. *Language Policy and the Status of Arabic in Israel*, http://www.qsm.ac.il/asdarat/jamiea/9/3—Ali%20Jabareen.pdf.

④ 该委员会由四个小组委员会组成，分别为高级中学小组委员会、初级中学小组委员会、小学阶段小组委员会和高中阶段的普通文学小组委员会。委员会成员包括：阿拉伯语督查员，阿拉伯语、教育与课程领域的专家以及阿拉伯教师代表和督导组成，每一个小组分别负责处理它们自己事项：课程目标、课程设置和教参用书。

生的阿拉伯语新课程。但是新课程还是存在许多问题,例如把阿拉伯语的时间减少到四个小时、对阿拉伯裔的学生提供的奖学金比例不高、缺乏良好可靠的学习资源等。

(五) 以色列对阿拉伯语教育的投资因素

在阿拉伯海洋里夹缝中求生存的以色列,时刻面临着威胁,保卫新生国家的安全是首要目标。同时,对以色列国籍的阿拉伯人还心存芥蒂,阿拉伯人当时又成为阿拉伯国家的"第五纵队"[①] 的嫌疑,因而被排斥在就业、升学、医疗保险、社会保障等方面的诸多优惠之外。以色列的教育管理体制和教育投资体制实行中央和地方分担责任制,中央政府负责课程、教育标准、教育督导、教师工资等,而地方政府则负责学校的修建、维护和提供其他的教育服务。[②] 但是,大多数以色列阿拉伯人居住在经济不发达的边缘农村地区,只有一部分居住在北方城市海法。由于阿拉伯人在以色列的居住比较分散,而且规模较小,直到60年中期绝大部分阿拉伯人定居点没有市政地位,没有市政地位就意味着地方财政投资就会缺乏。[③]

另外,在阿拉伯人居住地,以色列当局很少建立工业区,这样也严重影响地方的财政收入,并波及到阿拉伯语的教育投资。由于受这些地区经济因素的制约,地方政府拿不出足够的教育经费来支持教育。据统计,1963年至1964年以色列在学校建设上的总预算是2921多万以元,其中阿拉伯学校的预算只有100多万,不到总数的4%,这远远低于阿拉伯人在总人口中的比重。[④] 2001年,"阿拉伯人口占总人口的将近19%,而以色列政府各个部门一般只把不到7%的预算拨付给阿拉伯人,其中教育部拨

[①] 第五纵队,在国际上尤其西班牙常用"第五纵队"来表示内奸叛徒等;1936年,西班牙爆发内战,以佛朗哥为首的叛军勾结德国、意大利法西斯联合进攻马德里,潜伏在市内的破坏分子和奸细活动猖狂,乘机暴乱。一名叛军头目摩拉在广播中叫嚷"我们的四个纵队正在进攻马德里,市内还有一个'纵队'在待机接应"。当被问及谁先攻入马德里时,他答道"第五纵队",意指那些在城内暴乱的奸细、破坏分子。此后"第五纵队"便成了内奸和间谍特务的代名词。

[②] 邱兴:《以色列阿拉伯人中小学教师素质研究》,载《外国中小学教育》,2004年9期,第27页。

[③] Al-Haj Majid, Education, *Empowerment, and Control*: *The Case of the Arabs in Israel*, State University of New York press, 1996, p. 153.

[④] 张灵敏:《教育与以色列阿拉伯人的发展:1948—2000》,华东师范大学硕士论文,2007年,第21页。

付的预算仅为3.1%"。① 由此可见，犹太人在国家资源分配中处于绝对的支配地位，而阿拉伯人则处于从属地位，他们被犹太人控制的历届以色列政府边缘化了。随着阿拉伯人口的不断增加，阿拉伯学生也在逐年增多，虽然以色列阿拉伯中小学的数量在不断增加，而且以色列政府对阿拉伯人的教育投资的比重也在不断增加，但是这与阿拉伯人的中小学和教育资金的投入需求仍有一定的距离，阿拉伯语的教育仍然面临着严峻的考验。

（六）关于如何改善阿拉伯语在以色列的地位问题的一些思考

阿拉伯民族作为以色列最大的少数民族群体，要如何改变阿拉伯语在以色列弱势语言的命运，在主体民族语言学习与少数民族语言学习之间如何达成一种平衡，如何提高阿拉伯语在阿拉伯社区以及整个以色列国中的地位，下面简要谈下对解决此问题的一些看法：

第一，对阿拉伯人来说，要对最终目标的实现有坚强的信心和信念。阿拉伯语对阿拉伯人的存在和生存必不可少。阿拉伯语是维护阿拉伯民族身份和传承传统文化最重要的工具，并且它还是一种强大的交流工具，应该发扬和传播阿拉伯语。

第二，作为传承阿拉伯语的青少年一代，应当教授孩子们书面语，无论是在家庭还是在学校，在阿拉伯社会中，所有参与阿拉伯儿童教育的各方都应确保孩子们能够广泛地接触阿拉伯书面语。让他们养成阿拉伯语各个层次的阅读习惯。

第三，对政府来说，增加对阿拉伯人教育的投资力度，努力增加阿拉伯中小学数量，并不断改善学校的教学条件；应当成立一所阿拉伯语研究院，或者一个协会或者一个其他的团体来协助阿拉伯人的地方委员会和市民自治机构，以提高阿拉伯人的阿拉伯语水平。

第四，历届以色列政府、师范院校和大学应该确保这些阿拉伯语教师能够得到更好的、及时更新的和更富有成效的培训计划。

第五，教育部应当确保新课程的设置能够满足学生的阅读需要；老师自己应该开始阅读，以为学生树立良好的学习榜样，并且为学生介绍我们社会所希望的变化。学习材料应该被仔细地筛选和制定以满足特殊层次的

---

① 刘军：《以色列民族政策浅析》，载《世界民族》，2007年第1期，第33页。

学生需要。

(七) 小结

综上所述，阿拉伯语在奥斯曼帝国统治和英国委任统治时期在巴勒斯坦地区的社会地位已经被严重弱化，而作为犹太复国主义的产物——以色列的建国对该地区本已经处于弱势地位的阿拉伯语来说又是一个不小的打击。由于以色列的犹太国属性和犹太复国主义思想的根深蒂固，加上"一个国家、一个民族、一种语言"的单一语言意识形态刻印在大多数犹太人的心中，阿拉伯社区的落后现状，加上战争导致大量阿拉伯语教师的流失，留下来的人教学水平和教学素质不高，以及以色列当局对阿拉伯人的教育投入力度不足和阿拉伯社会双语言或者多语言现象等综合因素的影响，直接导致了阿拉伯语处于以色列弱势语言的社会地位。但是，阿拉伯语作为以色列最大的少数民族群体的语言以及以色列处在阿拉伯语世界中的现实需要，决定了阿拉伯语在以色列的地位虽然遭到了一定程度的弱化，但是不可能被完全忽视，随着社会经济的发展和阿拉伯人社会地位的提升，笔者相信阿拉伯语的社会地位将得到极大的提高，以色列的阿拉伯人将会平等地享受现代社会应有的公民权利。

三、阿拉伯语作为阿拉伯人的母语教学政策

(一) 以色列建国之前的阿拉伯人的母语教学

在19世纪下半叶，奥斯曼政府在巴勒斯坦建立的国立小学中教授土耳其语，尽管这些孩子都说阿拉伯语。在帝国统治的后期，阿拉伯民族主义不断增强，他们要求学校也要教授阿拉伯语。1913年，在阿拉伯人游行示威与罢工之后，奥斯曼帝国政府同意阿拉伯语成为第一教学语言，土耳其语为第二教学语言。

1917年英国打败了奥斯曼帝国，在巴勒斯坦，战争的胜利更加巩固了阿拉伯语战胜土耳其语的胜利果实。与此同时，自相矛盾的是，凯末尔·阿塔蒂尔克开始实施他的新土耳其民族主义政策，即把阿拉伯语元素——拼字法与词汇——从土耳其语中删除掉。巴勒斯坦是英国政府从国际联盟手中托管统治的，此时，阿拉伯语与英语、希伯来语一起成为了英国委任

统治时期的官方语言。英国并没有将英语强加到阿拉伯学校或者犹太学校中，而是放手让每一个民族独立继续发展他们自己的教育和语言。犹太人的教育大部分是自己筹备资金，而且是独立的，但是阿拉伯人的学校主要由委任统治政府资助和控制的，委任统治当局所提供的资金十分有限，而且大多数都用在了城市的阿拉伯学校，偏远的农村地区几乎没有得到任何资助。此后，犹太人与阿拉伯人的教育差距越来越大。

为了说明在英国委任政府统治时期阿拉伯人的教育与犹太人教育之间的差距，楚雷克（Zureik）列出了这样一个事实，在5—14岁的阿拉伯孩子只有32%在学校学习，而97%的犹太人的孩子在学校学习。[①] 委任政府允许这两个民族继续自治，任由它们自己独立发展，但是大部分教育经费都投入到了犹太人的教育。乡村阿拉伯人的教育十分缺乏，只有少数阿拉伯女孩能够接受教育。而且没有建立阿拉伯人的高等教育，城市之外的阿拉伯初中教育经费投入也十分有限，新成立的以色列承担了阿拉伯语少数民族教育落后的重担。

（二）以色列建国初期至1967年的阿拉伯语教学

在建国初期，阿拉伯学校仍然缺乏新的课程或者教科书。教育部在1949年成立了一个委员会负责弥补这一缺陷，编写过程整整持续了20年，从1952年至1967年陆续分批出版发行。这些年在阿拉伯社区的阿拉伯语教师面临着大量的问题。什洛莫·萨曼（Shlomo Salmon）是一位犹太人，在20世纪50年代他被指定负责教育部下属的阿拉伯人教育与文化机构的工作，他描述这个时期的情况如下：

"多年来，我们一直努力用为某些学科或者年级制定临时的课程来代替委任统治时期的那些旧式的和教学法上有严重缺陷的课程。每一种课程都是暂时的，目的是在实践中得到检验，从中吸取经验教训，更能符合阿拉伯人的学校教育，给他们提供的这些课程是以任何方式都无法从希伯来语教育体系中复制模仿的。需要更多地重视阿拉伯语母语教学，因为母语教学是进行民族教育的基本渠道，无论是英国委任统治时期的阿拉伯学校

[①] Bernard Spolsky & Elana Shohamy, *The Language of Israel: Policy, Ideology and Practice*, Multilingual Matters Ltd, 1999, p. 124.

的旧课程，还是从邻国吸收的课程，这些课程无论从内容上，还是从方法上都无法满足我们的需要。"①

在以色列，可以继续使用现代标准阿拉伯语进行教学，必须为以色列阿拉伯人开发出新的、合适的教材。在委任统治时期使用的大部分教科书都没有得到政府的批准。在20世纪50年代，许多课本被审查，以色列当局禁止任何带有民族主义色彩的阿拉伯语教材的使用。来自海法基督教兄弟联合会的文化委员会的一封信中抱怨道，阿拉伯教学不但忍受着缺乏文学教材的悲惨命运，而且阿拉伯民族主义的情感受到了压制。②

在建国初期，阿拉伯语教师还遇到了其他的问题。第一个问题就是阿拉伯社区双语言现象比较严重，需要传授孩子们一门全新的语言——现代标准阿拉伯语。第二个问题就是替代和禁止的教科书的步伐落后。第三个问题就是在阿拉伯学校所使用的教学方法是英国委任统治时期的方法——重复记忆与死记硬背，这种方法不利于学生理解能力的培养。通过语言教学法讲授阅读理解，学生的思维被限定在教科书中，缺少可供选择的、广泛的阅读材料。委任统治时期的阿拉伯语课程有五个小时的时间学习《古兰经》，这被认为是阿拉伯语教学的基础，但是新课程仅仅只有两个小时的学习时间，阿拉伯语的学习时间明显地被压缩，很难使学生全面而又熟练地掌握现代阿拉伯语知识。

(三) 1968年至1980年的阿拉伯语教学

这个时期制定了新的阿拉伯语课程，该课程制定后一直使用了12年。教科书是由地区的教师与督查员为不同阶段的学生编写而成。同时也编写了可供选择的《古兰经》经典读物。这个时期，在以色列教育中有一个重大的改革，其中一个特征就是突出能力的掌握。然而，不足之处是没有为差等生准备特殊的学习资料。

在阿拉伯学校的教学仍然保持传统教学模式，强调语法学习的重要性。教科书有2/3的内容是古典文学，只有1/3是现代文学。许多文学课

---

① Bernard Spolsky & Elana Shohamy, *The Language of Israel: Policy, Ideology and Practice*, Multilingual Matters Ltd, 1999, p. 125.

② Al-Haj, Majd (1996) *Education Among the Arabs of Israel: Domination and Social Change*. Jerusalem: Magness Press, p. 102.

程与历史和作者的人物传记相关。但是课程的主题与对象和现代生活没有联系。现代文学流派很少涉及，缺乏翻译的世界文学。教学是以语言基础教学与老师为中心，课堂上很少或者几乎没有学生参与互动。

（四）1981年至1995年的阿拉伯语教学

在1981年，一个由督查员、大学教师、阿拉伯语教师以及课程专家组成的委员会接到一个任务，就是为1—12年级的学生修订阿拉伯语课程。[1] 新课程的培养目标如下：培养学生学习民族语言的自豪感；学习古典语言的词汇和知识；习得阿拉伯文学和世界文学表达出来的价值观；了解现代文学运动；养成默读技巧；培养表达能力；提高创新与表达能力；学习正确而整洁书写规范；学习使用原始资料。新课程还鼓励学生深入阅读。这个时期阿拉伯语课程分为三个部分：阿拉伯语文学、世界文学与阿拉伯语语法。

为阿拉伯语文学教学准备了四种教科书：第一种是1981年出版的，它包含古典阿拉伯文学选集；第二种教科书是在第二年（1982年）出版的，它涵盖了从启蒙运动到现代的文学，也包括在以色列写的诗歌；第三种教科书于1982年出版，它包括现代短篇小说选读和四则短篇戏剧；第四种教科书在1983年出版发行，

这是选择具有批判性和文学历史性的文章。[2] 为阿拉伯学校初中阶段制定的一种实验性课程于1978年颁布实施，这是采用了犹太学校相似的课程发展模式。而这种新的正式课程版本在1990年颁布发行，这是在阿布法纳（Abu-Fana）与阿齐兹泽（Aziezeh）的研究基础上制定的，他们根据老师对目前存在的课程的态度进行了深入的研究，最后在此基础上形成了新课程。[3] 直到新课程的语法书在20世纪90年代出版之前，以色列的阿拉伯学校都是使用从其他阿拉伯国家引进的语法教科书。为高中制定的一套四本的语法教科书于1991年至1995年出版发行。

---

[1] Bernard Spolsky & Elana Shohamy, *The Language of Israel: Policy, Ideology and Practice*, Multilingual Matters Ltd, 1999, p. 126.

[2] Bernard Spolsky & Elana Shohamy, *The Language of Israel: Policy, Ideology and Practice*, Multilingual Matters Ltd, 1999, p. 127.

[3] Bernard Spolsky & Elana Shohamy, *The Language of Israel: Policy, Ideology and Practice*, Multilingual Matters Ltd, 1999, p. 127.

这个时期的新课程有了新的变化，引起了人们广泛的关注。新课程在教科书的内容上有所改变。新课程包含以色列巴勒斯坦作家的作品与诗歌，这是十分重要的进步。目前，只有1/3的内容是古典文学，而2/3的内容是现代文学。阿拉伯语教学是以教材为中心。教材是根据文学流派编写而成。与此同时，新课程比较重视培养学生学习民族语言与文化的自豪感，强调阿拉伯语对于民族与个人的重要性。新课程强调自主学习，在课堂上的教材学习对于拓展课外阅读发挥着关键的作用。教材根据难易程度分为不同等级，允许学生根据他们不同的知识水平进行选择。在教学方法上也有所突破，鼓励从以教师为中心的教学向以学生为中心的教学转变。为初中（7—9年级）学生的阿拉伯文学制定的课程于1985年颁布实施。小学阶段的阿拉伯语与文学制定的课程在1989年出版发行。同时也有为小学1年级学生准备的特殊课程，教材是以整体语言教学法为基础。①

毫无疑问，新的文学课程与旧课程相比有了巨大进步，但是仍然还有许多问题。一是初中和高中阶段课程设置进度没有保持同步进行。由于首先制定的是高中课程，与初中课程的制定有一个时间差，所以很多学生完成了初中阶段课程的学习后，是无法适应高中新课程的学习。二是尽管新课程比旧课程包含更多的内容，但是没有给这些新教材留下足够的学习时间，而且教材的内容没有包含大量的巴勒斯坦人的情感。许多包含浓厚的阿拉伯情感的作品都被删除了，以此培养以色列阿拉伯人的公民认同。三是阿拉伯语学习时间减少到最低程度。阿拉伯学生用于专心学习阿拉伯语的时间从六个小时减少到四个（或者五个）小时。当然，事实上，还有部分原因是因为在以色列整个教育体系中，阿拉伯学生必须学习三门语言——希伯来语、英语和他们自己的语言。

（五）目前阿拉伯语教学的发展趋势

1984—1994年，阿拉伯学校的学生数量正在稳步增长，从1984年至1985年所有阶段的学生总数为167800人，到1994年至1995年各个阶段学

---

① Bernard Spolsky & Elana Shohamy, *The Language of Israel: Policy, Ideology and Practice*, Multilingual Matters Ltd, 1999, p.127.

生的总数增长到 204300 人。① 国家成绩考试定期举行。但是这些考试存在着严重的缺陷：小学阶段的学生没有掌握阅读技巧，初中与高中阶段的许多学生在阅读、理解与表达上也很薄弱，并且他们没有阅读课外读物的兴趣。

由于缺乏独立的阿拉伯语大学，阿拉伯学生想要学习阿拉伯语和阿拉伯文学，就必须在犹太大学学习。在 1997 年阿拉伯学生人数最多的是在海法大学。在海法大学，阿拉伯语系有 250 名本科生和 50 名研究生。希伯来语大学有 45 名本科生学习阿拉伯语，另外还有 12 名研究生。② 巴依兰大学和特拉维夫大学也有少量的阿拉伯学生学习阿拉伯语。阿拉伯语在大部分大学院系中都使用希伯来语教学，而且这门课程在阿拉伯大学生中并不是受欢迎的学科。只有 10 名阿拉伯语学生达到了博士水平。许多阿拉伯语教师在师范院校接受在职培训课程中，都是将阿拉伯语作为第二语言进行教学。只有在海法大学的课程是使用阿拉伯语母语教学。

总体来看，由于以色列犹太国属性、犹太主体民族与阿拉伯少数民族的人数差异以及犹太人与阿拉伯人的社会政治、经济地位的不同，决定了以色列政府不可能制定与希伯来语相同的语言政策，阿拉伯语这种第二语言的官方地位与阿拉伯人在以色列的人数、社会政治经济地位是对应的。从这个角度来看，以色列的阿拉伯语政策与希伯来语政策在某种程度上达到了一种相对的平衡性，即实现了主体民族语言与少数民族语言的一种平衡。以色列的这种语言政策有利于以色列现代民主国家的构建，也有利于以色列现代公民社会的形成。

第三节　以色列的英语政策

英语是世界上数千种语言中最重要的一种。如今，英语已经成为了国际通用语言，是当代世界科学与技术的媒介语言，英语在许多国家被指定为官

---

① Bernard Spolsky & Elana Shohamy, *The Language of Israel: Policy, Ideology and Practice*, Multilingual Matters Ltd, 1999, p. 128.

② Bernard Spolsky & Elana Shohamy, *The Language of Israel: Policy, Ideology and Practice*, Multilingual Matters Ltd, 1999, p. 128.

方语言或者本族语。19世纪，英国成为了"日不落帝国"，二战后，美国成为了全球霸主，以英语为母语的这两个国家对世界政治经济曾经或者正在产生重大影响。据联合国教科文组织1989年统计，讲英语的人口达4.56亿，外加潜在的人口1.38亿，共计5.94亿，占世界人口的11.5%。[①]

英语进入巴勒斯坦地区的历史最早可以追溯到奥斯曼帝国统治时期，少数讲英语的传教士和公使进入了该地区，他们是最早将英语带入这个地区的传播者。在英国委任统治时期，英语、希伯来语与阿拉伯语成为该地区的三种官方语言，这时英语的影响力并不大，阿拉伯语仍然是该地区使用人数最多的语言。1948年以色列建国之后，法律规定希伯来语与阿拉伯语是官方语言。实质上，以色列奉行独尊希伯来语的单一语言意识形态，但随着全球化的发展，英语实际上已经成为了以色列人最受欢迎的外国语言，其地位仅次于希伯来语，甚至挑战了希伯来语在以色列的霸权地位，英语在以色列有今天的地位，有一个逐步形成的历史过程。这一节主要回顾英语在巴勒斯坦地区的传播历史，探索英语传播的影响因素，研究以色列当局的英语政策。

一、英语在以色列传播与发展的历史

英语以前所未有的速度迅速成为唯一全球性语言。虽然希伯来语复兴的特殊地位以及由此产生的单一语言意识心态在以色列已经深入人心，但是以色列也未能抵挡住这种强势语言的传播。

（一）奥斯曼帝国统治时期

这个时期，英国在巴勒斯坦地区设立了领事馆，并在这里传播基督教，一部分传教士和公使随之进入了奥斯曼帝国的巴勒斯坦地区。英语也随之进入了该地区。他们在巴勒斯坦地区建立的第一座基督教教堂事实上是实行双语言制，由讲英语与德语的传教士共同负责管理，教会学校开始传授英语，但是当时人数非常少。一战之前的耶路撒冷，由于德语的传播

[①] 中国社会科学院民族所课题组等编：《国家、民族与语言：语言政策国别研究》，北京语言出版社，2003年版，第95页。

得到了德国政府的支持,因此德语是这一时期主要的欧洲语言。然而,当英国艾伦比将军在1917年占领巴勒斯坦地区之后,打破了这一局面,这一地区成为了英国的殖民地。

(二) 英国委任统治时期

在英国委任统治时期,有两个主要因素阻碍了帝国语言的传播,降低了英语在该地区的影响力。第一个因素是英国政府主动承认当地语言的地位。早在1918—1919年,希伯来语作为被承认的官方语言,排在英语与阿拉伯语之后,这三大官方语言政策被载入国际联盟授权英国委任统治巴勒斯坦地区的第22条文件中,规定英语与阿拉伯语、希伯来语一起被用于邮票、钱币上。① 但是英国同时下放了一些权力,第15条规定在基本教育阶段,每一个民族都有权利在他们各自的学校中保留和使用自己的民族语言。② 第二个因素是委任统治当局不想承担巴勒斯坦地区语言教育方面的投资。英国驻巴勒斯坦地区的第一位总督赫伯特·塞缪尔就建议巴勒斯坦地区的教育经费由当地各民族自己承担。③ 委任统治当局所给的教育经费是十分有限的,允许犹太人与阿拉伯人管理他们自己的学校,在学校中使用他们自己的语言。这两个因素就在一定程度上阻碍和限制了英语在该地区的传播,事实上,除了少数私立学校,英语不是该地区的教学语言。

(三) 以色列建国以后的英语传播

在英国委任统治时期,英语与希伯来语、阿拉伯语都是该地区的官方语言,并将其写入了委任统治相关的法律条文中。1948年以色列独立以后,以色列的法律取消了英语的官方地位,只有希伯来语与阿拉伯语是以色列的官方语言。以色列的这种语言意识形态可能是出于维护希伯来语地位的考虑。希伯来语的复兴被视为犹太复国主义运动最重要的组成部分,"一个民族,一种语言"这种强烈的犹太民族主义意识形态奠定了希伯来

---

① Bernard Spolsky & Elana Shohamy, *The Language of Israel: Policy, Ideology and Practice*, Multilingual Matters Ltd, 1999, p. 158.
② Bernard Spolsky & Elana Shohamy, *The Language of Israel: Policy, Ideology and Practice*, Multilingual Matters Ltd, 1999, p. 158.
③ Bernard Spolsky & Elana Shohamy, *The Language of Israel: Policy, Ideology and Practice*, Multilingual Matters Ltd, 1999, p. 158.

语至高无上的地位，而这种单一语言意识形态并未在以色列的法律条文中非常明确地显示出来。

以色列从1948年建国至1967年的这段时期，这种反英语的意识形态在公众的运动中时常出现，例如阻止英语写在公共标识上，或者反对给英语电视节目进行配音，或者避免从英语中借入单词。但是这并没有对英语在以色列的使用造成多大的影响。非以色列籍的律师可以使用英语进行辩护，同时英语继续在政府机关和法院使用。以色列司法部继续出版英译以色列的法律。① 在一定程度上是出于对前殖民国家（英国）的敌意，另外，加上这个时期以色列讲英语的人数很少，从而使英语在以色列公众中影响力不大，而是作为一种行业内部使用的语言。这段时期，英语在以色列学校中虽然在时间安排上稍微有所减少，但是仍然维持着第一外语的地位。从1960年开始，英语从小学五年级开始就是一门必修课，每周四个小时，但是学习效果并不是很理想。在这种反英语意识形态的影响下，或多或少地影响了英语在以色列人中的地位以及英语知识水平。

然而，在1967年之后，随着从英语国家的犹太移民大量移入、国际旅游业的发展和以色列与美国经济政治关系的不断深化等综合因素的影响，这种状况发生了很大的变化。越来越多的人认为应该更早和更长时间地学习英语。在以色列，很多米兹拉希犹太人由于缺乏英语知识而感觉自己已经落伍了。此时，英语不再被视为殖民主义的象征，也不再将其视为希伯来语的威胁，而被认为是经济发展的关键因素，越来越多的以色列开始接受并学习英语。据一个调查报告称，大部分以色列人有时会收听BBC（英国广播公司）或者"美国之音"的广播节目。1968年以色列开始引进国外的英文电影和电视剧，大部分电影都是英文发音，配有希伯来语字幕。② 虽然大部分书籍都是使用希伯来语出版发行，但是也引进了大量的英文书籍。

随着全球趋势的加强，英语作为一门全球性语言迅速在以色列传播，在社会、经济、新闻传媒、电视广播、学术等各个领域应用十分广泛，甚

---

① Bernard Spolsky & Elana Shohamy, *The Language of Israel: Policy, Ideology and Practice*, Multilingual Matters Ltd, 1999, p. 162.

② Bernard Spolsky & Elana Shohamy, *The Language of Israel: Policy, Ideology and Practice*, Multilingual Matters Ltd, 1999, p. 162.

至一定程度上对希伯来语的地位构成了巨大的威胁。

二、英语在以色列传播的影响因素

英语从奥斯曼帝国时期开始进入了巴勒斯坦地区，英国委任统治时期成为了当地的三大官方语言之一。在以色列建国之后，尤其是1967年以后英语迅速在以色列传播，其地位超过了阿拉伯语的官方地位，仅次于希伯来语。英语能够在以色列有今天的社会地位，是由多种因素综合作用的结果。

（一）移民因素

以色列建国以后，来自世界各地的犹太移民源源不断地涌入以色列，但是在1967年以前，从英语国家来的犹太移民数量相对很少，每年大概有1000人。但是自1967年之后的10年间，来自英语国家的犹太移民数量大幅度上升，1965年至1979年，超过4000名移民来自美国。在第二个10年中还有1.9万名犹太移民从美国移居以色列。在相同的25年间，大约有1.3万名移民来自南非。[①] 从而在一定程度上弥补了以色列讲英语人口的人才缺乏的状况，尤其是来自英语国家的移民大部分都是高学历人才或者具有很强的商业才能。在1983年的人口普查中，有6万人声称英语是他们的母语，此后，又有4万名移民从英语国家移入以色列，这些英语移民及他们的孩子为以色列提供了充足的英语专业性人才，对以色列英语的传播与发展起到了非常大的推动作用。[②] 在犹太社区学校，大约有40%的英语教师是本国人，这是在其他非英语国家的英语教学中无法比拟的，但是阿拉伯学校的所有英语老师都是本国讲阿拉伯语的担任。

（二）旅游业发展因素

在过去的几十年，旅游业成为迅速崛起的产业，以色列以其独特的地

[①] Bernard Spolsky & Elana Shohamy, *The Language of Israel: Policy, Ideology and Practice*, Multilingual Matters Ltd, 1999, p. 165.

[②] Bernard Spolsky & Elana Shohamy, *The Language of Israel: Policy, Ideology and Practice*, Multilingual Matters Ltd, 1999, p. 165.

理位置和人文特色越来越吸引世界各地的游客,同时大量的以色列人也出国旅游。在那里,大部分以色列人可能使用英语交流,但是去以色列旅游的讲英语的游客比例大约有40%,其他非英语的游客接受英语为他们的通用语言。随着该地区政治局势动荡的偶尔减弱以及经济条件的改善,旅游业已经成为了以色列的一个重要产业,据研究数据显示,来以色列的人数从1960年的11.4万人次,到1970年增加到44.13万人次,到1980年增加到117.58万人次,到1987年增加到了137.87万人次。① 而英语成为国内外游客使用最多的一门语言,因此,对于那些旅游产业领域工作的人或者许多从事零售贸易的人来讲,为了满足游客们的需要,他们非常愿意学习英语,因为这是与来自其他国家的人打交道时非常有用的语言。

(三) 教育政策因素

除了旅游业的发展,教育政策因素也是必不可少的因素之一。在以色列的任何地方,英语事实上已经成为了第二学术语言。这主要是因为以色列所有的大学对参加入学考试的学生制定了英语水平的最低标准。应试者想要申请进入以色列大学,不但要在高考中通过英语入学考试,而且还要参加入学心理测试,其中英语是该测试的三个组成部分之一。如果学生在英语考试中所取得的成绩没有达到大学入学考试分数线,就需要参加英语辅导班,通常情况下是学生自己自费学习。由此可见,这些大学的学术管理成为贯彻和落实以色列英语政策中一项最有效的方法。

尽管所有以色列大学教学是使用希伯来语,但是所有学科(除了犹太教学习之外)的高级课程都鼓励学生阅读大量的英语文献资料。学生在阅读大量英文资料时,就会想尽办法翻译或者概括内容,从而提高了自身的英语阅读理解能力和概括能力。同时这也为许多大学毕业生或者研究生提供了在英语国家工作或者学习深造的机会,从而更加有助于英语的推广与传播,同时也巩固了英语在以色列的地位。

(四) 外交与军事因素

以色列自建国以来,就一直处于持续不断的冲突或者军事、经济与政治

---

① Bernard Spolsky & Elana Shohamy, *The Language of Israel: Policy, Ideology and Practice*, Multilingual Matters Ltd, 1999, p. 165.

正面交锋的威胁之中。因此外交关系就显得十分重要，以色列在与之建立外交关系的国家中设立了大量的大使馆。以色列历来都十分重视与他国外交事务，这不仅仅对职业外交官而且对许多政府部门的官员都要求掌握足够的英语能够与非希伯来语者打交道。英语在外交上重要性的一个典型就是在与巴勒斯坦人的谈判中使用英语，尽管许多谈判者都会希伯来语和阿拉伯语。在以色列的外交关系中，最为重要的是与美国的战略盟友关系。这种特殊的外交关系是逐渐形成的，以色列是在战火与硝烟中成立的犹太国家，生存与发展是其制定对外政策的基础。在冷战时期，由于中东地区具有重要的战略地位和丰富的石油资源，加之英国退出了巴勒斯坦地区，该地区出现了"权力"真空，美苏都想填补这一空白。而以色列由于在价值观、政治制度、意识形态等方面与美国相似，因此在以色列建国伊始，美国便是坚定的支持者。同时，身处周围阿拉伯国家包围之中的以色列为了生存与发展，也需要超级大国美国的支持和援助。[1] 美以这种战略同盟的关系是出于各自国家的战略利益考虑，美国要维护它在中东的战略利益，需要地区强国以色列这样一个可靠的力量和据点。而处在周围敌对国的包围之中的以色列，为了推行其政策，也需要从美国得到经济、政治、军事等多方面的支持和援助。[2] 由于这种特殊的关系，英语自然而然地也受到格外的重视，它是与美国沟通交流的媒介语。同时，美国是以色列主要的武器装备和军事技术供应国，特别是在恐怖主义泛滥的新时期，美以共同面临着恐怖主义、伊斯兰极端势力的巨大威胁，因此更需要英语来作为他们加强军事合作的交际语言。在以色列国防军中，要求大部分军官都要掌握和运用英语知识。

（五）公共传媒因素

以色列民众对英语的态度发生变化是从20世纪60年代末电视媒介引入之后开始的。当时观众收看英语类电视节目的时间平均每天不到两个小时。主要是英语教育类的电视节目居多。而到了20世纪70年代初期，大量的英语电影被允许进入以色列，每天可以收看10个小时的英语电视节目。[3] 不

---

[1] 王烨：《冷战后美以关系探析》，西北大学硕士论文，2007年6月，第1页。
[2] 王烨：《冷战后美以关系探析》，西北大学硕士论文，2007年6月，第49页。
[3] Bernard Spolsky & Elana Shohamy, *The Language of Israel: Policy, Ideology and Practice*, Multilingual Matters Ltd, 1999, pp. 167–168.

仅如此，有线电视和卫星电视的引入并迅速传播，使全天任何时候都能够收看英语电视节目。此外，在以色列，无线广播还定期播放英语流行歌曲。如此多的英语电视频道和无线广播节目使以色列人在耳濡目染的环境下很容易就能够掌握这门语言。此外，1969年之后，以色列英语期刊杂志的数量不断增多，到了1990年，英文期刊与新闻报纸的数量是其他所有语言（希伯来语除外）期刊与报纸加起来的总和。①

公示语②最能体现公众对语言的态度。纳德尔（Nadel）和费诗曼（Fishman）是以色列语言研究领域的知名专家，他们计算了耶路撒冷市中心雅法路商店招牌上的书写文字，发现有大量的商店招牌是用英语书写的，只有28%的招牌使用希伯来语，使用英语的数量接近或者超过希伯来语使用的数量。③ 他们进一步研究发现，那些新商店招牌使用英语的数量比旧商店招牌使用英语数量更多，结果表明了国际旅游业的兴起与英语在以色列的地位不断提高。

尽管以色列建国之后，将英语从官方语言的名单上删除，反英语的社会思潮一度盛行，"一个民族，一种语言"的单一语言意识形态在一定程度上打压着以色列英语的地位。但是随着英语移民的增加、教育因素需要、旅游业发展的需要，外交与军事因素和共同传媒因素的影响下，英语在以色列得以迅速传播，其地位仅次于希伯来语，甚至在某些方面对希伯来语的霸主地位提出了挑战。在这样的背景下，以色列政府如何把握英语政策，并且落实到学校教育当中成为了亟待解决的问题。

三、以色列独立后学校的英语教学政策

以色列建国之前，巴勒斯坦地区由英国委任统治，英国委任当局将英语、阿拉伯语和希伯来语确立为三大官方语言，1948年以色列建国以后，

---

① Bernard Spolsky & Elana Shohamy, *The Language of Israel: Policy, Ideology and Practice*, Multilingual Matters Ltd, 1999, p. 168.

② 公示语，是指在公众场合书写的文字，是人们生活中最常见的实用语言，是一种公开和面对公众的、以达到某种交际目的的特殊文体。公示语在我们生活中运用十分普遍，几乎随处可见，例如广告牌、路标、商店招牌、公共场所的宣传语、旅游简介等。

③ Bernard Spolsky & Elana Shohamy, *The Language of Israel: Policy, Ideology and Practice*, Multilingual Matters Ltd, 1999, p. 169.

英语就从官方语言的名单中删掉，但实际上，英语仍然被以色列官方使用，其地位在希伯来语之后、阿拉伯语之前，仍然保持着第一外语的地位。虽然以色列具有浓厚的单一语言意识形态思想，但是在维持希伯来语的主导地位的同时，随着经济全球化发展，英语在以色列学校中的普及和推广，以色列人也慢慢接受了英语这个全球性通用语言在以色列不可或缺的重要地位。

（一）以色列学校的英语教学政策

以色列建国以后，大量的移民涌入以色列，这些移民具有独特的社会、语言、文化背景，当时中央政府正在全力吸收和融合新移民，打造新的民族认同，鼓励和推广希伯来语教学，这个时期对英语教学没有足够的重视。建国初期到20世纪60年代末，英语教学延续英国委任统治时期使用过的陈旧的教学大纲，英语教学主要是重视文化与文学，教材内容包含大量的英国经典作家的作品，例如马修·阿诺德（Matthew Arnold）、培根（Bacon）、博斯韦尔（Boswell）、托马斯·卡莱尔（Thomas Carlyle）、笛福（Defoe）、密尔顿（Milton）、莎士比亚（Shakespeare）、斯威夫特（Swift）等。[1] 在学校中，从小学五年级开始英语成为必修课，班级规模一般是35名至50名学生。[2] 小学、中学、职业高中以及大学阶段各自都有一个督查员负责英语教学。以色列学校使用统一的教学大纲，到了20世纪50年代，随着移民人口的多样性与复杂性，越来越多的人呼吁课程改革，制定详细的教学大纲，留给老师最大的自由空间，反对对英语教学管理的僵化、古板。越来越多的人呼吁英语教学应该强调它的国际交往功能。

从20世纪70年代初期，以色列英语政策开始发展巨大的变化，从之前的重视文化与文学转向重视英语的交际功能的掌握，其中两个重要的变化是：第一，20世纪文学取代了旧文学；第二，必修课增加了口语考试。这种课程设计理念一直持续了20年时间，并且将其写入了官方的文件当中，承认英语是目前国际交流的主要媒介语，是一门世界性语言，英语教

---

[1] Bernard Spolsky & Elana Shohamy, *The Language of Israel: Policy, Ideology and Practice*, Multilingual Matters Ltd, 1999, p. 174.

[2] Bernard Spolsky & Elana Shohamy, *The Language of Israel: Policy, Ideology and Practice*, Multilingual Matters Ltd, 1999, p. 174.

学的目的是让学生掌握英语的实际交流技能。在英语课程设计过程中，把听、说、读、写这四种技能同等对待。同时课程更重视人文价值观，重视英语与学生母语之间的不同之处。学校教科书一般都是本国编写的，是由以色列教育电视台（Educational Television）、教育技术中心（the Center for Educational Technology）以及其他当地的出版商出版。[1] 教科书配套使用的练习册与听力录音需要向教育部申请批准，在一定程度上政府加大了对教科书管理力度。所有的英语教学资料，包括大量的电视节目都是根据学生实际需要编写和出版的。

（二）以色列英语教育政策的演变

在以色列，英语教学应从哪个年龄段开始充满着争议。以色列教育部规定，英语教学从小学五年级开始普及。但是由于受到来自英语国家移民的压力，他们主张他们的孩子应该更早地学习英语，这种教育政策正在逐步发生改变。在以色列许多学校中，专门为这些来自英语国家的移民孩子制定了特殊的教学大纲，目的是为了避免浪费这些孩子所具有的语言优势，这在以色列语言教育系统中是绝无仅有的，由此可以很清晰地看出英语在以色列的特殊地位。

在这种压力之下，现在英语是以色列小学四年级的必修课，但是这一决定并没能满足他们的要求，他们希望更早地开设英语必修课。目前，40%的小学生，尤其是特拉维夫市和海法市，小学三年级就开设了英语必修课，还有更早的，其中3%—5%的学生是在小学一年级或者二年级开始的。[2]

多年以来，英语教学总督查员一直反对过早地开设英语必修课程。他认为，首先，学生在没有完全掌握希伯来语之前不应该开始学习另一门语言，过早地开设外语学习的做法与以色列提倡的"一个民族，一种语言"的单一语言意识形态背道而驰；第二，在补习班额外增加人员编制与资源教授英语的做法是不合情合理的，这种小班教学由于资源过于分散而会降

---

[1] Bernard Spolsky & Elana Shohamy, *The Language of Israel: Policy, Ideology and Practice*, Multilingual Matters Ltd, 1999, p.175.

[2] Bernard Spolsky & Elana Shohamy, *The Language of Israel: Policy, Ideology and Practice*, Multilingual Matters Ltd, 1999, p.179.

低英语教学的质量。但是这些观点没有说服那些父母,因为他们愿意支付一年级和二年级私下小班英语教学的费用。在 1992—1993 年,英语教学督查员很不情愿地同意学校提前两年,即在小学三年级开设英语必修课程,据当地一些英语督查员报告,1993 年下半年在一些地区大约有 1/2 的学校在这个阶段开设了这门必修课程。在 1995—1996 年,以色列语言教育政策在这种压力下继续坚持小学五年级开设英语必修课,同时允许在四年级开始教授英语,如果得到英语总督学的同意,也可以扩展到小学三年级。[1]同时民间争取小学二年级或者一年级开设英语必修课的斗争仍在持续,尽管其结果并不十分乐观。

目前,许多学校都在五年级之前就已经开设了英语这门必修课。如表 4 所示,少数学校在一年级和二年级就已经开设了这门课,而小学三年级开始的学校接近 40%。到了四级,大约有 6% 的校内时间都在学习英语。到了六年级和七年级,学习英语的时间几乎增加了两倍,超过 10% 的校内时间都用在了英语教学上。需要说明一点,在以色列国家宗教学校里的英语学习时间是非常少的。[2]

表 4　1995 年学生英语学习调查表（以色列教育部）

年级	年龄	学生人数	比例（%）	每周学习时间（小时）
1 年级	6	2355	3	1.5
2 年级	7	4061	5	1.5
3 年级	8	29400	37	1.5
4 年级	9	78732	98	1.5
5 年级	10	78732	100	2
6 年级	11	77496	100	2.25
7 年级	12	76519	100	2.25
8 年级	13	76463	100	2.25
9 年级	14	73759	100	2.25
10 年级	15	72565	100	2.25

---

[1] Bernard Spolsky & Elana Shohamy, *The Language of Israel*: *Policy*, *Ideology and Practice*, Multilingual Matters Ltd, 1999, p. 180.

[2] Bernard Spolsky & Elana Shohamy, *The Language of Israel*: *Policy*, *Ideology and Practice*, Multilingual Matters Ltd, 1999, p. 179.

续表

年级	年龄	学生人数	比例（%）	每周学习时间（小时）
11 年级	16	69577	100	3
12 年级	17	67235	100	3

资料来源：Bernard Spolsky & Elana Shohamy, *The Language of Israel*: *Policy*, *Ideology and Practice*, Multilingual Matters Ltd, 1999, p. 180。

以色列的国家教育政策支持英语作为以色列人交流的重要语言，同时它也是初中和高中教育中一门重要的学科。以色列英语教育政策从一开始的保守向后来慢慢地开放式转变。这种转变更多地是由于民间的压力而不是官方主动而为之。这种变化充分说明了随着社会经济的发展，越来越要求人们掌握这门语言知识。展望未来一段时期，会有越来越多的以色列人掌握更多的英语知识，其应用范围会越来越广，涉及到社会的方方面面。英语在以色列的地位将会更加牢不可破，在一定程度上会冲击希伯来语的霸主地位。

（三）制定新英语课程标准

目前，越来越多的以色列学生在他们未接受正式的学校英语教学或者校外英语教学之前就已经广泛地接触到了英语，他们一般是通过广播、电视、计算机、家庭、旅游或者遇到国外的游客等途径接触了英语。大多数学生不管什么年龄阶段开始学习英语之前，就已经学习了一些英语单词和短语。经过调查其他国家英语课程模式之后，以色列该课程编写委员会设计出了一种与众不同的英语课程模式。在 1998 年夏天，经过多年的努力，以色列学校英语新课程终于出炉，并获得了教育部的批准。该课程是根据几种标准制定的，这样可以让教科书编写者、学校和教师能够自由地决定确切的方法和课程内容合理的安排顺序。

英语学习的标准应该达到四种能力，但是这与多年来传统使用的听、说、读、写的分类截然不同。首先是社会交往能力。早在 20 年前，以色列教育部承认英语是一门沟通交流的语言。这一部分主要将英语定义为外国语言而不是以色列人的第二语言。它认为在课堂上，应该用英语教授英语。学校培养的学生应该具备以下的能力，能够与那些说英语的外国人

(不管英语是否是他们的母语）进行正常的英语交谈、电子通信和书信交流。其目标不是将以色列人培养成与讲英语母语的人水平相当的人，而是让那些讲希伯来语、阿拉伯语或者其他语言的人能够很容易地使用英语进行沟通交流。

第三种和第四种标准是正式英语的接受能力与生产能力。所谓接收能力，它强调的是能够使用英语接收所需要的信息。它可以从广播、讲座、书籍、文章、电视、计算机等媒介听到或者看到的英语信息中理解并接收到有用的信息，也就是说能够听懂或者读懂所接触到的所有英语信息。这是为那些准备接受高等教育的学生制定的最高标准。所谓生产能力，就是学生在谈话和书写时能够按照一定的方式描述自己的观点与看法的能力。为了达到这种标准，学生需要根据各种各样的话题进行英语口语与书写的训练。

新课程就第四种能力列出不同阶段学生学习的一系列基准。由于以色列学校学生的多样性和复杂性，新课程根据学校教学积累的经验设立了三个阶段：基础阶段是小学 6 年级结束完成；中级阶段在 9 年级完成；精通阶段是在 12 年级结束完成。[1] 尽管这些阶段是按照学生的年级段来划分的，但是同时可以根据学生的需要做出适当的调整。

新课程的目标就是让学生通过学习英语，达到社会交流、获取信息、描述和欣赏英语文学、语言和文化的能力。理想的学生在 12 年级结束应该可以很轻松地使用英语自由交谈；从英文的书本、电视广播、新闻报纸、互联网等上获取信息，懂得欣赏英语文学与文化，并且知道英语与其他语言的本质区别。与旧课程相比，新课程更注重英语的实用性功能，目的就是能够学习一门实用性的外语技能，更好地适应当今世界发展的需要。由于英语在以色列这种声望与地位，以色列教育部增加了英语的教学时间，以便更好地让学生尽快掌握这门全球性语言。

（四）以色列中小学英语教师的培训政策

以色列是一个移民国家，同时与美国、英国保持着特殊的关系。随着

---

[1] Bernard Spolsky & Elana Shohamy, *The Language of Israel: Policy, Ideology and Practice*, Multilingual Matters Ltd, 1999, p. 182.

世界全球化趋势的加强，出于国际交流的需要，英语在以色列的地位十分重要。如前面所述，学校一般在小学三、四年级就开设了英语必修课程，有的学校甚至在小学一年级或者二年级就开始学习英语。因此这对英语老师的能力、水平要求十分严格。

在以色列，小学与初中阶段英语教师要求具有学士学位和教师资格证；高中阶段教师要具有学士或者硕士学位，并且拥有教师资格证。在以色列，教师资格认证是由教育部负责，当准教师在师范学院或者大学完成了必修课程，就会自动获得教师资格证书。以色列师范类学校一般主要培养初中的教师，师范学院的学制两至四年不等，四年制的学生可选修一至两个专业，毕业时可以获得教师资格证书，最近几年，这类师范性院校有权授予教育学士学位（BEd degree）。师范类学校的目标一般是将学生培养成通晓数门学科的多面手，最近也开始重视专业性的教师培训。同时，师范类学校还为中小学的教师提供培训课程，一般一至两年，此外还要实习一年，培训结束后可以获得教师资格证书。大学进行的教师职前培训包括普通大学教育和教师资格培训两部分。[1] 教师培养课程是从大学本科的第三年开始，截止到本科毕业，为期两年的时间。如果合格，在本科毕业时即可获得学士学位和教师资格证书。师范学院和大学教师培养课程一般包括：教育学、心理学、专业课教学法等，一般而言，以色列的大学主要注重理论知识的学习和教学研究，师范学院则更注重教学方法和实践。[2]

以色列比较重视教师的在职培训，不少大学、师范学院和地区教师中心都提供英语教师在职培训课程，有些课程学完后可以获得教师资格证书。师范院校和大学设立的英语教师在职培训课程主要针对教学实践。在职培训比较重视课程理论与教学实践，参加培训的教师要写论文，需要作口头汇报，对英语阅读有困难的学生进行辅导，为这些学生编写适当的学习资料，同时针对具体情况撰写个案研究报告。

通过上述的教师培训计划，目的是为了让中小学教师具备以下的能力：

---

[1] 张洁：《以色列中小学英语教师的资格、培训及职业标准》，载《外国中小学教育》，2008年第4期，第21页。

[2] 张洁：《以色列中小学英语教师的资格、培训及职业标准》，载《外国中小学教育》，2008年第4期，第21页。

第一，在文学、文化与语言知识方面，英语教师要熟练地掌握英语词汇、语音、语义、语法以及英语文学与文化知识，在教学过程中能够加深学生对英语文化、文学的认识与了解，从而提高学生们的学习兴趣。

第二，在教学实践方面，一个合格的英语教师应该全面掌握英语教学基本理论与方法，并运用于教学实践中；提高学生学习的积极性与主动性，创造良好的英语学习环境，鼓励学生自主学习，并且根据学生个体的差异性及时调整教学内容。采取师生互动、生生互动的教学方式，协调好教师与学生的关系。

第三，教学评估与测试方面，英语教师应该设计合理的考试题型，正确评估考试结果，充分考虑到学生的个体差异性，采取学生自评与互评的方式，让学生能够看到自己的进步，同时在教学中要考虑到全国性考试内容，如高考。

第四，教师职业发展方面，教师应当熟练掌握备课和上课技巧，学会使用多媒体、网络等教学资源，并且根据教学需要选择、补充、编写教材和课件，同时积极参加教学研究、在职培训课程，不断提高自己的教学水平。

英语在奥斯曼帝国时期随着传教士或者外交公使进入巴勒斯坦地区，后在英国的委任统治时期成为了当地的官方语言。以色列建国之后，在单一语言意识形态和强烈的民族主义思想的控制之下大力推广希伯来语，并将英语从官方语言的名单中删除，反英语思潮起此彼伏，但是英语仍然在以色列官方使用，并且随着大量讲英语移民移居以色列、随着该地区政治局势偶尔的稳定，以色列的国际旅游也呈现出快速发展的趋势，出国旅游和来以色列参观游玩的游客越来越多，学校也越来越重视这门语言，加上以色列与美英关系的特殊性，使以色列当局越来越重视中小学的英语教学，社会呼吁更早和更长时间学习这门语言，从而跟上时代的步伐。

英语虽然不是以色列的官方语言，但是其地位不亚于阿拉伯语，仅次于希伯来语，英语在以色列虽无官方语言之名，但有官方语言之实。英语的地位在以色列建国以来一直处于增长的态势，尤其是最近时期，英语的使用范围之广，使用人数之多，甚至冲击到了希伯来语的霸主地位。

（五）结语

在以色列，希伯来语和阿拉伯语是官方语言，而英语则是该国的第一外语，这三种语言成为以色列使用最广泛的语种。以色列的希伯来语、阿拉伯语和英语的语言政策基本代表了该国的整体语言政策。希伯来语是以色列的国语，在"一个民族，一种语言"的语言意识形态支配下，以色列大力推广希伯来语，重视移民的希伯来语教学，设立了乌尔潘学校，实行文化熔炉政策，在差异性的基础上打造新的民族认同，建立一个世俗的、民主的犹太国家。由于阿拉伯人是以色列最大的少数民族，加上以色列地处阿拉伯世界的包围之中，出于实用主义动机考虑，将阿拉伯语设定为以色列的第二官方语言，但是由于意识形态的抵制，在官方、公共领域的使用很少，是处于边缘化的弱势语言。而英语作为全球性语言，随着讲英语母语的犹太移民数量的增多、国际旅游业的发展以及军事和外交的现实需要，英语的地位逐渐上升，在官方和大众中普遍使用，成为仅次于希伯来语的重要语言。

但随着全球化趋势的加强以及犹太移民拥有众多语言的客观性，加上近年来以色列国内后犹太复国主义思潮的兴起，"一个民族，一种语言"的单一语言意识形态受到了质疑，要求以色列实现社会、文化与语言的多元化，双语言或者多语言的思想观念慢慢得到了人们的认可。鉴于此，以色列政府开始鼓励学习阿拉伯语，支持移民接受他们自己的母语教学，在以色列学校中普及和推广英语，但是其一个基本前提就是确保希伯来语的主导地位不可动摇。优先发展希伯来语仍然是以色列语言政策最为突出的特征。

综上所述，以色列的这三种语言政策具有一定的合理性和历史的必然性。以色列是以犹太人为主体的、具有犹太国属性的现代民主国家，正因如此，以色列政府独尊希伯来语，打造以色列人的希伯来语认同，重视希伯来语教育。同时，国内存在着众多的阿拉伯少数民族的社会现实，以及处于阿拉伯世界中为了求得生存与发展社会需要，政府对阿拉伯语采取了谨慎的保护政策，将阿拉伯语与希伯来语一同列为官方语言，在学校教育中阿拉伯语也具有较高的地位，成为阿拉伯学校的教学用语。经济全球化的发展和英语作为全球性语言的时代发展趋势，使以色列顺应了时代发展的潮流抬高了英语的地位。以色列的希伯来语、阿拉伯语和英语这三大语言政策在实践中虽然有令人不满意的方面存在，但是总体来讲，以色列这三大语言政策还是比较成功的。以色列的语言政策充分体现了语言实践、语言意识形态和语言规划的高度统一，语言政策的推行是社会上层和社会下层良性互动的结果，也是理想主义和现实主义恰到好处的结合。希伯来语的复兴实现了传统与现代的衔接和过渡，希伯来语与阿拉伯语的关系反映了主体民族语言与少数民族语言之间微妙的结构，英语与希伯来语之间的关系反映了全球化动力与民族化动力之间的平衡，这三大平衡成功支撑了以色列语言政策的参天大树和高楼大厦。以色列语言政策有利于现代民主国家的建构，有利于促进公民社会的形成，有利于推动以色列现代化建设，更有利于以色列的战略地位和综合国力的提升。

第二章 伊朗语言政策与实践

第一节 伊朗语言概况

伊朗语族属于印度—雅利安语支,这不仅是因为它们在空间上是近邻,而且还由于他们之间有密切的亲缘关系,正因为如此,人们也常常把它们放在一起称作印度—伊朗语族,也属于传统划分中的印欧语系。①

一、伊朗的语言和种族特点

伊朗是一个多民族的国家,在伊朗境内生活着波斯人、阿扎里人、吉拉基人、马赞德兰人、库尔德人、阿拉伯人、卢尔人、卑支路人、土库曼人和其他民族。② 由于多民族的特点,伊朗的语言也呈现出多样化的特点。据统计称伊朗有69种语言,③ 也有资料显示伊朗约有37种语言,④ 并且这些语言都得到了宪法认可,伊朗的方言和语言包含了三个体系:印欧语系、亚非语系和阿尔泰语系。这些语言和方言在不同的时代享有不同的社会和政治地位,在一些时代高高在上,而在一些时代地位很低或者有时直

---

① 汉斯·约阿西姆·施杜里希著,吕叔君、官青译:《世界语言简史》,山东画报出版社,2009年6月版,第44页。
② 王菊如:《伊朗的民族与民族问题》,《西亚非洲(双月刊)》,1994年第6期,第32页。
③ 博纳德·斯波斯基著,张治国译,赵守辉审订:《语言政策——社会语言学中的重要论题》,商务印书馆,2011年9月版,第193页。
④ http://zh.wikipedia.org/wiki/%E6%B3%A2%E6%96%AF%E8%AF%AD。

接被边缘化了。大部分人口是讲属于印欧语系中的语言。在大众媒体、政府管理、国家事务、科学和文化中波斯语言被认为是占主导地位的语言，并且有半数以上的人在使用波斯语。在这个国家的不同地理区域中许多语言都是波斯语的变体，并且被广泛使用，如库尔德语、俾路支语、马赞德兰语、卢尔语。在国家和社会生活的方方面面，这些地方方言与民族特色高度相连。

伊朗的主要语言族群包括阿扎里人、库尔德人、阿拉伯人、俾路支人、土库曼人、亚美尼亚人和犹太人等。这些族群除了讲本族语言外，几乎都讲波斯语，他们对本族的认同居于第二位，某种意义上来说他们都是波斯人。一些族群仅仅是宗教少数派，如库尔德人、俾路支人和土库曼人是逊尼派，而伊朗的主体教派是什叶派十二伊玛目派。伊朗居民的马赛克式结构反映了伊朗历史长河里的中心和地缘地位，伊朗是名副其实的欧亚大陆的十字路口。伊朗虽然语言众多、方言林立，社会生活千差万别，但波斯文化打造了强大的凝聚力。

由于阿拉伯语是属于亚非语系，所以阿拉伯语的使用者占了人口比例的很小一部分。伊朗的大部分阿拉伯人都生活在胡泽斯坦省和波斯湾沿岸的省份。阿拉伯语口语的种类是不同的，有时会发现与真正的标准阿拉伯语不同。

阿塞拜疆语是土耳其语在伊朗的变体，代表了在伊朗的阿尔泰语系，它被伊朗西北部的大部分人所使用。该语言的使用者占了伊朗总人口的25%。[1] 还有，其他土耳其语的变种，包括土库曼语，只有戈勒斯坦（也翻译为戈莱斯坦）的少数人使用，该省在伊朗的东北部。虽然伊朗的阿塞拜疆语与在土耳其所使用的土耳其语在结构上有所相似，但是可以发现它们在口音上是有所不同的。[2]

二、伊朗历史上的语言政策和规划

伊朗的语言政策历史可以分为伊斯兰之前、公元 7 世纪至 20 世纪初、

---

[1] 汉斯·约阿西姆·施杜里希著，吕叔君、官青译：《世界语言简史》，山东画报出版社，2009 年 6 月版，第 208 页。

[2] http://zh.wikipedia.org/wiki/%E6%B3%A2%E6%96%AF%E8%AF%AD

20世纪初至今三个阶段。

(一) 伊斯兰时代之前

多语制是古波斯三大帝国语言制度的一个基本特色。公元前3000年左右，苏美尔人发明了楔形文字，楔形文字这一苏美尔人的文化遗产的传播范围远远超过了两河流域的核心地带，向东主要是传入到了埃兰（Elam，位于今天的伊朗境内西南部），为了书写行政文书，埃兰人最初使用阿卡德语，后来又使用楔形文字，再后来，他们也将楔形文字用于书写自己的语言埃兰语。公元前20世纪，当雅利安人侵入今日的伊朗境内后，他们将楔形文字用作书写自己的民族语言古波斯语。[1]

古代波斯语有两种语言形式流传下来，一种是阿维斯塔语[2]，以前也被称作为古巴科提语。古代波斯的阿契美尼德王朝（公元前520—前486年大流士一世在位期间是其盛期）保存下来了另一种波斯语言，但是它的形式有些特别，因为它们是被刻在岩石上的碑文，而且是一种楔形文字，它被证明是今日仍然在使用的波斯语的古老形式。

在官方语言政策方面，公元前6世纪，大流士为了解决帝国境内民族众多、语言文字互异问题，决定要将阿拉姆语（也作阿拉米语）指定为波斯帝国的官方语言，用以发布公文诏令，在那一时期，由于阿拉姆语简单易写，也被称为"帝国阿拉姆语"，并且也是一门重要的外交语言，在伊朗就发现了有世俗文字、楔形文字、希伯来文字、古波斯文字和阿拉姆文字一起使用的记录。[3]

公元前4世纪，亚历山大开始了远征，并且随后建立了横跨亚欧非三大洲的亚历山大帝国，在亚历山大死后，帝国一分为三，伊朗处于塞琉古王朝的统治之下，历史上将它与当时的马其顿王朝、埃及的托勒密王朝称之为希腊化国家。在亚历山大和塞琉古时期，伊朗的官方语言不再是古波斯语而是希腊语，政府的公文、命令用希腊文写成。大部分希腊人和波斯

---

[1] 汉斯·约阿西姆·施杜里希著，吕叔君、官青译：《世界语言简史》，山东画报出版社，2009年6月版，第44页。
[2] 阿维斯塔语也作Avesta。
[3] 李铁匠：《伊朗古代历史与文化》，江西人民出版社，1993年12月版，第103页。

本地人所进行的商业活动，大多是用希腊文写作成文书。① 法律诉讼由希腊法官办理，因此这就间接鼓励了本地人开始学习希腊语，但随着塞琉古王朝走向衰落，语言的使用情况又逐渐回到波斯帝国早期的时候了。

自公元前2世纪，安息帝国建立，虽然安息帝国是一个波斯国家，但是由于历史原因，在安息王朝时期，希腊语依然是官方语言之一，但使用更广泛的是帕提亚语，在汉语佛经里的翻译称之为钵罗钵语（钵罗婆语），同时在安息王朝时期，王国境内还有继续使用阿拉米语和楔形文字的地区。在公元2世纪到7世纪时，伊朗建立了萨珊王朝，萨珊王朝统治了三个多世纪，创造了丰富的萨珊文化，在萨珊王朝时期主要使用两种语言——中古波斯语（西南波斯语）和钵罗钵语（西北波斯语），有时也会使用希腊语，需要注意的是中古波斯语是萨珊的宫廷语言，钵罗钵语是在萨珊王朝统治里依然身居高位的安息贵族所使用的语言，但是随着时间的流逝，西南波斯语逐渐排斥了钵罗钵语，现代的波斯语（法尔斯语）就是在中古波斯语的基础上形成的。②

（二）伊斯兰时代

在公元7世纪阿拉伯帝国大举扩张，征服了波斯，并且引入了伊斯兰教，为在波斯语中实现与阿拉伯语的一体化铺平了道路，由于宗教信仰的改变或者是为了享有更多的权利，阿拉伯语作为一门外语确立了它在波斯语体系中的地位或者是有时候说的第二语言。波斯语从阿拉伯语中借入了大量的词汇和表达方式，虽然后来不同时代波斯语的阿拉伯化是有所不同的。

（三）现代

在恺加王朝和巴列维王朝时期，政府都试图通过政治方式来清除波斯语中的外来词汇，并且发起了连续不断的波斯语纯洁运动。例如，在巴列维王朝时期③努力将波斯语中的阿拉伯元素清理出去，但是这些努力并没有取得实质性的成功。相反，在伊斯兰革命之后，伊朗伊斯兰革命政府对

---

① 李铁匠：《伊朗古代历史与文化》，江西人民出版社，1993年12月版，第208页。
② 李铁匠：《伊朗古代历史与文化》，江西人民出版社，1993年12月版，第272页。
③ 巴列维王朝（1925—1979年），由礼萨·巴列维建立。

外来词汇持包容态度,阿拉伯语得到了政策制定者的特别注意,在这个国家作为一门主要的外语来教学和宣传,目的是要支持宗教传统。

伊朗是一个多民族、多语言和多方言的国家。这不但为伊朗语言政策的制定者,也为想要了解和描述伊朗语言政策的人提出了一个极大的挑战。伊朗境内语言的种类多种多样,不同的民族使用不同的语言,这让伊朗的语言地图呈现为一个马赛克式的多语国家。虽然伊朗规定的官方语言只有波斯语,但是伊朗的宪法也认可其他民族的语言,在日常生活和学习中虽然人们对波斯语的认同和使用程度也很高,但是使用者并没有集中在某一种单一语言上,而是根据不同的环境需要来使用不同的语言,作为多语制国家的伊朗,要处理好官方语言与少数民族语言之间的关系,是极其有挑战性的。[1]

第二节 伊朗的官方语言政策

波斯语是世界上的古老语言之一,属于印欧语系中印度—伊朗语族伊朗语支,又称法尔斯语[2],波斯语是伊朗的官方语言,也是阿富汗境内两种主要语言之一。波斯语还分布于塔吉克斯坦和中国新疆的个别地区。在长期发展变化中,波斯语积累了丰富的文学、哲学、历史和其他科学著作的文献。至今,波斯语仍然是伊斯兰世界东部最重要的语言之一。波斯语一共有32个字母,其中阿拉伯字母28个,波斯人自己发明的字母有4个,在波斯语中有大量的阿拉伯语词汇,在现代波斯语中,有60%的词汇来自属于闪含语系[3]的阿拉伯语。波斯语是伊朗学校的教学媒介语[4],同时也是伊朗的官方语言。

---

[1] 博纳德·斯波斯基著,张治国译,赵守辉审订:《语言政策——社会语言学中的重要论题》,商务印书馆,2011年9月版,第193页。

[2] 法尔斯语也作Farsi。

[3] 闪含语系又称闪—含语系(Semito-Hamitic family),是分布于北非和西南亚的一个主要语系,包括阿拉伯语、希伯来语、豪萨语和阿姆哈拉语等主要语言。使用人口近2亿。通常分为以下5个语族:闪语族、埃及—科普特语族、柏柏尔语族、库施特语族和乍得语族。

[4] 教学媒介语,也称教学语言,是指课堂教学中所使用的语言,教学媒介语未必就是官方语言或者国语。

一、波斯语的纯洁运动

在所有人的文化标志中，语言可能是我们看到最熟悉的同时也是保持的最久的。民族的特征可以混淆，宗教可以是外来传入的，他们的文化在一定程度上可以是人造的，但是这些都将依附于民族语言，并且将其作为民族的最重要标志。

语言工程，又称语言计划，是对语言进行规范化的一种工作。语言工程在社会政治实验的分支中也是属于冒险的一个类别，更重要的是，语言工程要求在使用时注重严谨与科学。世界各国的语言工程各不相同，有些国家是在政府领导下有计划地进行的，有些则是自发的，现代的语言工程不仅仅由语言学家发起，还有宗教团体、政治家、社会思想家以及其他的外行人士广泛参与。①

语言的纯洁性在语言培育和现代化时期显得尤其重要，因为它为新词的遴选提供了标准。语言的纯洁性提倡语言要来源于本民族，并且要努力清除语言中的非本民族词汇来源。语言的纯洁性与民族感情密切相关。语言的纯洁性往往容易与群体身份联系在一起，也就是与民族身份联系在一起，一个国家避免使用外国腔语言则表明了该国语言的纯洁性和民族的纯洁性。

相同的语言意识形态或语言信仰决定了同一语言社区的人们对以下问题会形成共同的看法：使用什么样的价值观来对待每一个语言变项或构成社区语言库的某些语言变体。正如大多数国家都有众多的言语社区或族群社区一样，大多数国家也都有众多的语言意识形态。② 通常，只有一种语言意识形态具有主导地位。简单地说，一方面，语言意识形态就是没有管理者的语言政策，是人们认为在语言方面自己应该做的事情。另一方面，语言实践就是人们在语言方面实际上所做的事情。

几乎没有哪个国家的国语不进行现代化的改革。阿拉伯语支配波斯语

---

① 博阿达·阿尔贝：《语言可持续性多语言的人类》，Glossa Interdiscipinary，第二卷，2007年版，第150页。

② 博纳德·斯波斯基著，张治国译，赵守辉审订：《语言政策——社会语言学中的重要论题》，商务印书馆，2011年9月版，第17页。

长达两个世纪，但是在公元10世纪，波斯语开始了自己的语言现代化进程。波斯语的外来词起初来自俄语和土耳其语，后来则来自法语。1935年成立的"伊朗语言学院"设立了8个委员会，其职责就是寻找波斯语词汇以便取代借词。1970年，伊朗国王（the Shah）①恢复了由伊朗语言学院主持的该项活动。这次伊朗语言学院按学科下设立了20个委员会，1976年这些委员会提出了3.5万个新波斯词汇。1979年，伊朗发生了伊斯兰教革命，伊朗语言学院暂停了该项活动。1991年，伊朗成立了一个新的机构——波斯语言与文学学院，该学院中一个委员会的任务就是积极地进行词汇遴选。②但是由于阿拉伯语对波斯语的影响远远超过了其他的语言，波斯语的书写体系、字母、读法都深受影响，阿拉伯文明与伊朗文明是水乳交融，彼此相互融合，时至今日创造出了颇有伊斯兰特色的伊朗文明。因此，波斯语的纯洁运动注定是坎坷而曲折的。

二、1925年之前的波斯语纯洁运动

伊朗的语言纯净运动有很久的历史，早在1000年以前，伊朗的学者就开始在文学实践中悄无声息地进行着波斯语的纯洁运动，著名的学者阿维森纳和比鲁尼就开始抵制已经存在于波斯语中的阿拉伯词汇，并且创造出了等同的波斯词汇，实现波斯语的旧词新用。③

在1925年之前，推动波斯语纯洁运动发展的主要是由个人倡议发起，他们利用自身的政治社会地位等优势，试图实现波斯语的纯洁化。其中，恺加王朝的王子米尔扎是一位波斯语纯洁运动的支持者，他试图通过语言纯洁运动来重新塑造民族特性，这一活动影响了小部分试图在其作品写作中只用波斯语写作的作家。他也是一位作家，他鼓励他的同胞们学习了解伊斯兰之前的历史。更重要的是，米尔扎试图只用最简单的波斯语来进行

---

① 卡里姆·侯赛因·沙，生于1937年，1957年继承阿迦汗称号，即阿迦汗四世。
② 博纳德·斯波斯基著，张治国译，赵守辉审订：《语言政策——社会语言学中的重要论题》，商务印书馆，2011年9月版，第46页。
③ 阿维森纳（Avicenna，980—1037年）亦称伊本·西纳（Ibn Sina），阿拉伯哲学家、自然科学家、医生。他是用阿拉伯语写作的伊朗人，其代表著作有《哲学、科学大全》和《医典》。比鲁尼（Al-Biruni），也是用阿拉伯语写作的伊朗学者。在天文学、数学、历史学、物理学、医学等诸方面均有贡献。通晓花拉子模语、阿拉伯语、波斯语、希伯来语和梵语等。

写作,他在写作时完全不使用引入的阿拉伯词汇,而是使用了许多已经被遗忘了的从伊斯兰之前光辉灿烂的世代流传下来的词汇。

除了个人在语言纯洁运动上的努力,在立宪革命之前,一些非政府人士试图成立一个规范性的协会来处理波斯语的相关事情。1903年,成立了一个名叫伊朗理事会(Majlis-i)的组织,主席是阿尔苏丹(Alsultan)。[1]虽然在其成立期间也创造出了不少词汇,但没有引起历史学家和语言学家的关注。

除了个人以及一些非政府组织在推动波斯语的发展,1919年的立宪革命[2]促进了波斯语的改革。在立宪革命胜利仅一年之后,言论自由导致了杂志和报纸爆炸式增长,据统计,在伊朗境内出版了80多个类别的报纸。在出版业中,最明显的特点就是简化波斯语的使用增多,同时随着伊朗现代化的发展,在一些文章中,一些立宪主义派的作家以及一些文学团体表示需要有新的词汇来表达新的概念、思想和结构,才能推动现代化思想的传播。

波斯语的纯洁运动也受到了民族主义的影响。在1919年,伊朗民族主义运动蓬勃发展。在抗议英波协定的浪潮中,波斯语纯洁运动发展迅速。最能代表这种思想意识的是伊朗共产党之父塔奇·阿兰尼(Taqi Arani,1903—1940)。他认为不仅要纯净波斯语,而且还要恢复古代的宗教琐罗亚斯德教,[3]只有最纯正的波斯语才是与伊朗人民和伊朗文明紧紧相联系的。

三、1925—1979年现代化改革中的波斯语政策

1925年,礼萨·汗成为伊朗的国王。礼萨·汗执掌政权之后,就开始大刀阔斧地推行现代化改革,在伊朗进行社会和政治改革的背景下,也推动了政府在语言领域的改革。实行语言改革的首要因素是为了满足军事领

---

[1] Katarzyna Marszalek—Kowalewska, Iranian Language policy: a case of linguistic purism, Investigationes Linguiticae, Vol, XXII, 2011, p. 103.

[2] 埃尔顿·丹尼尔(Daniel. E. L.)著,李铁匠译:《伊朗史》,中国出版集团,东方出版中心,2010年8月版,第130页。

[3] Mehrdad Kia Persian Nationalism And The Campaign For Language Purification, Middle East Studies Volume34, Issue2, 1998. p. 89.

域的需要,包括现代化的战术、硬件及管理方式,以及在推行现代化的过程中,需要学习手册中进行简化和用到新的术语,因此要求将那些曾经在军事、贸易和管理方面频繁使用的阿拉伯词汇用波斯语词汇替代。现代化改革推动了教育的发展,国家开办了新式学校和学院,教师要用现代语言向学生传授现代化的知识,但是由于波斯语是伊朗本民族的语言,无法找出反应现代技术和社会思想的词汇,这些都反映出了波斯语词汇在现代化改革中的短缺。[1] 随着国家的意识转向民族主义和伊朗现代化进程的推进,伊朗人或说是波斯人形成了强烈的民族主义意识,礼萨·汗执政后在政治上强调民族主义,宣扬波斯文化的伟大,波斯语纯洁运动也带上了深刻的民族特征。

(一) 波斯语借入词汇的来源

伊朗有着悠久的历史,其特殊的地理位置,使其文化习俗受到了东西方的影响,语言也不例外。波斯语的发展也经历了古波斯语、中古波斯语和现代波斯语三个阶段。波斯语既对东西方的各种语言产生了影响,在其不断发展的过程中,也不断吸收东西方的语言词汇。

阿拉伯语对波斯语有着举足轻重的影响,是波斯语借入词汇的重要来源,也是波斯语成为混合语的重要因素。今日的波斯语是用阿拉伯字母书写的,由于这个原因,在波斯语的字母表中又在借鉴阿拉伯语字母的基础上增加了四个字母。[2] 这也是几百年来(从公元7世纪开始)阿拉伯语对波斯语产生影响的外在表现之一。不过,其影响痕迹主要还在词汇上,波斯语中吸收了大量的阿拉伯语词汇,有学者认为波斯语借入的阿拉伯语词汇在波斯语中的比例高达60%—70%。这些词汇包括单词、词组和成语谚语等。它们不仅限于宗教领域(宗教领域的借入词汇高达80%—90%),而且延及其他各个方面。[3] 波斯语不仅仅是将阿拉伯词汇吸收进来,而且它还把某些词汇传播到其他语言中去,因为在亚洲的大部分地区波斯语都

---

[1] Mehrdad Kia, Persian Nationalism And The Campaign For Language Purification, Middle East Studies Volume34, Issue2, 1998. p. 88.

[2] 汉斯·约阿西姆·施杜里希著,吕叔君、官青译:《世界语言简史》,山东画报出版社,2009年6月版,第45页。

[3] 国少华:《阿拉伯—伊斯兰文化研究》,时事出版社,2009年9月版,第178页。

被视为一种伊斯兰文明语言。

在伊朗进行现代化改革之时，远在欧洲的法国，虽然它在军事和政治上的力量不是最强大的，但是法语的影响却漂洋过海，深入到伊朗高原。因此，法语作为一门仅次于阿拉伯语的外来语言词汇开始在伊朗的现代化时期逐渐进入波斯语。因为对伊朗来说，法国是其现代世俗化改革的最重要的样板。① 法语在波斯的重要地位通过设立伊朗现代的第一所教育机构——职业技术之家（Daral-Fonun）来体现的，同时法语也是传播欧洲现代文化的主要工具。更重要的是，在 20 世纪，伊朗的教育系统完全照搬法国的模式，在中学学生的课程表中法语实际上是唯一的外语。法语在国家生活中各个领域的重要影响，导致了在波斯词汇中存在着许多法语词汇的现象。

由于伊朗是俄国的南部邻国，两国的交往日益密切。在 19 世纪初，俄语词汇开始进入波斯语中，俄语在后来也包含在前面提到的职业技术之家的课程设置中，在 19 世纪后半期，俄罗斯媒体进入伊朗，这些都加速了俄语词汇在波斯语中的传播，但是波斯词汇中吸收较多的俄语词汇还是军事和民法领域的。

在第二次世界大战期间，英语词汇开始成为进入波斯语词汇中较多的外来词汇，这也是波斯语在现代化时期适应全球化的必然选择。② 一方面这与伊朗所推行的现代化改革有关，另一方面还与英语在全球范围内迅速扩张有关。英语词汇由初期的部分进入，到后面的全方位进入，涉及的领域有食品、交通、教育、设备、科学技术以及医学技术等等，并且在巴列维王朝时期，英语作为在教育领域中唯一的外语语言在国家层面的政策之下得到了迅速的发展，这些都推动了波斯语的现代化。

（二）对波斯语借入词汇的改革

对借入词汇，伊朗的学者和机构所做的不仅是从波斯语的习惯出发，而且还参考和借鉴了其他语种在词汇发展上的改进措施。伊朗的各种协会

---

① Katarzyna Marszalek—Kowalewska, Iranian Language policy: a case of linguistic purism, Investigationes Linguiticae Vol, XXII, 2011, p.100.

② Katarzyna Marszalek—Kowalewska, Iranian Language policy: a case of linguistic purism, Investigationes Linguiticae Vol, XXII, 2011, p.101.

机构对这些词汇中进行了很简单的形式检查，对早期的词汇做了必要的修正，同时支持有语言天赋者按一定的原理来创造新的波斯语词汇。

为了给新的概念寻觅新的词汇，在用另一种语言来表达这个概念或者物件时，简单的借用外来词汇是第一选择。借入词汇，翻译是最简单的步骤。如将阿拉伯的表达形式用本国的注释来代替。波斯语中的普通词汇，大部分是建立在借入的阿拉伯词汇上的，名词在最初的时候是为其他形式的词汇结构服务。波斯语的词根被认为在语义排列上是相一致的，分别是"Donat－"和"Basij－"，这些都比较古老，二者在意义上既不专业也不常用（波斯语）："Donat－"使用时主要与航海组织和海军的大炮联系起来，"Basij－"，主要是军事含义，意思是"目的、目标、正常"。①

利用现有的词汇来增加新词义。早在恺加王朝时期，米尔扎王子就已经开始使用此种方法来创造新的词汇，无论如何，这些有丰富含义的新古典主义的词汇，开始为现代化领域服务，直到被大家所接受。

法语、英语、希腊语在各自的发展道路上不断吸收其他语言，在语义上的混合，受此启发，波斯语利用所学到的其他语言的构词法来杜撰新的词汇，从而将各个领域所吸收的外来词汇转变为新的波斯词汇。波斯语选择仿造英语、法语、希腊语，吸收采用了阿拉伯词汇和波斯语动词的适当形式。由于法语和英语，或者间接还有阿拉伯语，这些都明显地促进了波斯在语义上的丰富与发展。②

1934年的夏天，是波斯语改革的关键性时刻，礼萨·汗对土耳其进行了访问，阿塔图克·凯末尔③在土耳其进行的现代化改革给他留下了深刻的印象，在随后的语言改革的政策中，他开始效仿国外的改革，推崇本国的民族主义，二者的有机结合促进波斯语纯洁运动的发展。

这一时期的语言纯洁主义者，被世俗主义者和沙文主义蛊惑煽动以及意识到了伊朗语言改革的缓慢，变得越来越情绪激昂，要求快速推进语言改革。

---

① John R. Perry, Language Reform In Turkey And Iran, Middle East Stud. 17（1985），p. 300.
② John R. Perry, Language Reform In Turkey And Iran, Middle East Stud. 17（1985），p. 303.
③ 穆斯塔法·凯末尔·阿塔图尔克（土耳其语：Mustafa Kemal Atatürk，1881年3月20日—1938年11月10日）是土耳其的军官、改革家、作家和领导人，土耳其共和国第一任总统，被誉为"现代土耳其的建造者"。

1934年，伊朗同样迎来了民族主义者的学术盛宴——菲尔多西①纪念会。一些受人尊敬的外国学者在德黑兰汇合，去观看礼萨·汗为诗人的陵墓揭幕，以及在波斯文学和文化的学术会议上进行讨论。在对这件事情的报告过程中（在全世界庆祝菲尔多西的时间里），一家报纸在10月13日报道了波斯语改革运动的宣言，引起了很大的反响。大致可以概括为：菲尔多西作为一位意识到要让民族特征闪亮的人，为了抵制阿拉伯以及阿拉伯语对波斯语近乎成功的占领，采用和保护了作为民族特征代表的波斯语言。②

（三）波斯语言协会

随着礼萨·汗对现代化要求的日益提升以及强烈的民族主义感情，因此创造新的词汇的进程加快。1935年，在礼萨·汗的支持下，伊朗语言协会成立了，这被认为是纯洁主义者在波斯语是否需要纯洁化的战斗中的胜利，为了得到政府以及国家领导者的支持，纯洁主义者出版了一本名为《一位波斯的国王讲着王国的波斯语》的书，这个新的协会在宣言中承诺要将经典词汇和方言词汇编为一张列表，编纂一本波斯字典，将形容词标准化，最重要的是创造和建议一些新的波斯语词汇条目，修改波斯语中不适宜的外来词汇，同时这些纯洁主义者也为创造新的词汇设立了规则。

伊朗语言协会将波斯语中的外来词汇分为四个类别。第一个类别由阿拉伯词汇组成，这些阿拉伯词汇已经使用了很长的时间，也没有适宜的波斯词汇来替代它们，因此，这些词汇应该在语言中得到承认。第二个类别应该被替代的是被称为"忧郁的"阿拉伯词汇，这些词汇主要是在过去的60年里，学者强化使用后的产物。第三个类别是由不应该被替代的国际词汇所组成。第四类词汇是应该改变的是那些由欧洲词汇组成的，大部分是从科学技术领域引入的词汇。

---

① 菲尔多西（Hakīm Abu'l-Qāsim Firdowsī Tūsī，公元940—1020年）是广受尊重的波斯诗人，与萨迪、莫拉维和哈菲兹一起，被誉为"波斯诗坛四柱"。他最重要的作品是民族史诗《王书》（意译"皇帝的史诗"）。

② Katarzyna Marszalek—Kowalewska, Iranian Language policy: a case of linguistic purism, Investigationes Linguiticae Vol, XXII, 2011, p. 100.

伊朗语言协会是在政府支持下创建的，在它的运行过程中，不可避免地带上了强烈的政治色彩。该协会的第一任主席是首相福鲁吉（Foroughi，1877—1943）[1]。但是福鲁吉和波斯语纯洁运动的中间派，都反对王权对波斯语协会的纯洁运动限制。然而，他对该协会所扮演的角色却是持一种相当温和的态度，福鲁吉并不反对所有的外来词汇，甚至设定要使用一些核心的阿拉伯词汇词根。更重要的是他认为阿拉伯语是宗教和科学的语言。虽然他在语言纯洁运动上的态度是温和的，但是他也提出了在对波斯语进行纯洁时应遵循的六个步骤[2]：

（1）无论在什么时候，如果可以使用波斯词汇，那么就避免使用阿拉伯词汇；

（2）如果已有一个让人熟知的外来词汇，同时也有同样的一个不知名的波斯词汇，那么就推广这个波斯词汇；

（3）如果没有同等的波斯词汇，那么就创造一个波斯词汇；

（4）如果没有同等词汇，那么在波斯词汇创造出来之前，请使用外来词汇；

（5）当没有同等词汇，外来词汇能表达出概念，且该概念属于物质领域，那么就接受这个外来词汇；

（6）如果有一个外国词汇，且该词汇属于精神领域，那么就应该创造出同等的波斯词汇。

波斯语语言协会没有完成所有的目标。在协会存在的8年时间里，协会的工作是否富有成效，是否取得了理想的成果，这可以通过协会出版的杂志来判断。在语言协会的杂志里，主要刊登的是一些已经批准了的科学技术词条，还有一些应该增加到现在波斯语中的借入词汇，一些宗教的词汇以及日常用语和传统词汇的研究；其次在波斯语和文化部分还刊登了一些不错的学者文章，但是很快就变成了记录会议、讣告及颂文之类的目录杂志，协会在成立之初所承诺编纂的字典和语法书籍并未在协会的成就单上。协会的另一项职责是小心谨慎的履行其章程制度，"为了研究波斯语

---

[1] 穆罕默德·阿里·福鲁吉（1877—1943年，Mohammad Ali Foroughi）是一位伊朗首相、教师、外交官、作家及政治家。

[2] Katarzyna Marszalek—Kowalewska, Iranian Language policy: a case of linguistic purism, Investigationes Linguiticae Vol, XXII, 2011, p. 96.

书写体系改革"。然而，协会所取得的成就，也使人意识到受伊斯兰影响了6个世纪的波斯词汇，在语言上已经与外来词汇相互融合混淆，这让禁止使用外来词汇变为不可能，强制处理将变得极为困难。在1941年，礼萨·汗退位，第一届协会也就停止创造新的词汇。[1]

第一届协会的波斯语纯洁运动几乎没有取得成功。失败的原因主要有以下三点：第一，波斯语与阿拉伯语高度融合，阿拉伯词汇与波斯词汇处于我中有你，你中有我的状态；第二，因为阿拉伯词汇随着时间的发展，其减少了自身所包含的阿拉伯元素，波斯语和阿拉伯语在读和写上的差别主要是由于它们的词汇变化而引起的；第三，因为伊朗是一个多语制的国家。[2]

伊朗的波斯语纯洁运动，除了官方组织的机构之外，还有一些非官方的机构也在进行波斯语的纯洁运动。在语言协会存在的后期，它的活动逐渐减少，但是波斯语却需要为一些新产生的概念提供合适的表达，因此一些非官方的社会文化组织决定自己创造新的词汇和表达方式。伊朗文化基金出版的双语（英语—波斯语）科学字典，在这本书中，作者开始尝试将英语翻译为波斯语。

还有一些独立的作家和翻译家也试图在他们工作过程中创造新的波斯词汇，特别是在人类科学这一领域。需要特别提到的是 A. - H. 阿里乌斯波（Ãrianpur）[3]，他将依克巴尔（M. Iqbal）的著作《波斯形而上学的发展》翻译为波斯语时，创造了约2000个词汇。还有 D. Ã 守礼（shuri），他出版了一本人类科学领域的英波字典，这本字典包含了1.2万个与英语词汇等同的波斯词汇，其中有很大一部分是由作者创造的。[4]

礼萨·汗的儿子，巴列维国王为了实现其父亲的诺言，在1968年成立了第二届语言协会。成立伊朗皇家协会的基础是建立在皇家法令之上的，

---

[1] Katarzyna Marszalek—Kowalewska, Iranian Language policy: a case of linguistic purism, Investigationes Linguiticae Vol, XXII, 2011, p. 96.

[2] Katarzyna Marszalek—Kowalewska, Iranian Language policy: a case of linguistic purism, Investigationes Linguiticae Vol, XXII, 2011, p. 100.

[3] Ali Ashraf Sadeghi, Language planning in Iran: a historical review, the Sociology of Language, 1990, 11, p. 25.

[4] Ali Ashraf Sadeghi, Language planning in Iran: a historical review, the Sociology of Language, 1990, 11, p. 25.

第二届协会有一个非常清晰的目标:"为了维持富有活力和美丽的波斯语长期处于高尚地位,也为了适应不断变化发展的科技文化,满足国家在科学和技术上的需要。"①

在政府命令要求的基础上,伊朗语言协会在1970年有11位成员,协会的目标主要有两个:一是为波斯语在各种新的科学、技术和文化概念上准备适当的表达形式;二是对过去和现在伊朗的语言和方言进行研究,主要是为了获得更多关于波斯语的知识以及推广波斯语。

在协会的组织纲领上,成立了四个部门,分别是:单词选择和创造部门,波斯语词汇研究部门,波斯语语法和书写研究部门,古代、中世纪和现代伊朗语言和方言的部门。随着协会活动的扩大,这四个部门被分为了两部分,一个是波斯现代方言,另一个是研究古代和中世纪的波斯语言;又成立了一个新的部门研究伊朗语言和其他语言之间的联系。词汇选择和词汇创造部门的主要任务是为在波斯语中使用的外国词汇选择与之语义相同的波斯词汇。在科学、技术和艺术等领域成立了20个协会,每一个协会都邀请了一定数量的专家来组成,主要邀请他们和语言学家一起来做筛选词汇。②

到1976年,该协会为超过1.5万的英语词汇创造出了约3.5万个相应的波斯词汇。在协会的高级会议里讨论这些词汇,只有这些词汇在得到最后确认时才向国王报告,以获得最后的批准。

在伊朗1979年伊斯兰革命胜利之后,协会所有的活动都停止了。出版的小册子只包含了一部分通过的词汇,其他推荐的词汇却没有出现。需要注意的是,协会发布的第一本小册子就激起了部分语言学家和文人的极端愤怒。由于协会最初的首要目标是为新的外语词汇创造等同的波斯词汇,因此,协会所进行的大部分工作是选择波斯词汇替代阿拉伯和西方词汇。但最终协会所推荐的词汇对受过教育的人来说是晦涩难懂和无意义的。

---

① Ali Ashraf Sadeghi, Language planning in Iran: a historical review, the Sociology of Language 1990, 11, p.25.
② Ali Ashraf Sadeghi Language planning in Iran: a historical review, the Sociology of Language 1990, 11, p.26.

四、1979年伊斯兰革命之后

1979年伊斯兰革命的结果是推翻了巴列维王朝，在阿亚图拉霍梅尼①的领导下建立了伊朗伊斯兰共和国。阿亚图拉成为这个国家的最高领袖，伊朗出现了一种新的神权政体。对语言文字的要求，伊斯兰共和国做出了更加开放的决策，伊朗伊斯兰共和国宪法的第15条内容如下：

伊朗官方的语言和文字、商业用语都必须是波斯语。官方的文件、信函和课本、教科书都必须是波斯语和波斯语文字编写的。除波斯语外，允许出版社和大众媒体使用地区和部落语言，以及在学校教授这些语言的文学。

这样做是为了证明波斯语作为民族语言的重要性和优越性。宪法的第16条证明了使用阿拉伯语的重要性：

因为《古兰经》、伊斯兰课本和教义都是使用阿拉伯语，因为波斯文学已完全被这种语言渗入，因此必须在小学阶段之后教授阿拉伯语，包括所有的中等教育。

1979年，官方认识到这种语言成为伊朗教育系统和生活中必不可少的一部分。因此，阿拉伯语已经在语言纯洁主义者的活动目标范围内。

1991年，第三次伊斯兰革命高级委员会会议后，建立了第三届语言协会。协会的成员有25名是语言学家和教授，在这些人中间有2名塔吉克人，专注于研究语法、正字法、书写规范以及伊朗各种方言。他们同时也为那些频繁使用的旧词定义了使用范围。网络和媒体被认为是引发问题的主要原因。第三届协会的政策如下②：

（1）在创造和选择一个新的词汇时，波斯语的语音规则和学习者的说话方式以及伊斯兰的观点应该被作为基本准则来遵循；

（2）语音的规则应该遵循波斯语的规则；

---

① 鲁霍拉·穆萨维·霍梅尼（Āyatollāh Rūhollāh Khomeinī，1902年9月22日—1989年6月3日），伊朗什叶派宗教学者（大阿亚图拉），1979年伊朗革命的政治和精神领袖。革命推翻了伊朗国王穆罕默德·礼萨·巴列维。在经过革命及全民公投后，霍梅尼成为了国家最高领袖，最高领袖是宪法所创造的一个职位，是国家政治和宗教上的最高职位。

② Katarzyna Marszalek—Kowalewska, Iranian Language policy: a case of linguistic purism, Investigationes Linguiticae, Vol, XXII, 2011, p.100.

（3）新的词汇，如名词、形容词、动词以及其他词汇应遵循波斯语的语法规则；

（4）被选择和创造出来的词汇应该是常见的或者频繁使用的，这些词汇还应该是从公元3世纪时就开始使用的；

（5）新的词汇可以从波斯语中频繁使用的阿拉伯词汇中选择；

（6）新的词汇可以从中世纪和上古时期的波斯语词汇中选择；

（7）在波斯语中必须有与拉丁技术词汇相等同的词汇；

（8）没有必要为适应拉丁词汇创造新的波斯词汇，这些拉丁词汇主要是属于国际化和全球化的。

在这里，要重点指出的是列表中的第5条。如文章前面说的那样，第一届和第二届协会的主要目标是阿拉伯语。由于显而易见的原因，目前的语言政策不再对该语言持敌对态度。伊朗是伊斯兰共和国，阿拉伯语是伊斯兰神圣的语言[①]。今天的纯洁主义者将阿拉伯语作为纯洁波斯语的一种形式。迄今为止，协会已经颁布了所收集的7张词汇清单，由此可以看出，协会的工作是比较成功的。如文章所暗示的那样，政府允许使用这些词汇，更重要的是，它提倡讲波斯语的人使用这些词汇。在2003年，协会出版了第一次收集的词汇，在2010年5月出版了最后收集的词汇。每一本都包含了500—700个词语。不用判断该协会是否成功，因为无论怎么样，它都宣称纯洁主义者在伊朗伊斯兰共和国的工作是富有成效的。2006年，伊朗总统内贾德命令政府和伊朗官方的所有人员在涉及使用外来词汇时，必须使用由语言协会所批准认可的波斯词汇来代替。由于内贾德的强制命令，教科书、文件和报纸再次面临着改革。

五、结论

为什么波斯语纯洁运动以及语言协会不是那么成功，可以从语言规则、精神文明、方法这些因素进行总结。

广泛了解的是语言因素。语言的历史和自然因素让波斯语的改革理

[①] 尼古拉斯·奥斯特勒著，占璐、梵非、蒋哲杰、王超倩译，维舟校：《语言帝国——世界语言史》，上海人民出版社，2011年5月版，第40页。

由变得不是那么紧要。波斯语与其同一时期的其他语言相比保留了更多的民族形式。另一方面波斯文学已经吸收消化阿拉伯语很长时间，只有将阿拉伯语的形式种类纳入了考虑范围，波斯语才能保存了更多的自身形式。

在波斯语中，大部分文化的精神和价值都是用阿拉伯语保留下来的，甚至对那些纯洁主义者来说，为了纯洁的波斯语，而放弃一些用阿拉伯语记录下来的波斯文化，是不允许的，因此阿拉伯元素得以在波斯词汇中保留。在词汇这一方面，杰出的阿拉伯语词汇用拉丁字母做外衣，因此很快丧失了自身词源上的风格的特点；伊朗的阿拉伯词汇要嵌入阿拉伯文字，与类似的波斯新词和借入的欧洲词汇相比是引人注目的，因此阿拉伯词汇的保留具有天然的优势。

从社会政治思想意识的观点上看，伊朗依然是在实用主义阶段，使用多种语言的国家。波斯语，虽然在很长时间内是本国主要的和有重要地位的语言，通过历史、文化（在菲尔多西诞生1000年纪念会上）以及国王的狂热崇拜，作为文化的象征，在伊朗人的精神领域经常表现出超越语言学的范围，因此占据了重要的位置。1921年后，在伊朗的阿拉伯语言学或土耳其民间语言学依然受伊朗人民的接纳和热爱。[1]

礼萨·汗的语言改革计划被称作文化沙文主义的先锋，这是建立在恢复伊斯兰之前有用的伊朗文化的基础上；这个基础在许多伊朗的知识分子中引起了回应，甚至是一些不同意他西方化改革的人，因此，伊朗在语言上对外国的憎恶导致其偏执地要找到借入词汇的表现形式，在打算取消阿拉伯语时，还公开谴责法语和英语的借入词汇。在伊朗语言协会之外活跃的纯洁主义者的目的就是要寻找那些非人造的词汇，而忽略了现代化的实际需要，去追寻一些不切实际的词汇。

最根本的是，在伊朗语言改革机构中，发起者和参与者的意识和实际行动，决定了他们的实际结果。正如我们所看见的，礼萨·汗并未立即关心波斯语言协会的创立和其进程。从协会官方的历史记录上看，礼萨·汗对其在土耳其所观察到的语言改革有着深刻的印象，在语言协会之前，单

---

[1] Katarzyna Marszalek—Kowalewska, Iranian Language policy: a case of linguistic purism, Investigationes Linguiticae, Vol, XXII, 2011, p. 94.

独成立了服务于军事领域的委员会；威尔伯（Wilber）也认为礼萨·汗"对纯洁波斯语中的阿拉伯词汇和其他外语词汇的该项运动要单独负责"①。更重要的是，在1925年他成为国王之后，他与公众的接触变得更加稀少，没有试图解释他为伊朗所做的规划或者让公众支持他。

纯洁主义的语言信仰是可以理解的，但是最终是有害的。原因是他们总认为自己的传统、国家、宗教或族群优越于别的传统、国家、宗教或族群。② 一方面，这是可以理解的，因为没有这些，一个人就缺乏自己的价值体系，缺乏价值体系的人就像飘在空中的东西一样没有主干。另一方面，这又是有害的，因为每当这种信仰转化为行动时，人们就会把自己社会中的外来元素全部清除掉。尽管保持语言的纯洁性并不一定就会走向族群的排他性，但是要摆脱这个藩篱的束缚，不仅是因为要满足国家政治的需要，更是要符合社会发展的需要。

第三节　伊朗少数民族语言政策

语言问题往往在许多国家具有重要意义，而且少数民族的社会地位通常由本民族语言的地位来体现。适当的民族语言政策可以降低冲突发生的可能性。在现代社会中，任何一个国家都想找到一种不偏不倚的语言政策，实行多语制被看成是崇尚多民族并存的行为，这为少数民族享受在教育、文化、媒体、政府部门和社会经济机构提供的服务带来了便利，但它可能有碍于理想的国家团结，但是同化不应该是强迫的。③ 同时，人们担心选择任何一种当地语言作为国语都有可能导致各种不平等现象的出现，从而引起民族争端，国家动乱。从历史上看，当波斯是指一个国家时，其含义与伊朗相同，波斯人包括伊朗高原上的所有居民，有时是指讲伊朗语族各种语言的人，这些人不一定居住在伊朗高原。过去，波斯人常常包括

---

① John R. Perry, Language Reform In Turkey And Iran, Middle East Stud. 17 (1985), p. 300.
② 博纳德·斯波斯基著，张治国译，赵守辉审订：《语言政策——社会语言学中的重要论题》，商务印书馆，2011年9月版，第47页。
③ 博纳德·斯波斯基著，张治国译，赵守辉审订：《语言政策——社会语言学中的重要论题》，商务印书馆，2011年9月版，第145页。

伊朗各地操各种方言的人或者伊朗国内的族群,现在波斯人是伊朗的第一大民族,所谓少数民族是指除了波斯人之外的其他所有的民族。

一、伊朗少数民族语言概况

在伊朗境内,伊朗人口在 2008 年达到 7200 万,其中有波斯人(51%)、阿塞拜疆人(24%)、吉拉基人和马赞德兰人(8%)、库尔德人(7%)、阿拉伯人(3%)、俾路支人(2%)、卢尔人(2%)、土库曼人(2%)、亚美尼亚人、伊朗犹太人、亚述人、拉克人、卡什加人、格鲁吉亚人、切尔克斯人、塔茨人、曼达人(曼达教徒)、吉卜赛人、哈扎拉人、哈萨克人及其他民族(1%)。[1] 最大的少数民族是阿塞拜疆人。[2] 伊朗的各个少数民族都有自己的语言、文化和文学,但他们都是伊朗本土居民,并且认为自己是伊朗人,虽然他们在某种程度上认同自己的主权、宗教、语言和地区背景,当他们更认同独具特色的伊朗语言和文化。

伊朗民族众多,所以伊朗有近 75%—80% 的人讲伊朗语族的语言,包括波斯语、库尔德语、马赞德兰语、吉拉基语、土库曼语和喀什卡伊语。还有属于闪米特语族的阿拉伯语和亚述语,[3] 以及属于印欧语系的亚美尼亚语,还有在伊朗东南部居住的格鲁吉亚人讲的格鲁吉亚语。伊朗还有 5000—10000 名曼达人,主要讲曼达语,俾路支斯坦主要居住在伊朗的边境,他们主要讲的是俾路支语,[4] 在伊朗北部还有约 100 万塔里什人讲的塔里什语。

犹太人在历史上就是一个命途多舛的民族,他们流落至世界各地,由于伊朗与犹太人的故乡都在中东地区,因此伊朗也有犹太人,成为伊朗犹太人,犹太人与帝国的关系最早可以追溯到波斯帝国时期,可以说,伊朗经历的文明成就也有犹太人的一份功劳。随着波斯历史的起伏,公元 10 世纪以后,波斯文化复兴,犹太人开始越来越多地使用波斯语;到 12 世纪,巴格达犹太人也开始使用波斯语。伊尔汗王朝时期伊朗的犹太人有一个显

---

[1] http://zh.wikipedia.org/wiki/%E4%BC%8A%E6%9C%97.
[2] 王菊如:《伊朗的民族与民族问题》,《西亚非洲(双月刊)》,1994 年第 6 期,第 32 页。
[3] https://w ww.cia.gov/library/publications/the-world-factbook/geos/ir.html.
[4] 冀开运:《伊朗俾路支斯坦民族问题解析》,《世界民族》,2012 年第 4 期,第 23 页。

著的特点,那就是他们在文学上的作品都是用犹太波斯语创作的,犹太波斯语就是用希伯来字母写成的波斯语,它最晚形成于8世纪。当时最著名的犹太诗人,是设拉子的大毛拉(Maulana)沙欣(shahin)[1]。

在1917年,伊朗犹太人创建了"希伯来语促进会",开启了文学复兴之路,同时还设立了多家希伯来语和犹太波斯语出版社。他们出版的第一本书是一本现代希伯来语教科书,由所罗门·本·科恩·泽德克(Solomon ben Cohen Zedek)编写。这本书重新引起了人们对犹太教和希伯来语的兴趣。除了出版书籍之外,伊朗犹太人还开始创办自己的报纸。1914—1916年发行了伊朗第一份犹太报纸《耶和华沙龙》(Shalom),之后又有两份报纸[Hageulah(1920—1921)、Heha im(1922—1925)],这三份报纸都是用波斯语和希伯来语发行的。[2]

犹太新闻业也取得了一些成就,不过已从卡扎尔王朝时期的以希伯来字母为主,转向以阿拉伯—波斯语字母为主。与中东其他国家传统犹太教育衰落的现象相反,伊朗犹太人在现代教育迅速发展的同时,传统的犹太教育也获得了长足的发展。虽然政府在努力地实行波斯同化政策,但是希伯来语课程仍然还是开设。

库尔德人是伊朗的第三大民族,有着悠久的历史,主要分布在伊朗、土耳其、伊拉克和叙利亚四国边境地区,是典型的跨界民族,库尔德人主要讲库尔德语,他们的语言没有统一的文字,但是有方言之分,经过1946年的平叛,库尔德人在经历了政府的高压同化政策之后,已经被波斯化了。

伊朗阿塞拜疆人是伊朗人数最多的少数民族,并且阿塞拜疆人信奉什叶派,因此他们并没有遭遇到其他少数民族所经历的不公平歧视待遇,但是他们还是要求在文化和语言上能获得更多的权利,例如以阿塞拜疆语为主要语言实现宪法赋予他们的受教育权利。虽然阿塞拜疆抱怨当前的政策对他们的不公平,阿塞拜疆人与伊朗其他少数民族相比更好地融入到伊朗的社会、经济和政治中来,现在在阿塞拜疆人中抱怨最多的是伊朗媒体对

---

[1] 陈雪娇:《卡扎尔王朝至巴列维王朝时期伊朗的犹太人研究》,陕西师范大学硕士学位论文,2010年,第5页。

[2] 陈雪娇:《卡扎尔王朝至巴列维王朝时期伊朗的犹太人研究》,陕西师范大学硕士学位论文,2010年,第6页。

他们的嘲笑,他们还抱怨伊朗中央政府禁止在学校使用阿塞拜疆语,并且修改他们的名字,少报阿塞拜疆的人口数量。[①] 2007年5月,数以百计的伊朗阿塞拜疆语言文化激进分子要求用阿塞拜疆语接受教育而被拘留。

在伊朗现代史上,一些族群之间的差异以及部分人的政治野心常常被外来势力所利用,从而引发民族之间的激烈冲突以及破坏国内社会的稳定。伊朗长期以来一直小心谨慎地应对国内族群的多样性,以防止其受到外来势力的利用和干涉。一些族群仅仅是宗教少数派,例如库尔德人、卑路支人和土库曼人是逊尼派,而伊朗的主体教派是什叶派。为此,伊朗历届政府都把语言政策看作是实现民族团结统一的一个重要手段,所以现代伊朗实施了不同的少数民族语言政策,以此来达到其政治目的。

二、恺加王朝时期的波斯语优先政策

在恺加王朝时期(1779—1925年),国家政策直接作用于地方语言和少数民族语言上。国家政策的制定者非常警惕国内少数民族分裂运动的危险,尽可能地阻止少数民族语言成为官方语言。因此,政府运用各种手段来降低该国任何一个少数民族可能产生的潜在威胁。

恺加王朝覆灭之前,伊朗杰出的政治家福鲁吉坚决维护国家统一,对分裂主义保持了高度警觉和防备,特别对伊朗库尔德人的独立问题高度重视。为了同化这些"少数民族",他建议政府在少数民族的问题上尽量不要动用军事力量,在语言上也不要强制少数民族使用波斯语。相反,他提到宣传波斯语、波斯文学和文化可能会是一个更好的政策,以这种柔性温和的手段更能促进少数民族对国家的凝聚力和向心力。因为无论是阿塞拜疆语还是库尔德语都不是文学语言,且这些语言不具备书写少数民族文化和文学的能力,波斯语、波斯文学和文化将会很容易地将他们同化。

1906年,伊朗通过了第一部宪法,规定在伊朗境内,波斯语是唯一的官方语言,还要求在信函中、行政管理中以及人们的沟通交流中使用波斯语。虽然这被认为是现代伊朗官方语言政策的开始,也反映了波斯的民族主义倾

[①] 郭蕊:《伊朗民族及民族问题研究》,西南大学硕士学位论文,2010年,第44页。

向,甚至礼萨·汗还未正式执掌整个国家时,中央政府就将彻底贯彻这个规定的想法放在了重要位置上。通过国家各项措施的强制实施,促进波斯语在教育、政府管理、公众媒体中的使用,以此来实现国家各个民族的融合。

三、巴列维王朝时期的强制同化政策

随后,在礼萨·汗时期,政府直接命令所有的政府官员和国家机构要使用唯一的官方语言波斯语作为他们管理日常事务与沟通交流的语言。[1]这被认为是在一个多语种的国家内通过宪法的形式,用民族主义的方式来保证民族的团结与稳定。礼萨·汗力图让所有的伊朗人都处在强大的国家力量的保护之下,都支持一个统一的国家,他大力改善亚美尼亚人、犹太人和琐罗亚斯德教徒的处境,使他们享有充分的公民权和择业自由。与此同时,他严格地管制和镇压具有分裂国家倾向的伊朗少数民族,如阿拉伯人、库尔德人和土库曼人,并对非伊朗部落和民族实行波斯化政策。

波斯语作为国语和官方语言的地位得以确立,并且在全国的少数民族中宣传波斯语,这无疑会抑制其他语言的使用。[2]例如,在1923年,为了宣传使用波斯语,阿塞拜疆省的教育中心办公室发布了一系列命令到地区的教育办公室,如马哈巴德(该城管大部分人都习惯使用库尔德语),宣称学校以及其他国家援助部门都要使用波斯语。与其相反的是库尔德语现在被认为是真正诞生于雅利安语的语言,尽管他们的语言在官方发言中被称为"方言"。1946年,库尔德人和伊朗西北部的阿塞拜疆人建立了他们自己的自治共和国,并且让阿塞拜疆语和库尔德语成为该国的官方语言。当巴列维王朝的军队攻击并且推翻这个共和国时,所有资料都被毁了。为了防止共和国运动死灰复燃,政府官员将阿塞拜疆语书籍和手稿成捆打包在大布里士市市政大楼前面付之一炬。[3]有评论家评论阿塞拜疆和库尔德独立运动的危害,认为它为同化库尔德人以及其他少数民族提供了一

---

[1] Mehrdad Kia, Persian Nationalism And The Campaign For Language Purification, Middle East Studies, Volume34, Issue2, 1998, p.130.
[2] Dr. Amir Hasanpour, Kurdish times NY, 1991, p.9.
[3] Dr. Amir Hasanpour, Kurdish times NY, 1991, p.10.

个范例。1935年，伊朗成立了波斯语言和文学协会，其目的就是为了阻止少数民族团体发明词汇。非波斯民族的同化政策鼓舞了伊朗人要努力恢复他们在伊斯兰之前的"雅利安民族"的荣耀。官方语言政策在波斯民族主义者那里得到了支持，这些都促进了伊朗政府波斯同化政策的发展。

伊朗语言纯洁运动主义者卡斯拉维（Kasravi）反对少数民族使用本民族的语言。他建议用纯洁的波斯语替代少数民族语言，认为"少数民族必须要理解多样化必然导致国家的不统一，包括他们自己都必须要放弃他们自己的语言来学习掌握波斯语"。[1] 由此可见，在当时的伊朗统治阶级内占主导思想的是主张通过波斯语同化政策来维护国家统一，消弭少数民族的离心意识。

四、伊斯兰共和国时期的语言多元化发展政策

1979年，伊斯兰革命推翻了巴列维政权，在阿亚图拉霍梅尼的引导下建立了伊斯兰共和国。伊朗的社会政治生活由倾向于西方化的作风转变为恪守伊斯兰教条的保守主义作风。允许在大众媒介中使用少数民族语言，也允许在学校教育中教授少数民族文化，但是这些都是与波斯语学习同时进行的。并且出版了许多用少数民族语言编写的杂志，这些杂志主要关注的是民族的传统和文化。在现在的伊朗，至少有一个省级电视台的频道用当地语言进行播报，这些都促进了民族文化和民族传统的传播，最明显的就是使用其他语言不再受官方的阻碍。尽管国家语言政策对少数民族语言有所放松，但实际上波斯语依然是占主导地位的语言，可以说伊朗伊斯兰共和国在宗教信仰上给与国民极大的自由和支持，但是在民族问题上实行的是主体民族同化少数民族的政策，包括小学、民族居住区学校在内的所有学校一律采用波斯语教学。

伊朗伊斯兰共和国宪法的第15条内容如下："伊朗的官方语言与文字、伊朗人民通用的语言是波斯语。官方的文件、函件、文本和教材必须用波斯语书写。除波斯语外，允许出版社和大众媒体使用地区和部落语

---

[1] Dr. Amir Hasanpour, Kurdish times NY, 1991, p. 9.

言,以及在学校里教授这些语言和文学。"因伊朗宪法允许使用地区语言,政府管理与资助之下开办了地方语言媒体,一些机构也开始研究阿扎里语言与文化(阿扎里语就是阿塞拜疆语的另外一个名称)。①

宪法第19条进一步说:"伊朗所有公民,不管他们属于那个族群或者部落,皆享受同等权利。肤色、种族、语言以及其他因素都不能构成享受优先权的条件。"伊朗执行中央高度集权化的发展战略,导致中心区和边缘地区在社会经济发展的鸿沟越来越大,权力分配不公、社会经济资源流向不合理、社会文化地位差别过大,以至于伊朗部分少数民族产生了强烈的受歧视感和被剥夺感。

五、结论

综上所述,伊朗现代化时期的每一届政府都与其他国家地区的政府一样,统治阶级都试图维护国家的稳固,以及保持其特有的民族特色。伊朗政府的语言政策由以波斯语为主的语言同化政策转向兼顾各民族的较包容的语言政策,政府认识到不同的民族在文化和语言上也各有差异,也充分认识到除非语言成了民族或宗教运动中的一个核心问题,并成功地获得了政治权力,否则语言运动不可能取得成功,②因此政府虽然在政策和法律上给予了少数名族较多的便利,但是其目的也是为了实现国家的长治久安。

第四节　宗教语言政策

伊朗在历史上就是琐罗亚斯德教③、景教、摩尼教、伊斯兰教、佛教、印度教等多种宗教的汇合地,其中产生深远影响的主要是琐罗亚斯德教、

---

① Dr. Amir Hasanpour, Kurdish times NY, 1991, p. 10.
② 博纳德·斯波斯基著,张治国译,赵守辉审订:《语言政策——社会语言学中的重要论题》,商务印书馆,2011年9月版,第230页。
③ 琐罗亚斯德教是流行于古代波斯(今伊朗)及中亚等地的宗教,中国史称祆教、火祆教、拜火教。琐罗亚斯德教在基督教诞生之前中东最有影响的宗教,是古代波斯帝国的国教。

摩尼教、景教和伊斯兰教。在伊朗全国7000万人口[①]中，除了穆斯林超过98.5%，基督教徒占人口的0.6%，犹太教徒占0.3%，琐罗亚斯德教徒占0.1%，信奉其他宗教者占0.1%，[②] 由此可以看出，伊朗的宗教有很大的包容性。

一、伊朗宗教语言概况

公元前1000年左右，琐罗亚斯德教盛行于波斯（现在的伊朗）东北部，在伊朗至今还有一些极少数人信奉该教。该教最初的经文用阿维斯托语（Avestan）书写，传统上人们用钵罗钵语（Pahlavi，也可译作巴列维语）来解释这些经文。但是公元10世纪之后，伊朗的钵罗钵语被采用阿拉伯语书写形式的波斯语替代，移居到印度西部的琐罗亚斯德人使用的钵罗钵语则被梵语和古吉拉特语（Gujarati）所取代。[③]

信奉基督教的主要为亚美尼亚人和亚述人，其中亚述人仍使用古老的阿拉米语[④]（也译作阿拉马语或阿拉姆语）。亚美尼亚人和亚述人自古以来便居住在伊朗，他们组成了在伊朗的基督教团体，并且有自己的祈祷场所。

波斯的犹太儿童主要是在"哈德尔"[⑤] 接受教育，教授者被称为拉比[⑥]，但是拉比比较欠缺科学和数学的知识，他们也不教授波斯语，只教授希伯来语和《圣经》的祈祷词。很早就有人意识到了伊朗犹太人对于犹

[①] 中国外交部网站国家概况2007年10月8日：7004.9万（2006年11月伊朗第6次全国人口普查结果）。全国人口中波斯人占51%，阿塞拜疆人占24%，吉兰及马赞达兰人占8%，库尔德人占7%，阿拉伯人占3%，鲁尔人占2%，俾路支人占2%，土库曼人占2%，其他少数民族占1%。伊斯兰教为国教，98.8%的居民信奉伊斯兰教，其中91%为什叶派，7.8%为逊尼派。

[②] 冀开运：《简论当代伊朗宗教管理的特点》，《西南大学学报（社会科学版）》，2011年3月第37卷第2期。

[③] 博纳德·斯波斯基著，张治国译，赵守辉审订：《语言政策——社会语言学中的重要论题》，商务印书馆，2011年9月版，第58页。

[④] 冀开运：《简论当代伊朗宗教管理的特点》，《西南大学学报（社会科学版）》，2011年3月，第37卷第2期，第175页。

[⑤] 哈德尔：犹太儿童宗教学校。

[⑥] 拉比（Rabbi），是犹太人中的一个特别阶层，是老师也是智者的象征。"拉比"中文意为"老师"，指接受过正规犹太教育，系统学习过《塔那赫》《塔木德》等犹太教经典，担任犹太人社团或犹太教会精神领袖或在犹太经学院中传授犹太教教义者，主要为有学问的学者。

太知识的匮乏。并且从1920年开始，就有伊朗的犹太人致力于改变这种状况。拉比·埃利亚胡·蔡英姆·莫雷（Rabbi Eliallu Chay yim More）开始撰写文章探讨犹太问题，供国内犹太人学习。1930年，他又在德黑兰建立了克瑞什（Koresh）学校，重点教授希伯来语和宗教课程。为丰富伊朗犹太人的宗教知识，德黑兰的贝如克姆兄弟出版了多部关于犹太教的希伯来语和波斯语书籍。[①] 犹太教虽然将希伯来语作为宗教语言和文献语言，并保持着中心地位，但是犹太教也允许用当地的社区语言进行宗教传播活动和文字写作。

伊斯兰教由单一的阿拉伯民族信仰的民族宗教发展为多地区、多民族信仰的世界性宗教，是在与不同地区、不同民族的多个层次、多种形式的相互交往中实现的。伊斯兰教在伊朗的历史可以追溯到公元7世纪中叶，阿拉伯人组成的穆斯林军队占领了伊朗全境，伊朗在经历了国家覆灭的事实之后，逐渐开始信仰伊斯兰教，伊斯兰教也开始在当地传播。[②]

在阿拉伯民族和波斯民族数百年的交往过程中，伊斯兰文明和波斯文明相互碰撞、沟通、渗透、吸收，其最终结果是伊斯兰教实现了在伊朗的地方化和民族化，伊斯兰教的意识形态在伊朗的社会生活、宗教信仰、语言文化等各方面占据了主导地位，绝大多数伊朗人逐渐放弃了自己传统的宗教信仰，陆续接受并信奉伊斯兰教。

1502年，创立萨法维朝的伊斯玛仪一世宣布伊斯兰教中的什叶派为国教。[③] 自此，什叶派作为国教的地位稳固地确立起来。由于什叶派与波斯民族有一定的共性，波斯人以什叶派的形式保持了本民族的传统文明特性，什叶派教义成了伊朗民族意识的重要内容。伊朗是一个什叶派穆斯林占压倒优势的特殊国家，到目前为止，根据1986年官方统计材料，伊朗98.5%左右的人口是穆斯林[④]，而他们中的大多数是什叶派信徒。什叶派占总人数的95%以上，其中十二伊玛目派占85%以上，其余为伊斯玛仪

---

① 陈雪娇：《卡扎尔王朝至巴列维王朝时期伊朗的犹太人研究》，陕西师范大学硕士学位论文，2010年，第10页。
② 金宜久主编：《伊斯兰教史》，江苏人民出版社，2008年3月版，第310页。
③ 金宜久主编：《伊斯兰教史》，江苏人民出版社，2008年3月版，第310页。
④ 另有资料表明：伊朗全国98.8%的人信奉伊斯兰教。

派、栽德派、巴哈派和巴布派。①

二、伊朗宗教教育

与政治同源异流的宗教,在上古时代和政治几乎就是浑然一体的,二者的高度结合,就是彻底的政教合一或神权政治;进入文明时代以后,随着阶级的出现,政治和宗教依然相互影响相互联系,同时,二者的界限日渐分明,政治日益成为"阶级之间的斗争",而这种斗争愈加需要利用各种手段,其中宗教是最好的工具之一。因为,它既可以从思想理论上去影响群众,又可以作为一种特殊的组织制度去统辖群众,它还有一种超凡脱俗的外表,在群众中有广泛而深远的影响。教育,作为一定社会的上层建筑,总是服务于一定社会的政治、经济,一定社会的教育必定要反映一定社会的现实需要。任何教育宗旨的产生与存在都是如此。宗教教育也不例外。在阶级社会,宗教为求得自身的生存和发展,就必须进行教化活动。同时,还必须紧紧依靠统治阶级,利用其政治力量推动自身的发展。为此,宗教组织必须采取一定的途径和手段,既要培养大批有文化修养的神职人员,又要为统治阶级培训政府官吏,以便给当权者以更大的宗教影响。②

可见,当教育植根于宗教之中,充当传播手段和工具,服务于宗教和政治需要时,便形成了宗教教育。宗教教育以其独特的神学性区别于世俗教育和科学教育。由于宗教教育往往以传播宗教知识为手段,向受教育者灌输宗教教义、宗教人生观和道德观,因而使得宗教意识渗透到社会诸多领域,对社会发展、文化交流等起到一定的影响作用。

在伊斯兰教传入伊朗之后,为了加速伊斯兰教的传播,统治者鼓励民众改信伊斯兰教,为了获得政治、教育和文化上的平等地位,伊朗人开始信仰伊斯兰教,由于此种原因,这个新引入的宗教将阿拉伯语和伊斯兰教的思想意识融入到这个社会中,因为阿拉伯语被认为是世界上占主导地位

---

① 冀开运:《简论当代伊朗宗教管理的特点》,《西南大学学报(社会科学版)》,2011年3月第37卷第2期,第175页。
② 佟德富、杨桂萍:《略论宗教教育的特点及其对世俗教育的影响》,《甘肃社会科学》,1994年第2期,第24页。

的语言,而在伊朗阿拉伯语就被认为是政治语言,在神圣的《古兰经》以及其他伊斯兰教义中被认为是真主的语言,也就是通常所说的宗教语言,说着阿拉伯文学艺术的发展,并且在一段时间认为阿拉伯语是文学的语言。从此,阿拉伯语作为伊斯兰教的语言,获得了一定的声望并且开始替代古老的波斯语。它在一定时期内成了法院、政府信函、知识的语言甚至是遍布波斯全境的语言。阿拉伯语在社会中的广泛传播为波斯语作者提供了在作品中自由使用阿拉伯语的机会。事实上,在翻译伊斯兰教义时,他们从来就没有试图将阿拉伯词汇转换为波斯语中与之相等的词汇,更偏向于使用最初的阿拉伯语词汇替代。神圣的《古兰经》和伊斯兰教义的需要,为阿拉伯词汇融入到波斯语中铺平了道路。

伊斯兰教喜欢用单一的原始语言来保持其宗教文本,并用单一的原始语言进行祷告。[1] 伊斯兰教在传播过程中也会将阿拉伯语的书写体系介绍给当地人。伊斯兰教和古阿拉伯语之间存在着一种本质上的严密关系。阿拉伯国家的宪法一般都有这样的表述——本国信奉伊斯兰教,使用阿拉伯语。尽管伊斯兰教教徒使用许多不同的语言,但是阿拉伯语却在语言上左右着伊斯兰教。《古兰经》的阅读或者诵读必须使用阿拉伯语。虽然因为这个规定有过争吵,但是祷告必须用阿拉伯语进行。在非阿拉伯语社区,只有每星期五的布道可以用当地语进行。[2] 虽然伊斯兰教的传播常常伴随着军事活动,但其宗教重点却放在《古兰经》的教义上。这就保证了伊斯兰教中占首要地位的语言不是本地语言,而是阿拉伯语,而且所有的本地语言都受阿拉伯语的影响。

三、恺加王朝时期

恺加王朝(1796—1925年)的出现,将乌里马[3]带回了政治和宗教的

---

[1] 博纳德·斯波斯基著,张治国译,赵守辉审订:《语言政策——社会语言学中的重要论题》,商务印书馆,2011年9月版,第57页。

[2] 博纳德·斯波斯基著,张治国译,赵守辉审订:《语言政策——社会语言学中的重要论题》,商务印书馆,2011年9月版,第58页。

[3] "乌里玛"一词在阿拉伯语中,通常泛指所有得到承认的、有权威性的穆斯林教法学家和神学家,它包括:穆夫提(Mufti,伊斯兰法典说明官)、伊玛目(Imams)、伊斯兰法律学家(Fugaha)、卡迪伊斯兰法官(Gadis)、教师(Mudaris)以及在清真寺和其他宗教机构任职的重要官员等。

舞台。在这一时期,宗教权威和王室一起分享权力,而且宗教还独占了教育和司法审判权。伊斯兰教什叶派高度依靠宗教乌里马的引导。另外一个因素归功于对宗教权威的角色的过分夸大,引起这些的原因要归于这样一个事实,那就是大部分伊斯兰教科书都只用阿拉伯语书写,乌里马是唯一能向那些说波斯语的伊朗人解释这些知识的人,因此在这一时期在伊朗的宗教教育以及公众教育中,阿拉伯语还是主要语言。

在19世纪的波斯,整个教育是以宗教教育为主,而在这个教育体系中,起重要作用的宗教小学(Maktab①)主要教授的是伊斯兰的教育文化,教学语言多以阿拉伯语为主。在宗教小学中所教授的课程几乎没有什么变化,很多是与伊斯兰文化有关,宗教小学的教学首要目标是培养读写能力与技巧。学生在学习过程中很重要的一部分就是背诵和记忆,一本标准的波斯—阿拉伯字典是学习中所必需的,因为伊斯兰特色的教育对阿拉伯语的准确使用和《古兰经》的记忆有很高的要求。② 宗教小学的学习没有固定的年限;当学生学会了阿訇所教的知识,他可以不参加宗教小学的学习。

没有一所重要的中世纪伊斯兰大学保留下来,唯一有记录的高等教育机构是在库姆和伊斯法罕的神学院。这些学校学习的主要课程是神学的专著、各个教派及其教义、阿拉伯语的语法、修辞学、符咒学习教法和法理学(shari'ah and feqh);同时也教授一些逻辑课程、算术课程和天文学课程。这些学校和美索不达米亚的纳杰夫什叶派神学院(shi'ah)有着共同的目标那就是培养年轻的教士,宣传伊斯兰文化。

在1920年早期,很少有学校处于国家司法的监管下;大部分学校还继续着宗教学校的模式,在这些宗教学校,小学生们获得很少的基础知识,学习的大部分知识是关于《古兰经》、伊斯兰、波斯和阿拉伯的。虽然宗教学校和学院已经为世俗教育做出了很大让步,但它们依然是培养教士的主要基地,特别是在那些小城镇和乡村中。这些地方大概有2397所宗教小学,约51922名学生,有134名小学毕业生进入138所宗教学院学习。③

---

① 在中世纪的伊斯兰世界里,小学称为玛克塔布(Maktab),最迟在10世纪出现。与伊斯兰学校(高等教育学校)一样,玛克塔布通常都与清真寺并存。
② Amin Bananz, The modernization of Iran (1921—1941), Stanford University 1961, p. 90.
③ Amin Bananz, The modernization of Iran (1921—1941), Stanford University 1961, p. 88.

四、巴列维王朝时期

在 1921—1979 年，巴列维王朝时期，因为国王的权力膨胀，宗教人士在国家的政治地位有所下降，并且宗教教育被国家政策所严格限制，即使是在这样的情况下，在国王的现代化改革中占重要地位的教育改革，也并没有取消对阿拉伯语以及伊斯兰文化的学习，虽然在这一时期国王倡导波斯语的纯洁运动，但是仍然保留了阿拉伯语在教育中的位置。因为伊斯兰教在伊朗有很高的地位，伊斯兰教育持续了十几个世纪，并且在伊斯兰教学校的课程中，是以神学为主要教学内容，伊斯兰教教义和《古兰经》在一切学习活动中处于中心地位，同时要求熟练掌握阿拉伯语。基础教育主要是读《古兰经》、书写和算术等；伊斯兰教高等教育的课程，有法律，如解经、圣训等；有文词，如经文、句法、修辞、韵律、作文、阅读、历史等；有数学，如算术、几何、天文、代数、政治、伦理等；有理学，如逻辑、教义神学、形而上学以及其他一些实用的理学课程。[1] 这些与礼萨·汗雄心勃勃推崇的现代化改革相矛盾，因此在这一时期宗教教育被严格的限制。

在此范围内，礼萨·汗政权宣称政策的目标是要削弱教士在整个教育中的主导地位，且礼萨·汗政权的措施也证明了这一改变。相应需要注意的是这个观点，教育的世俗化并不是由礼萨·汗开始的，但却是在礼萨掌握权力之后最先大规模开始的。刚开始时礼萨的政权面对宗教领袖时是小心谨慎的，因为礼萨认为他需要得到宗教领袖的承认，才能合法化，首先在 1924 年政府制定的监管政策并没有在宗教学校过多的实施。在 1925 年后，由于礼萨·汗牢固地掌握了政权，因此采取了一系列的措施来加强教育的世俗化进程。

该政权迅速推动了伊朗社会的世俗化进程，由于中央集权和培养人民爱国主义的需要替代了传统的以培养宗教价值为核心的教育理念，因此礼萨·汗政权一直在努力削减宗教教育，降低伊斯兰教及其领导人对社会的影响，还制定了许多的措施来阻止学生参加宗教学校，政府要求传统的宗

---

[1] Donald N. Wilber, Modern Iran, Princeton University, 1955, p.109.

教教育要围绕着公民权利和爱国主义来灌输道德价值，并以此来取代传统教育的价值观。① 可是，它首先的规划就是要将伊斯兰教乌里马的控制和监督权转向政府，礼萨·汗的世俗化遵循的路线是中央集权化而不是现代化。并且在政府通过的法律规章里面，那些非伊斯兰教的教会学校，在讲授基督教价值观时也要讲授伊朗的民族主义，并且要放在首要位置。②

五、伊斯兰共和国时期

1979年，伊朗伊斯兰革命改变了这个国家的各个方面，从国家政治到人们的生活，教育也包括在内。革命胜利后不久，政府就开始从教育着手，改革先前的教育模式和教育目标，在1980年3月，新的伊斯兰政府发动了文化革命，关闭了所有的大学和高等教育机构。在政局稳定之后，伊斯兰政府开始向前政府的政策进军，通过多种途径努力恢复被之前的政权所忽略的伊斯兰思想意识。特别是在恺加王朝和巴列维王朝时期，西方文化和价值观的传播，与伊斯兰的思想价值体系是不一致的。在关闭大学之后，组织召开了伊斯兰知识分子高级会议，在伊斯兰文化和信念上设计建立了一个新的教育体系。③ 在1982年，在新的课程规划准备就绪之后，大学再次开放，整个教育系统的教学媒介语言都使用波斯语。而且，阿拉伯语作为伊斯兰教的语言，在课程规划中也占据了重要的位置，宪法第16条的内容如下：

因为《古兰经》、伊斯兰课本和教义都是使用阿拉伯语，波斯文学已完全被这种语言渗入，因此，必须在初级教育以及后面更高等级的教育中学习阿拉伯语。教授阿拉伯语的目标是为了更好地帮助学生理解伊斯兰教义和学习用正确的阿拉伯语朗读《古兰经》。

这些都证明了阿拉伯语在教育中和宗教上的地位。因此课本设计的内容是相当严肃和谨慎的，目的是要符合伊斯兰教义。有学者指出课本的阿

---

① Rudi Matthee, Transforming Dangerous Nomands Into Useful Aftisans, Technicians, Agericulturalists, Iranian Studies, 1993. 9, p. 88.
② Donald N. Wilber, Modern Iran, Princeton University, 1955, p. 109.
③ Rasool Nafisi, Iran: Political Culture in the Islamic Republi, [M] Southport, 1992, p. 190.

拉伯化走得越来越远，改变了以前教育部规定编写的波斯史诗《王书》①或《列王记》中的著名散文，伊斯兰之前的文化传统已经从课本中消失不见了。伊朗从这一时期开始掉进了阿拉伯穆斯林的掌控之中，在课本中占首要地位的是阿拉伯的人或者事务而不是波斯的人或者事务；在这些事件中，甚至在旧课本中有波斯特点的元素也变成了阿拉伯特色。在这里更加高度强调的是伊斯兰的信仰问题（39%），在之前的政权，波斯语课本中并不存在的这个主题，第二个高度强调的主题就是安拉（24%）。② 可见，伊斯兰革命之后，伊朗的宗教教育得到了强化和恢复，阿拉伯语在宗教教育中的重要性进一步提升，但宗教教育并不能替代全球化时代庞大的世俗教育。

六、结论

可以看出，伊朗政府在人民的宗教信仰上给予了很大的自由和支持，伊朗政府认为所有居民都信仰伊斯兰教，都属于伊朗民族，只承认在宗教信仰上存在少数人信奉基督教、琐罗亚斯德教和犹太教等。并且还认为所有穆斯林群体的关系都是兄弟关系，都有使用本民族语言和方言的权利，但是依然规定波斯语是全国的官方语言和所有学校的教学语言，伊斯兰教的宗教学校和其他的宗教学校都要严格按照教育部规定的教学大纲进行教学。

伊斯兰教的早期教育从7世纪就已开始，它既有初等教育，又有高等教育；伊斯兰教的一般高等教育多注重广博性和集约性，而初等教育则多注重基础教育和实用性教育，宗教则是共同的主课，这些对穆斯林民族和国家的教育产生了深远的影响。

伊朗人民主要信仰伊斯兰教，并且语言在宗教中占了核心地位，而且宗教人员在伊朗这个特殊的神权国家里有很高的地位，伊朗人的生活学习工作都与宗教密切有关，所以无论从国家的稳定还是民族团结来说，伊朗

---

① 菲尔多西（Hakīm Abu'l-Qāsim Firdowsī Tūsī，公元940—1020年）是广受尊重的波斯诗人，与萨迪、莫拉维和哈菲兹一起，被誉为"波斯诗坛四柱"。他最重要的作品是的民族史诗《王书》（Shāhnāmé，意译"皇帝的史诗"）。

② Amin Bananz, The modernization of Iran (1921—1941), Stanford University 1961, p. 90.

的宗教语言政策可以说是与国家安全密切有关,因此显得尤为重要,宗教语言以阿拉伯语为主,因此在宗教语言政策上的兼容并包是维持伊朗稳定的重要因素。

第五节 伊朗外语教育政策

"伴随着西欧列强的殖民扩张,以及欧美资产阶级革命和三次工业技术革命的先后完成,西方的语言文化也呈现出了强势输出的态势,西方一些地区性语言迅速成为世界性强势语言,并对现代世界语言文化布局产生了巨大的影响"[1],而这种语言文化布局反过来又对世界的地缘政治、国际关系、经济社会及人文生态的格局产生了极大的影响。至今,世界各国都不得不承认这种既成事实,这也是各国在制定自己的语言政策包括外语政策时不得不面对的现实。因此,世界各国在制定自己的语言政策包括外语教育政策时,国家政治体制、意识形态、国家实力、国际地位、文化影响力等条件不同,因此所体现出的国家意志也会有所不同,但平等交流、相互理解、互相借鉴则是国际社会越来越强烈的共同诉求。

一、外语教育

语言教学一般将语言看作工具,而语言教育将语言视作文化,"与外语教学不同,外语教育涵盖宏观到微观等不同教学层面的研究,更强调素质教育和人本教育的理念"。[2] 现在越来越多的人意识到,人类文明是以多元为特征的"人类社会文化的多样性特征是人类语言的多样性所决定的"。[3] 如果要维持人类社会文化的多元化,首先就必须维护语言的多样

---

[1] Epstein, Eches from the Pheriphery: Challenges to Building a culture of Peace, Through Education in Marginalized Communities. In Y. Iram (eds.). Edueating toward a Culture of Peace. Greenwieh, Conneetieut: Information Age Publishing, E. H. 2006, p. 75.

[2] 谢倩:《外语教育政策的国际比较研究》,华东师范大学博士学位论文,2011年3月,第24页。

[3] 冯志伟:《论语言文字的地位规划和本体规划》,载赵蓉晖编:《社会语言学》,上海外语教育出版社,2005年版,第260页。

性"，因此外语教育不等于简单的外语教学的概念。

外语教育政策是指各国在特定时期内为实现和服务一定社会、政治、经济、文化的目标。外语教育领域，国家或政府所采取的政治行为和规定，既存在于各国政府颁发的工作计划、白皮书和行动计划等正式政策文件中，也存在于其提倡的文化理念、价值观、实施机制等软性行为规范之中。因此，外语教育政策既包含显性的国家正式规则，也包含隐性的非正式规则，"它们之间不可避免地会产生相互交叉作为"，因此对外语教育政策的研究不仅仅是研究有关国家在一定历史时期内制定的外语教育政策文本，而且还将分析外语教育政策的主体、政策客体和政策环境之间的相互关系以及政策制定和执行的过程；外语教育政策规划将主要探讨外语教育地位规划，如外语语种的规划、外语教育的人口规划、外语语言教学的规划等。[1]

二、伊斯兰革命之前的外语教育政策

19世纪，伊朗的知识分子对西方思想文化的思考逐渐深入，开始意识到伊朗和西方之间科学技术和经济发展水平的差距越来越大。伊朗的领导阶层和知识分子认为有必要弥补伊朗与西方先进国家的差距，因此开始提议向西方学习。

为了缩小与世界先进国家的差距，在向西方学习的过程中，伊朗的领导者们意识到语言将是阻碍他们向西方学习的一个很大的障碍，因此外语教育在伊朗逐渐兴起。在米尔扎·塔基·汗（Mirza Taqi Khan）的努力下，1851年，伊朗建立了第一个现代化的教育机构职业技术之家（Dar-al Fonoon）。在这所学校里，聘请的大部分外籍教师均来自法国，阿里汗的王子阿巴斯·米尔扎开始派遣留学生到外国去学习先进的科学技术，主要目的地就是法国，因此法语在这一时期成为伊朗外语教育的首选语言。出于政治的需要，英国和俄国也努力想要在伊朗的外语教育中占据一席之地，在1852年，由于米尔扎的去世，俄国和英国的教师开始在职业技术之家担任职务，课程安排里也出现了俄语和英语。在这段时间内，伊朗也从意大

---

[1] 谢倩：《外语教育政策的国际比较研究》，华东师范大学博士学位论文，2011年3月，第40页。

利、西班牙、澳大利亚雇佣了很多的教师，来促进国内的外语教育的发展。除了政府成立的教育机构在教授外语，外国教会的传教士①在伊朗建立的教会学校也开设了外语教育，这些教会和教士在教授外国语言知识中扮演了重要的角色，由此可以看出私立机构和公立机构一起促进了伊朗的外语教育的发展。

纵观整个巴列维王朝，最让人印象深刻的就是礼萨·汗所推行的现代化改革，改革涉及的领域包括政治、经济、军事和教育等领域。由于政治和改革上的需要，伊朗与美国建立了良好的关系，美国为伊朗的现代化改革提供了大量的帮助。这导致了政策制定者的意识转向了英语国家的文化价值，在1925年成立了伊朗—美国协会，其主要目标是向伊朗人教授英语。该协会在主要的城市如德黑兰和设拉子也设立了分支机构，大部分教员来自美国和英国。1934年，英语引入了伊朗教育系统内，从此之后，英语在伊朗国内的外语教学中占主要地位。

在巴列维王朝时期，英语作为唯一的外国语言在国家层面的教学地位得以巩固，因此，其他的外国语言被边缘化了，处于第二位。派遣学生到西方国家去的传统还在继续；但是现在他们主要是去英语国家。新成立的大学为了弥补教员的短缺，雇佣了大量美国和英国的专家和教师，这间接促进了英语在伊朗的推广和传播。当大多数的大学还在使用波斯语教学时，像德黑兰师范学院、设拉子大学都已在使用英语作为其教学语言。在设拉子大学，学生在开始学习各自专业领域之前要接受两个月的英语培训。外国协会开办的私立学校使用外语而不是波斯语（一般为学生的母语）作为教学媒介，这些都是为了让学生有效的学习外语。

随着英语使用范围的扩大，当英语已成为现代化的语言标志时，伊朗在实现军事领域的现代化的过程中，派遣了许多高级军事官员到美国，以获得特殊的专业培训和参加ESL②课程。礼萨·汗的现代化项目与西方模式以及英语之间的强大联系，客观上促进了伊朗伊斯兰革命的发生。③

---

① Donald N. Wilber, Modern Iran, Princeton University, 1955, p. 10.
② ESL，非母语英语课程（English as a Second Language）是任何教授英语的课程的总称，不论在英语国家或者是非英语国家，都可以说成是学的ESL课程。
③ 伊斯兰革命，伊朗伊斯兰革命是伊朗什叶派穆斯林推翻巴列维王朝统治及在国内实行"全盘伊斯兰化"的革命，发生于1978年，至1979年2月革命胜利。它是什叶派领袖霍梅尼领导的、以乌里马（即宗教学者）为核心，是反对国王推行西方化和世俗化的伊斯兰复兴运动。

三、伊斯兰革命之后外语教育的政策

尽管伊斯兰革命对之前的文化教育带来了很大的改变，但是和革命之前一样，尤其是那些高级教育机构、研究机构、公立机构和私立机构在外语教育体制上并未有多大的改变。随着英语逐渐发展成全球化语言，英语在外语教育系统中的地位依然是居于首位的。甚至到了现在，在伊朗的中学教育中，英语教学仍然坚持用先前的那一套方法来进行教学实践，教学主要集中在外语的语法和阅读上，这与社会发展对外语能力的要求不相称。结果，在此背景下，伊朗学生对英语作为一门全球化的语言的使用却不是那么熟练。[1]

（一）英语教学在私立机构

随着英语成为科学文化交流的主要媒介，人们对英语的注意力也逐渐上升，在伊朗出现了这样一个问题，就是公立的学校机构现在不能满足语言学习者的需要。为了缓解这个问题，作为该国教育体系的重要组成部分，私立机构承担起协助公立机构满足人们对外语需要的责任。伊朗—美国协会是第一个私立的语言机构，在那里英语作为唯一的教学科目。在伊斯兰革命之后，伊朗—美国协会的名称改为伊朗语言机构（ILI），由于伊朗伊斯兰共和国政府在外语教育上的目标改变，伊朗外语教育的实践和总课程被重新定义。随着全球化和现代化的发展，伊朗对英语在当今社会的重要性有了充分的认识，加之公立机构不能满足人们对外语学习的需要，私立的外语教育机构在全国范围内蓬勃发展起来了。私立学校向不同年龄、不同阶段的学习者提供了多样化的英语课程。通过这些学校和机构，英语教学能力得到了一定的提升，学生能更有效地学习英语。[2]

---

[1] A. Majid Hayati and Amir Mashhadi, Language planning and language-in-education policy in Iran, Language Problems and Language Planning, Vol. 34, 2010, p. 12.

[2] Hossein Farhady, Reflections on Foreign Language Education in Iran, The Electronic Journal for English as a Second Language, March 2010 – Volume 13. p. 4.

（二）英语教学在公立中学

在伊朗伊斯兰共和国政府的引导下，根据学生在不同的学习阶段，英语学习有不同的时间安排和评估方式，目的是通过此种方法来促进英语教学水平的提高和提升学生的英语学习能力。

目前伊朗公立初中学校英语教学的课时安排为每周6个小时，在高中有6个学分的课程，在大学前一年增加了4个学分的课程（2006年，教育高级会议秘书处）。在高中，英语作为高中学习的一门主要课程，在三年期间，每周的学习时间大约是2—3小时。根据宣传，这门课程的目标是为了使学生能够阅读简单的英语文章和掌握这些文章中新引入的词汇以此来提升他们的英语理解能力。在学生升入大学前一年的培训期间，学生在学分制学期内每周要学习4个小时的英语。大学之前的英语书籍主要是从网络资源上选取的，通过阅读真实的材料，以此来提升他们阅读理解的能力。

通过测试来评估学生学习英语的效果。测试的内容是与课本内容相一致的。在初中阶段，口语和写作作为两个不同的科目，每个科目10分，共20分，两个分数被分开报告。口语测试包括对课本中对话记忆的背诵，评估发音和语调是通过阅读课本，以及通过向学生提问和学生对问题的回答来测试学生语法和知识要点的掌握情况。写作的测试是由拼写、词汇、语法以及阅读理解组成的。教师要将测试的结果进行评估，并且还要对评价形成的过程做出相应的解释。再后来增加了日常英语学习活动的评估，评价主要是通过个人表现、团体表现以及在课堂外的项目表现来判断。在初中阶段的评估分为两个部分，在6年级和7年级时，当地的老师准备、实施以及评估考试，遵循有教育测试和评估部中心提供的考试规定；在初中阶段的最后一年，也就是8年级时，进行最后的写作评估，通过每个省的教育中心办公室设计评估方法、实施评估和记录评估分数。[1]

评估测试以及管理在9—10年级写作测试的成绩，这些都由本地个别学校的教师所掌握。然而，在11年级最后的测试中，是由教育部中心办公

---

[1] Hossein Farhady, Reflections on Foreign Language Education in Iran, The Electronic Journal for English as a Second Language, March 2010 – Volume 13, Number 4, p. 12.

室监督和管理之下的教育测试和评估中心办公室的语言专家来准备。最后的测试与高中毕业证书有关。因此，教育测试和评估中心办公室采取了必要的措施来保证测试的安全，以及在全国范围内实施相似的管理，保证测试试卷分数的公正。

（三）英语教学在大学

英语在全球范围内各个领域被广泛使用，使其成为了科学与文化交流的主要语言。因此，英语在大学的教学里，是一门很重要的课程，并且在外语教学中也是最重要的外语教学语言。在伊朗大学里的英语教学可以被分为两个部分：第一部分，成为公共英语，所有专业的学生都要学习。第二部分主要集中在专业英语之上，如工程英语、医学英语，或是社会科学英语，为学生提供学习专业领域相关的概念和词汇的机会。更重要的是，在大学里，英语学习有了很大的自主性，作为一个单独的领域，它有三个分支：翻译、文学和英语教学（Tefl[①]）。大学英语教学材料主要是由一个在1981年成立名为"大学生课本研究与发展中心"准备的。该中心的一个部门就被分派来为非英语专业编写英语教材。在大学里面，几乎每一个专业都有专门的教材，在众多教材中还有一个是专门为研究生设置的。这些书本的内容是不断变化的，学生在学习他们专业领域时将要学习专业的原始材料。每一本书常常有16—20个单元，每个单元包括了2篇文章，主要是正误判断、多项选择、阅读理解以及翻译练习。[②]

和中学的外语学习一样，也要评估大学期间英语的学习效果。英语或其他语言在大学的教学中遵循着一个简单和直接的政策。通常，无论学生的专业是什么，他们都需要修满3个英语学分。超过一般规定的英语学习，主要是要根据学生的需要和得到学校的批准，学生也会学习4个学分的ESP课程。大学英语教学的方式常常是让学生熟悉英语材料，并进行翻译，因为其主要目标是让不同专业的学生能够读和理解他们本专业的英语材料。[③]

---

① TEFL 是指 Teaching English as a Foreign Language（作为外语的英语教学）。

② Naeeni, S. M. (2004b), New councils in Iran's Higher Education Translated In Encyclopedia of Higher EducationTehran: Great Persian Foundation, Vol. 1, pp. 631-641.

③ Hossein Farhady, Reflections on Foreign Language Education in Iran, The Electronic Journal for English as a Second Language, March 2010 - Volume 13, Number 4, p. 13.

(四) 英语教学的挫折和阻碍

外语教育政策的执行者在实践中认识到自己的宣传目标和实践计划之间是相矛盾的，在公立学校以及私立的教育机构中，普遍存在着教师和英语教学设备短缺的现象。伊朗官方宣称其目标（为英语课本训练有效的读者）是提供给公立学校学生需要的课本。另外一个问题就是英语师资缺乏，在公立学校这个问题是最明显的，通观整个教育系统，普遍存在着教师发音不标准以及英语能力欠佳的问题。公立学校缺乏相应的英语教学装备，教室拥挤，学生紧贴坐在一排，听老师授课。听觉视觉装备的供给短缺以及质量低下，不能满足基础教学需要。教学方式上缺乏创新，学生在学习语言时，缺乏自我发现和自我独立的优势，是伊朗语言教育政策中很难改变的结果。在班级中教师主要角色，与现代化语言教学中以学生为中心的模式是相对立的，因此伊朗的外语教学取得的成就也不是那么明显。

在经过伊斯兰革命之后，伊朗伊斯兰共和国花费了30年来重新设计EFL[①]，在公立中学和大学一些英语教学的问题仍然存在。其主要问题是在伊朗的外语教育中，习惯用预先安排好的教学程序来教授外语，这与不断变化的外语教学方式相悖；并且在伊朗外语教育的实践教学方式不能做到按照基本教育方式进行，在短时间内实现也比较困难。这些问题除了在伊朗有，在其他许多国家的英语教学中也存在，但是已经在改变着伊朗外语教育者对教学过程、学习以及对语言评估的认识，这无疑也促进了伊朗外语教育的现代教学技术的发展。

四、结论

20世纪90年代，联合国秘书长加利宣布"世界进入了全球化时代"，全球化时代给各国的政治、经济、军事、安全、通信、交通、文化和语言等方面都带来了前所未有的影响。因此，人们对语言的功能有了新的发现，从而形成了新的语言观：语言身份论、语言人权论、语言资源论和语

[①] EFL 的全称是 English as a Foreign Language，该考试是一种对考生的听、说、读、写能力进行考察的水平考试，对成绩及格者提供由英国剑桥大学地方考试委员会颁发的成绩合格证书。

言软实力论。全球化时代的语言观发现了语言对民族、对社会和对国家的新功能。

全球化促进了人口的流动，同时也带来了大量的语言接触。例如，现在世界各地每年共有约百万移民，6000种语言和方言流向近200个国家。①

语言是一种社会现象，它具有很强的社会性。社会的变化发展必然要影响到语言的选择和语言本身的变化。一个地方人们的接触越频繁，说明这个地方的流动性越大，该地方的经济就越发达，此地的外语教育就越迫切。全球化在很大程度上是世界各国经济的全球化，因此，全球化必然也会刺激各国重视英语之外的外语教育。这种语言一般是英语之外的其他强势语言、本国的重要战略伙伴国家的语言、本国周边国家的语言或由于某些特殊原因而需要的"关键语言"。

尽管伊朗在全球经济中的地位不断上升的同时，也提升对英语作为一门国际化语言的关注，但是在国家政策制定者之间依然存在着一种意识，消除全球化趋势对伊朗社会文化带来的负面影响。实际上，作为全球化媒介的英语，经常被理解为与强迫接受帝国主义政治文化经济语言是相联系的。综上所述，伊朗的当务之急就是英语教学要满足"文化和语言变化"的意识，这也是全球化时代的必然选择。

第六节 伊朗语言政策形成的原因

语言政策的制定是一个复杂的过程，往往受制于诸如语言规划观、政治、认同、经济、文化等多种因素的综合影响。这些也是语言政策中的取向，美国威斯康星大学的瑞兹把语言政策中的"取向"（orientation）解释为"在对语言及其社会作用的看法方面所表现出来的复杂倾向"，② 这种倾向主要是发自潜意识。语言政策的理论家们就是把这些取向明显化。语言政策实际上是要改变或者发挥出一种语言的功能。它是一个复杂的过程，

---

① 卢希尔·扎哈斯克尔:《双语、多语、原因及结果》，载王洁、苏金智、约瑟夫·G.图里主编:《法律、语言、语言的多样性》（第九届国际法律与语言学术研讨会论文集），法律出版社，2006年版，第473页。

② Ruiz. R, Orientations in language Planing, NABE Journal, Vol. 2, No. 8, p. 16.

在这个过程中，不同的语言观念和对语言性质不同角度的认识对语言政策的影响可能是巨大的。例如，把语言看成是"问题"，那么，政策的目标就是"解决问题"；如果把语言看成是"文化"，那么规划中就会考虑如何保护和发扬这种文化；如果把语言看成是一种资源，在政策中就会考虑如何开发和利用这种资源。① 在全球化背景下，上述三种语言观都在某种程度上影响着世界各国的语言政策取向。

一、政治

任何一个国家在确定国语或官方语言面临着两难的问题：一方面，如果选择主体语言作为国语或者官方语言则会引起国内其他少数民族的不满，有民族歧视之感；另一方面，选择了主体语言又无法平衡众多民族语言之间的关系。伊朗在推行语言政策时，也坚持推行"一个国家，一种语言"的模式，语言多样性无论是在1979年革命之前抑或是在革命之后，都被认为是"国家发展中的障碍"。因为，多语社会是个重要因素，可选择的语言越多，问题就会越复杂。

语言与政治有密切的关系。语言本身除了具有文化价值外，还有政治价值。

语言规划和语言政策往往体现出某种政治意识。斯密特（Schmidt）认为：当政治人物觉得社会中语言的地位或使用变得很重要，且需要国家干预时，便会将语言政策提上日程。② 语言政策也是一种政治需要。罗·比安科（Lo Bianco）的见解颇有深度：语言政策不是一套脱离背景的协议书，可以从一个情景搬到另一个情景，或被并不感兴趣的技术人员应用。历史文化、法律、政治环境、种族关系、社会法律等政策制定的背景不仅会影响特定背景下制定政策的可能性，还会影响到政策的形式和内容。③ 亚历山大（Alxander）甚至认为，在现实世界中，所有语言规划都具有政

---

① 郭熙：《面向社会的社会语言学：理想与现实》，载《语言文字应用》，2005年第3期，第24页。

② Schmidt R, Political Theory and Language Policy, In T. Ricen to (ed) An Introduction to Language Policy: Theory and Method, Oxford: Blackwell, 2006, p. 97.

③ Lo Bianco J., Real world language politics and policy, 2002, p. 25.

治上的目的。① 保罗（Pool）认为，语言政策可以被看作是实现认同的工具。因此语言政策往往体现出在认同上的目的。②

语言规划与语言政策不仅仅是一门解决语言问题的技术，也往往带有一定的政治意识。早在20世纪70年代，人们就开始对语言规划与语言改进进行反思。因为，发展中国家期待中的现代化和经济腾飞并没有到来，语言规划与语言政策并不像人们先前以为的那样奏效。因为语言选择并不能与现代化的文明模式相适应，语言行为是社会行为，受到说话者和言语社区的态度和信念，以及宏观经济和政治力量的驱动和影响。③

政治在伊朗语言政策的制定的影响因素中，占据了首要的地位。在古代伊朗，就流行使用一种语言，往往是为了获得更多的社会政治的地位，在国家事务中有更多的发言权，人们不自觉地就在向统治阶级靠拢，遵循他们所设立的规则。在后来，语言政策的制定更多的是出于国家层面的政治需要，一般来说，一是为了维护国家的统一，塑造良好的国家形象，因此需要统一的语言政策和实现文化认同，以防止部分地区部分民族叛乱；二是国际形势对国家政治形成的压力，因此，伴随着伊朗逐渐融入到世界体系中，伊朗的语言政策也在发生变化，特别是外语政策，由开始的阿拉伯语一语独大的形势，发展到后面的百花齐放，法语、俄语、德语以及英语都在国家的外语教育中占据了一席之地。

温斯汀（Weinstein）指出：由于种种原因，语言本身是各个群体的最重要的区分标志，世界各地许多人都确信，选择他们的语言作为政治身份的标志，作为学校、媒体及社会服务的工具，将会改善他们的物质生活和政治生活，改善他们的等级地位。④

纵观伊朗政府在现代化时期所制定的语言政策，由开始的波斯语一语独大的政策，到后面的同化政策，再到伊朗伊斯兰共和国的多元化政策，

---

① Alexander, N, The politics of language planning in post-apartheid south Afrrica, Language Problems and Language Planning, 2004, (2), p. 113.
② Pool J, Language Planing and Identity Planing, International Journal of the Sociology of Language, 1979, (20), pp. 5–21.
③ Ricen to T, Historical and Theoretical Perspectives in Language Policy and Planning, Journal of Sociolinguistics, 2000, (2), p. 201.
④ 温斯汀著，周庆生主编：《国外语言政策与语言规划进程》，语文出版社，2001年版，第22页。

这与伊朗认识到自己本就是一个多民族多文化的国家,没有其他民族的文化,伊朗就不会形成现在的文化特色。因此人口结构及多元文化的现实促使政府开始采取措施,尊重各个民族的文化,形成国家对伊朗多元文化的认同。语言政策作为文化政策最直观的一部分,直接反映了其受到多元文化认同的影响。比如,在"国家语言政策"中将多元文化作为政策的一个基础,这反映了在政治上的认同对他的影响。①

政策制定者已经认识到民族语言与认同感密切相关。在全球化时代,对于民族国家来说,语言文化既有独特的民族价值,也有公认的"普世价值"。如果一个国家的语言文化能够对其他国家产生吸引力,得到普遍认同,甚至被吸纳或融合到其他国家的文化中去,这个国家与他国之间就会少几分敌意,多几分理解,可以为一国的发展创造和谐稳定的发展环境。

二、宗教

宗教是人类历史上一种古老而又普遍的社会文化现象。它作为一种社会意识形态,渗透在人类社会生活的各个方面,影响着各个国家和民族的政治、经济、历史、文化、教育和民族心理等。

伊朗是一个产生过多种宗教、吸纳过多种宗教和经历过诸多宗教交往的大国,也是世界上政教关系非常典型的国家。② 著名的历史学家彭树智认为:"伊朗的文明可以说是宗教文明。伊朗在历史交往过程中,不仅离不开宗教价值系统的强烈文化政治归属性,而且宗教因素也深深渗入社会生活底层之中,凝结为群众社会心理。"③ 因此,伊朗的社会政治生活一直都带有强烈的宗教色彩,宗教的影响侵入到国家生活中,从国家政策到人们的休闲娱乐,到深深地打上了宗教的烙印。

早在波斯帝国时期,伊朗的政权就需要与宗教进行良好的合作,以巩固这个幅员辽阔的帝国统治,在波斯帝国时期,人们主要信奉的是琐罗亚

---

① 王锋:《试论波斯语言文化宗教对印度与中国穆斯林社会的影响》,"第二次回族学国际学术研讨会"论文汇编,2003年,第254页。
② 冀开运:《论伊朗政治与宗教关系的特征》,《商洛学院学报》,2008年6月第22卷第3期,第36页。
③ 彭树智:《中东国家通史:伊朗卷》,商务印书馆,2002年版,第432页。

斯德教，波斯帝国的波斯人口仅占其统治人口的小部分，大部分是其他民族的，虽然民族不同，但是他们都有共同的宗教信仰，因此帝国的统治者为了控制人口占多数的其他民族，要求在政治上加强中央集权制的同时，必须制定合适的政策，尊重少数民族的文化习俗和保护地方的权益；再后来，波斯帝国的统治阶级将宗教思想引入统治思想中，宣传君权神授的思想，为他们的权利提供了合法性保障，同时，扩大了宗教人士的权利，宗教人士进入到国家政治生活。因此，从前面所陈述的内容我们可以看出，伊朗在这一时期的语言政策是深受宗教的影响，这也可以看出伊朗的政治受宗教的干涉由来已久。

在伊斯兰时期，随着伊斯兰教在伊朗的强势扩张，伊朗逐渐变成了一个伊斯兰国家，因此，宗教在国家生活中的地位得到了提升，国王的权利只有得到了宗教的承认，才会得以保障，宗教的高层人士，如乌里马，他们参与到国家政策的制定中，在这一时期，阿拉伯语的流传与推广就与国家政策制定过程中所受到的宗教因素有关。

在现代化时期，巴列维王朝的宗教人士在政治上的权力虽然被抑制了，但是宗教人士在民间还有很大的影响力，间接也在影响着王朝的政治，在这一时期，虽然王朝的统治者竭尽可能的想要清除波斯语中的外来因素，但是因为宗教信仰的原因，阿拉伯语词汇得到了保留。

在伊朗伊斯兰共和国时期，由于伊朗成为了一个完整权的伊斯兰神权国家，他的最高领导者阿亚图拉·霍梅尼提出"伊斯兰政府和教法学家统治"的理论构想。他认为伊斯兰政府必须以伊斯兰法作为国家的基础，教法学家担任国家的统治者，行使国家最高政治监督权。[①] 在伊朗的语言政策的制定过程中带上了强烈的宗教色彩，例如，宪法第16条中所说：

因为《古兰经》、伊斯兰课本和教义都是使用阿拉伯语，波斯文学已完全被这种语言渗入，因此，必须在初级教育以及后面更高等级的教育中学习阿拉伯语。教授阿拉伯语的目标是为了更好地帮助学生理解伊斯兰教义和学习用正确的阿拉伯语朗读《古兰经》。

伊斯兰教国家中政治与宗教是高度结合的，为了防止因宗教因素而产生问题，伊朗的政府历来都是小心谨慎地处理宗教问题。人们对官方宗教

---

① 吴冰冰：《什叶派现代伊斯兰主义的兴起》，中国社会科学出版社，2004年版，第185页。

的态度可能受到他们对政治以及政权和宗教机构关系的影响。① 宗教对语言的影响既体现出与时代同步的特征,但是又带着其独特的政治特色。② 对于伊朗人来说,穆斯林身份是一种历史性的文化身份,这是他们情感认同最强烈的身份,并且在历史的不断加工重塑中建立了相当的稳定性,对于处于全球化进程中的伊朗来说,对这种身份的认同将会长久保留下来,并跟随着时代的变化而不断发展,最终深刻地融入到国家生活的各个方面。

三、民族主义

民族古已有之,民族主义则是近代的产物,它同现代民族国家的建立是联系在一起的。一般而言,民族主义是一种意识形态,是一种政治观念,是一种民族情感,同时也是一种社会政治运动。民族主义是推动现代历史进程的重要动力之一。它是以民族为精神符号、动力和目标的社会、政治、文化运动,以民族国家为诉求的意识形态,以文化传统为依托的情感或情结。自从现代民族国家格局形成以来,世界体系当中差不多任何一个重大历史事变(例如革命、战争等)的背后都有民族主义的影子。③

民族国家构建的政治历史表明,有意识地促进语言融合是民族国家发展的一部分。因为统一的语言能提升凝聚力,有利于国家形成统一的文化。因为这是具有一种象征意义:了解并使用国家语言是民族身份的一部分;使用国家语言是"圈内人"的标志;拒绝国家语言是民族身份的一部分,是分裂行为和不爱国的表现。因此,在民族主义时期,无论是当时已经存在还是渴望成立的民族国家的领导都确信,鼓励形成单一的交际共同体非常有必要。因此,领导阶层对语言投入了更大的关注。④

伊朗在 19 世纪初就萌发出强烈的民族意识,他们用现代化的民族主义

---

① 徐漫:《伊朗民众宗教信仰与宗教生活新趋向剖析》,《世界宗教文化》,2012 年第 4 期,第 55 页。
② 冀开运:《论伊朗政治与宗教关系的特征》,《商洛学院学报》,2008 年第 3 期,第 37 页。
③ 刘靖华:《全球化背景下的民族主义问题初探》,《现代国际关系》,2001 年第 8 期,第 36—41 页。
④ 苏·赖特著,陈新仁译:《语言政策与语言规划——从民族主义到全球化》,商务印书馆,2012 年 9 月版,第 45 页。

创造出了自己的国家主权意识。在伊朗的语言政策制定过程中以及后面所发生的语言纯洁运动，伊朗一直坚持着自己的民族主义思想，那就是要保护好伊朗的精神文化和民族特征。伊朗是一个多民族、多语言、多文化和多宗教的国家，受这些因素影响而形成的伊朗文化，是伊朗文化中最宝贵的精神财富，因此历届政府推行语言政策时，都想通过塑造伊朗是只有一种历史、一种文化、一种语言的国家来强调伊朗人民的民族主义意识，从而维护国家的统一。

伊朗的语言政策深受民族主义的影响，经受了民族主义压力而幸存下来的国内其他语言或方言，绝大多数退回到私人领域中使用，学校里不予传授，也不允许与国家有任何联系。如果有人使用，该行为被政府看作是对国家的挑战的话，可能会招致迫害。在民族主义的意识下，人们对使用其他语言的人可能采取从嘲讽到惩戒等多种制裁方式，这无疑制约了少数民族语言的发展。伊朗的库尔德语使用者现在仍然在为自己的语言权力而斗争。

语言具有双重性，语言既是身份的标志，又是交际手段。尽管在选择国家官方语言方面有象征因素在里面，但是其实用性往往超越了象征性，是其他象征符号所不能比拟的。无论是国家民族，还是民族国家，二者都鼓励国家语言的同化，原因只有一个：语言社团有利于获取民族自决或长期的民族自治，民族之间在国家意志下的交际有助于构建民族身份认同和民族团结。[①] 在现代，国家意识形态都鼓励少数民族中发生语言转用；另一方面，为了语言保持，少数民族也要付出昂贵代价——在国家内部被边缘化。虽然伊朗是以波斯人为主，但是同时也生活着其他少数民族，各个民族相互影响，共同创造了让世人瞩目的波斯文化，无论是在现在还是在古代，各个民族都为伊朗民族独立和反抗外来侵略而战斗过，他们认为自己是伊朗人，也为伊朗所取得成就而骄傲。

在目前看来，波斯语为了适应世界形势的发展，不断地向语言杂化的方向发展，它吸收了越来越多的外来词汇，不仅是其他国家的还有少数民族的词汇。现在人们只要认可民族主义，一般会采用国家语言，因为国家

[①] 苏·赖特著，陈新仁译：《语言政策与语言规划——从民族主义到全球化》，商务印书馆，2012年9月版，第56页。

语言除了它在构建民主交际共同体中的实际作用外，还是民族共同体和民族荣誉的标志，具有一定的象征意义。

四、全球化

在进入20世纪之后，全球化的进程加快，全球化将位于不同地域的国家联系起来，世界成为一个整体，为了在全球化浪潮中获得一席之地，世界上许多国家出台了许多的政策，以适应全球化的发展。

正如我们所注意到的，第二次世界大战后，美国作为世界上的政治经济强国出现在世界舞台上，英语巩固了其成为国际化语言的角色。随着英语在全球使用范围的不断扩大，作为科学技术、政治、运动、空中交通、商业和贸易的语言，为英语在全球化时代获得主要的地位铺平了道路。在许多国家，英语经常作为一门官方交流的语言与本地语言相竞争，英语对本地语言和文化的危害、消磨以及本地语言边缘化的危险在不断增加。

伊朗，作为一个发展中国家，在全球化过程中也不能独善其身。然而，伊朗对英语这门国际化语言的政策在很长一段时间都停留在一种比较浅的层次上。伴随着英语成为全球化的通用语言，以及全球化给伊朗带来的压力，伊朗近几年内在教育领域增加了对英语教育的投入，在媒体界，一些周刊、杂志、报纸甚至是电视台所播放的频道都在使用英语，这些都是伊朗不断适应全球化而做出的努力。

语言纯洁自古有之，但针对外族语的语言纯洁却是伴随着民族国家的兴起而出现的。最早的民族国家出现在欧洲，语言纯洁运动也最早出现在这里。[①] 当今，全球化语境下，随着全球化进程的深入，英语不断扩散，英语以空前的速度和数量涌入非英语国家的语言。这些国家在短时间内很难将其消化吸纳至本族语的系统之内，令这些语言夹杂了大量不协调的异质成分，非英语国家的语言纯洁问题引起了广泛关注，对语言纯洁的呼声在全球范围内响起。在伊朗语言政策的制定过程中，伊朗也没放弃将波斯语纯洁化的思想，并且伊朗现代的语言纯洁运动持续了几十年，但是随着

[①] 郑朝红、张帅：《全球化语境下的语言纯洁》，《河北大学学报（哲学社会科学版）》，2008年第5期第33卷（总第143期），第60页。

时间的发展,伊朗对外开放程度的加快,伊朗也越来越意识到英语作为全球化过程中最重要传播工具,伊朗也将英语作为一门重要的外语教学语言,以达到全面提升伊朗人民外语水平的目的。

全球化语境下,任何希望发展的国家都不可能与世界隔绝,那么英语就成为非英语国家融入国际社会的必要条件。在全球化语境下,排斥英语就等于放弃学习其他国家的先进经验、先进科技的机会,会在一体化的世界里孤立自己。全球化语境下,非英语国家的大部分社会成员对英语的认同、崇尚态度也加速了英语的传播。"语言态度是人们对语言使用价值的看法,其中包括对语言的地位、功能以及发展前途的看法。它存在于人们的心理,并时刻影响着人们对语言行为的选择。"虽然某一语言的使用者对自己的本族语有深厚的感情,希望能维护本族语的地位和功能,但当掌握另外一种语言可以改善境遇和获得更大的经济利益回报时,他会对该语言持认同和崇尚的态度,会努力地去掌握这一语言。[①]

五、结论

人类分为5000多个族群,语言各不相同,尽管语言四分五裂,人类还是联系在了一起,因为有人能说不止一种语言,不同族群因此可以相互交流。人类因语言不通而分隔开来,又由操多语者交错构成的体系连为一体,还构成了一个自成一体的语群。任意两个边缘语言集团,都由兼任这两种语言的成员联系着,但是人类为了和所居住地的政府和官员打交道,抑或者为了谋求到一份更好的工作,他们更倾向于学习中心语言。据斯德万估计,在全球语言系统中,大约有100种语言占据中心地位。中心语言的使用占到了世界上95%,初等教育会使用中心语言,中等教育和高等教育也会使用到中心语言。往往中心语言为第一语言的人在学习另一门语言时会选择使用范围更为广泛的语言。[②]

如果语言起源和人类起源几近吻合,则语言的全球传播也与人类历史

---

① Hossein Farhady and Hora Hedayati, Language Assessment Policy In Iran, Annual Review of Applied Linguistics 2009, p.29.

② 艾布拉姆·德·斯旺著,乔修峰译,宁一中审校:《世界上的语言——全球语言系统》,花城出版社,2008年9月版,第10页。

密切相关。在漫漫历史长河中，阿拉伯语、希腊语和拉丁语是比帝国的寿命更长的语言[1]，它们也同大多数语言一样，随着人类的扩张和迁徙而传播。以前，这些语言是在征服、通商和信仰皈依之后传播，而现在网络、杂志以及新兴的聊天工具都成为语言传播的有效途径，当然正式教育培训成为语言最常用的也是使用最广泛的传播渠道。语言教育也离不开政治、经济和文化的背景，后三者依旧影响着语言政策的制定以及实施。

从表面上看，语言政策是为了解决一国的语言问题，但是其真正的目的是当权者为了平衡各方利益，获得更多的在政治上的支持。伊朗的语言政策从古波斯的放任政策到近现代的同化政策再到现在的文化多元化政策，这些无疑是统治阶级为了获得支持而在某些方面做出的让步。

从伊朗语言政策的变化，我们可以看出它由全面、均衡的多元文化政策开始逐渐转向单一的主要由经济因素支配的语言政策，因为尽管"民族的"和"宗教的"因素似乎变得更加重要，但是经济紧张使得民族意识趋于瓦解，官方语言并不能完全通过苛刻的规定让人们遵循。因此，最终成为主流语言的语种经历了长期的政治历程，随着其使用者的政治、经济实力和影响力的增强而逐步发展，同时这也与世界的主流发展趋势有关。

我们需要注意的是无论是在古代波斯文明所进行的创造与改革，还是现代伊朗文化所实行的纯洁与包容，在语言政策漫长的演变过程中，我们可以看出伊朗语言政策具有传统性与现代性，又有宗教性与世俗性，而且还具有一元性与多元性的特点。

伊朗语言政策具有传统性和现代性的特点，这是伊朗语言政策的最基本特征。因为伊朗是一个多民族的国家，民族文化和语言丰富多彩。我们知道，民族特征是一个民族区别于另一个民族的最主要的标志，也是一个国家区别于另外一个国家的最主要标志。民族特征随着时间的演变，逐渐变成了一种传统，根植于民族的身体内，直接反映在一个国家地区的某些行为上。伊朗的语言政策也反映了伊朗的传统文化习俗对国家政策的影响，在少数民族语言政策上，保留少数民族的语言，允许用少数民族的语言教学，这些都是政府认识到少数民族文化在传统伊朗文化中的重要性，

---

[1] 博纳德·斯波斯基著，张治国译，赵守辉审订：《语言政策——社会语言学中的重要论题》，商务印书馆，2011年9月版，第193页。

使伊朗的语言政策有鲜明的传统特色。世界是不断发展前进的，伊朗处于世界体系中，为了适应不断变化的世界形势，伊朗在推行各项改革措施时，都不断吸取世界先进国家的经验，在伊朗的语言政策改革中也反映出了这样一个趋势，学习英语法语的构词法，积极吸收外来的先进词汇，并将其转为自己所用，以适应国内无论在经济上或者是思想意识上不断发展前进的形势。

伊朗语言政策的宗教性与世俗性是伊朗语言政策最鲜明的标志。伊朗是一个有着很强宗教传统的国家，并且依然是一个伊斯兰神权国家，在国家的政治生活中，以及人们的日常生活中都能体现出宗教的影响。在伊朗的语言政策中，宗教语言政策是与其他语言政策有所不同，无论在古代，还是在现代，伊朗的语言政策对宗教语言都持一种宽容的态度，并且还通过宪法来巩固宗教语言，强化宗教语言的地位。伊斯兰教在其成长发展过程中，就体现出了它是一种入世性很强的宗教，它将神圣的宗教信仰与世俗的社会生活融为一体，因此，这些穆斯林的世俗社会生活往往伴有虔诚的宗教信仰活动。他们在其居住地建有清真寺，进行宗教传承活动。在伊朗，穆斯林深受伊斯兰文化和伊朗传统文化的影响，伊朗人在宗教信仰、政治、经济、文化行为方式上都受制和沿袭着两种文化的血脉，既有伊朗传统文化的成份，又有伊斯兰文化的特色，集宗教性与世俗性于一体。伊朗人的宗教生活与世俗生活都充分体现了这一特性。

伊朗语言政策的一元性与多元性是伊朗语言政策的最大特色。在伊朗各个民族的思想意识里都认为自己是伊朗人，因此在伊朗的语言政策里，一直存在着以波斯语为主的政策，这也是强调民族同一性而做出的努力。众所周知，伊朗是一个多民族、多语言和多宗教的国家，造就了伊朗文化的多样性，因为其多元性的特点，虽然伊朗在某些时间努力地推行波斯语一语独大的语言政策，但是因为伊朗与生俱来的多元性特点，伊朗的语言政策也一直在努力地兼顾着少数民族的语言；在现代的语言政策中，宪法更加强调了各种语言在国家中的平等地位，但是又不断地强化波斯语的国语地位，这些无疑就是伊朗语言政策的一元性与多元性的最好体现。

除此之外，伊朗还是一个多民族的国家，而且国内的民族也属于原生民族，现代伊朗没有发生过大规模的移民事件，① 因此，移民因素对伊朗语言政策的影响很小。仔细分析伊朗现代的语言政策，可以发现伊朗的语言政策的发展趋势是呈现出一种开放的、兼容并包的形势，这与其政治上的高度集权是相对的，而且据前面所述，伊朗的语言政策在很长一段时间内是宗教与政治相互博弈妥协的结果，因为伊朗的语言政策从单一的语言规划转向了统筹兼顾的语言地位规划，在语言政策的指定方式上，从单一的政府制定到后来的政府和民间共同推动的合作式语言规划，再到转向政府主导的自上而下的语言规划。因此，我们可以得出伊朗的语言政策将会逐渐与世界主流语言政策趋同，以更好地适应世界的政治经济形势，获取更多的国家利益。

---

① 伊朗有 100 多万来自阿富汗的哈扎拉人，其语言本来就是波斯语；也有来自伊拉克的少数移民，主要居住在胡泽斯坦，其本身也讲阿拉伯语。

第三章 土耳其语言政策与实践

第一节 土耳其语言改革与语言政策

现代土耳其是在拥有623年历史的奥斯曼帝国（约1299—1922年）基础上建立的，包括了拜占庭帝国和塞尔柱帝国时期留下的西亚安纳托利亚半岛和欧洲巴尔干半岛的东色雷斯地区。土耳其共和国与叙利亚、伊拉克、希腊、保加利亚、格鲁吉亚、亚美尼亚、阿塞拜疆和伊朗等8国接壤，国土面积为78.36万平方公里，2014年人口大约7562万。[①] 35.3%的人口属于0—14岁年龄段，表明该国年轻化的特征[②]。土耳其人是土耳其的主要民族，另外，土耳其有40多个少数民族，包括库尔德人、拉兹人、含姆辛人、亚美尼亚人、维吾尔人等。土耳其人绝大多数信奉伊斯兰教。1984年的《土耳其宪法》第26款宣称："不能使用法律禁止的语言来表达和传播思想。""任何培训学校和教育部门在教授土耳其公民母语时只能选择土耳其语。"宪法同时禁止库尔德语在土耳其的教学和使用。[③] 在语言实践中语言使用情况就很复杂。奥斯曼帝国末期穆斯林之间通常讲土耳其语、阿拉伯语、库尔德语、切尔克斯语、拉兹语、格鲁吉亚语等，而非穆斯林族群间常使用希腊语、亚美尼亚语、犹太语、西班牙语、法语等。

18世纪后期是奥斯曼帝国现代主义产生的时期，奥斯曼帝国企图让国

---

① 中国外交部网站，土耳其国家概况，2015年3月。
② 据ILO网站：http://www.ilo.org.tr。
③ 博纳德·斯波斯基著，张治国译：《语言政策》，商务印书馆，2011年版，第159页。

家机制和社会实现现代化,而保守派同时也反对现代化。奥斯曼帝国对亚、非、欧三大洲实行了500年的统治之后帝国出现了衰落的迹象,财政困难、军力衰弱,这时期恰好是西方殖民化的高峰时期,而殖民化通过资本和人力资源来培育工业资本主义,帝国主义国家企图扩大他们的霸权,并在奥斯曼帝国的疆域内开辟新的市场,寻找原材料来源。就宗教而言,伊斯兰社团的领袖哈里发仍处于危险之中。

事实上,在这一段改革时期展示了饶有趣味的个性,奥斯曼帝国被迫改变自己的政治导向,并模仿西方,以阻止帝国的分崩离析,这阶段的改革呈现出两种互动局面,一方面加强中央集权制,另一方面推经国家现代化。最重要的变化包括建立印刷所,通过在西方国家设立领事馆加强政治联系,这些领事馆考察和研究欧洲国家的教育制度和统治方式,然后将实情向国内报告。脱离国家的知识分子阶层也在形成之中,在18世纪末,新的军事学院建立,在那里,外国军官开始训练奥斯曼帝国的士兵。

18世纪是加强中央集权制的世纪,其意图在于将整个帝国处于广泛的统治之下,在19世纪三四十年代,奥斯曼帝国建立了中央各部、官僚机构、通信系统,特别是铺设了电报线,修建了运输网络。在19世纪中叶,试图建立世俗的教育制度,并实现中小学教育的规范化和标准化,在加强中央集权制和现代化的过程当中,奥斯曼帝国不得不依靠新兴的知识阶层,当这些新兴官僚和新兴军官掌握政权的时候,通向未来的改革道路并不明确。

为了加强中央集权制就扩大了官僚机构的功能,但这些新兴官僚并没得到公众的拥护,但在军队现代化过程当中,这些新兴军官成为后来的共和国的革命派,他们为后来的凯末尔革命奠定了基础。

民族主义此时也登上了历史舞台,欧洲的民族主义运动逐渐影响了奥斯曼帝国的知识分子,奥斯曼帝国的行省如希腊、塞尔维亚,在民族主义斗争的影响下企图与帝国分离,这就导致了民族主义思想的形成,并推动了思想和政治运动的发展,然而奥斯曼帝国对民族主义的态度尚不明确,因为奥斯曼帝国的社会组织完全不同于欧洲国家,奥斯曼帝国是由"米勒特"组成的,"米勒特"从字面理解是民族的意思,但在奥斯曼帝国指的是宗教社团,因此,奥斯曼帝国的社会文化不能定义为是由民族国家组成的同质文化,这非常不利于土耳其民族主义的发育,在奥斯曼帝国里,包括希腊东正教徒、亚美尼亚东正教徒、犹太教徒和人数最多的穆斯林。

土耳其民族主义最早形成于在俄罗斯定居的土耳其人,在俄罗斯帝国的克里米亚和高加索地区居住着人口众多的土耳其人,在此地属于突厥语系民族鞑靼人,也孕育出中产阶级,他们思想成熟,利用民族主义意识形态反对俄罗斯人的统治,而在奥斯曼帝国之内最早的中产阶级主要产生于希腊人、犹太人和亚美尼亚人中,在色雷斯和安纳托利亚居住的大部分土耳其人属于农民,在伊斯坦布尔居住的土耳其人主要是军官和士兵。

在19世纪,欧洲的突厥学家积极进行学术研究活动,他们数次提出土耳其人是一个民族,而且土耳其人的祖先是古代的突厥人,土耳其文化有其独特的属性,土耳其语言也早已存在,而在俄罗斯境内的土耳其知识分子与欧洲思想界保持着密切联系,他们的思想受到了欧洲突厥学家的影响。在奥斯曼帝国的改革时期,出现了第一批突厥学家,他们不参与政治活动,但通过纯洁奥斯曼帝国的语言来开发一种新的民族语言。

一、关于语言的争论

在奥斯曼帝国的历史中,直到15世纪,帝国的语言仍受到波斯语和阿拉伯语的深刻影响,其中阿拉伯语的地位尤为尊贵,因为它是《古兰经》的语言。围绕着皇宫,产生了许多高级文化、艺术和文学作品,它们所用的语言都从波斯语和阿拉伯语中借鉴许多语法规则、词汇和短语,它们从这些古典语言中借用一些词汇,然后再加上突厥语的后缀以此来创造新的单词。为了审美目的,三种语言的规则混合到一起,因此奥斯曼帝国的语言是错综复杂的混合体,它包括土耳其语、阿拉伯语和波斯语。字母是用阿拉伯语写成,书写从右向左书写、字母之间粘连到一起,而且用元音来拼读,民族主义者非常反对阿拉伯语是官方语言。1876年,奥斯曼帝国的宪法中规定,凡有奥斯曼国籍,并为奥斯曼国家服务的人员必须精通土耳其语,因为它是国家的官方语言。

国家官僚机构和知识分子的语言不同于普通老百姓的语言,土耳其语是国家的行政语言和文学语言,帝国的语言结构反应了社会结构,帝国不关心黎民百姓,只要他们能纳税,为军队做贡献就行。当时奥斯曼帝国的官方认为,土耳其人和土耳其语是原始的、有限的,其表达力也很差,而波斯语和阿拉伯语体现了高度发达的伊斯兰文明。所以，奥斯曼帝国关于语言的争论伴随现代化的启蒙也伴随着民族主义的兴起，这些争论包括改变字母体系、简化语言、实行语言的纯洁化和突厥化，在这些漫长而复杂的争论中，支持语言变革和捍卫语言现状都有着非常重要的历史和理论内涵，关于语言的辩论也围绕着公共教育制度、扫除文盲、通信、新闻传媒和出版以及西方化，这些都反应了现代化和民族主义的深刻内涵。

奥斯曼帝国教育部的部长米尼夫帕夏，首次提出需要重新考虑字母体系。1862年，他在一次演讲中指出阿拉伯字母难以学习，因此导致识字率很低，文盲率很高，阿拉伯字母书写复杂，印刷起来费人费事，而拉丁字母印刷符号只有30个，印刷简单易行。

因为传统的教育制度不能培养优良人才以字母体系和语言应对国家危机，西方国家的先进有目共睹，因此急需改革现行教育制度，需要发展世俗的公共教育体系。文盲众多是国家的重大问题，它阻碍了社会进步，知识分子应该关注这一问题，他们要求改革语言体系，采用简单的字母体系和语言，以便黎民百姓能更容易掌握这种语言。一些记者、作家和官员大声疾呼，特别是教育部门和科学领域的从业者要求改革语言文字，新闻传媒对语言和民族主义都有重大影响，因为语言印刷成文才能相对固定，才有助于语言的标准化。印刷出的语言比口头使用的语言更有力量，更有政治含义，只有印刷出的语言才能成为人民的语言，才能成为国家的语言，印刷成文的出版物非常有利于思想和信息的传播，并促进语言的标准化和语言统治地位的建立，只有印刷成文才能让更多的读者来接触、学习，其受众面远远超过知识分子群体。奥斯曼帝国的苏丹强调出版物应该为所有的人所理解。在19世纪30年代中期出版了第一份报纸，伊卜拉辛斯拉斯是土耳其"新闻之父"，他编辑了帝国的第二份报纸——《事件解读》。

1896年6月31日，一名记者在《进步报》上发表了一篇文章，题目为《公共教育》。他认为除非改变字母体系，否则难以实现进步。他建议改革书写方式，也有人对记者的意见提出批评，他认为实现社会进步与采用西方人的字母无关，但与教育制度有关，他还说，启蒙整个世界的文明来源于整个阿拉伯字母，也有来自阿塞拜疆的作家建议改革书写方式，当时著名的诗人拉米可·凯末尔认为阿拉伯字母虽然难学，一旦改变，我们就不会阅读13世纪以来的著作。

在这个讨论中也涉及到民族主义思潮。1876年，有人提出土耳其人是整个奥斯曼帝国的主体民族，他认为土耳其人的历史不是从奥斯曼帝国开始的，它包括所有突厥语系的民族，当时也有人做过问卷调查，内容包括：改革语言字母还是维持语言现状；简化语言，缩小书面语和口语之间的差异；修改书写方式，注明原因；字母单独书写，以便于阅读和印刷；将字母改为拉丁字母，剔除语言中的阿拉伯语和波斯语词汇。

也有人反对语言变革，他们认为改变字母就会让社会与过去隔断，也不可能再利用奥斯曼帝国过去所创造的作品，他们还认为拉丁字母不能完全表现出土耳其人的发音特征，甚至认为如果从左到右书写会使奥斯曼人很不习惯，因为奥斯曼人已经习惯于从右到左书写，更多的人从宗教层面反对改革语言文字，他们认为改革语言字母其用意在于亵渎宗教，因为阿拉伯字母和阿拉伯语是《古兰经》的神圣语言，因为奥斯曼帝国的成名是由宗教集团构成的，阿拉伯字母是团结帝国所有穆斯林的强有力的纽带，而当时奥斯曼帝国正受到基督徒分裂主义的影响。

综上考察，说明语言是个至关重要的问题，因此任何有关语言的考虑都涉及到某种政治立场，也因此不用大惊小怪，那些要求简化语言的人站在西方化和现代化的战线上，那些要求纯洁语言的人站在民族主义的立场上，那些抵制变革、维持现状的人在现存社会的等级制度中相对处于有利地位，但这并不是说任何有关语言的争论都属于政治斗争的延伸品，但是显而易见，语言问题本身就是一个政治问题。

与此同时，有关奥斯曼帝国语言改革的另外一个话题就是使用电报，但从技术上考虑，电报不得不使用拉丁字母，因此，自然而然地在整个帝国的范围内，就应该有一个标准的、简单化的语言，但奥斯曼帝国及其统治集团自傲自大，他们对此还处于考虑审查阶段。

与此相联系，普通人民的政治需要受到了社会和学者的重视。首先，帝国旧有的政治合法性容易动摇，要重建一个国家的合法性。第二，要实现现代主义者和理性主义者的目的，以西方国家为榜样。第三，出于军事和民族主义目的，要动员普通民众参与改革，以上有关语言的讨论仅仅局限于精英和知识分子阶层，在19世纪奥斯曼帝国的历史中，普通人民仅仅是一个概念，但在以后的岁月中，受民族主义政治思潮的影响，普通人民必将参与到改革的洪流中。

伴随着这些知识界的争论，建立了一些委员会，以便改革字母和语言，但是这些书写改革微乎其微。

1908年6月23日，青年土耳其党人宣布建立立宪君主制，他们击败了阿卜杜拉·哈米德的独裁统治，土耳其的民族主义思想家开始走出了学术圈子，并公开阐明他们的政治思想，并把他们的思想提炼为一种意识形态，令人惊讶的是，他们有了实现政治思想的历史机遇，因为他们的组织——"统一和进步委员会"开始掌权。

有关语言的争论越来越聚焦于民族主义，在萨洛尼卡出现了一个推广土耳其语的组织，他们出版了一份杂志《年轻的笔》。到第一次世界大战结束时，主张简化语言的改革派已经从政治上战胜了保守派。

二、共和国之后：国家精英和社会

在统一和进步委员会掌权的阶段，第一次世界大战和独立战争发生了，从1908—1923年，土耳其的历史发生了剧变，这期间民族主义和现代化蓬勃发展，这期间国际上的帝国主义企图压制和分割土耳其，导致了1923年土耳其共和国的成立和凯末尔革命的爆发。

奥斯曼帝国站在德国的一边参与了世界大战，尽管奥斯曼帝国在前线打败了法军和英军，但帝国最后属于战争的失败者，伊斯坦布尔政府和协约国签订了条约，导致英国人、法国人、希腊人、意大利人来瓜分色雷斯和安纳托利亚。英军和法军占领伊斯坦布尔，很多民族主义者和知识分子被视为潜在的危险分子，因而被驱逐到马耳他。统一与进步委员会的很多成员逃亡到安纳托利亚高原，在那里他们建立了地方抵抗组织——护权协会。1920—1922年的独立战争就是在护权协会的领导下在整个安纳托利亚高原展开的。1920年4月23日，在安卡拉数次召开大国民会议，大国民会议在莫斯塔法·凯末尔的领导下逐渐取得了统治全国的权力，并成为安纳托利亚各族人民唯一合法的代表。1919年5月18日，当希腊军队占领伊兹密尔的时候，土耳其爱国主义者击败希腊侵略者取得了巨大胜利。在大国民议会宣布成立了两年之内，安纳托利亚一直处于土耳其军队的掌控之中。1923年6月24日，经过艰苦谈判签订了《洛桑条约》，三个月之后大国民会议宣布土耳其共和国建立。

三、土耳其共和国建立的背景

土耳其共和国建立之后，凯末尔主义就成为唯一的意识形态，也成为国家的政治纲领。1935年，人民共和国的党纲中就提出了凯末尔主义原则，人民共和党的总原则就是凯末尔主义。

凯末尔主义是为了构建一个国家，它是土耳其人对落后和传统主义做出的反应，这种思想的核心就是凯末尔的个人魅力和思想品格，凯末尔主义的构成包括世俗主义、民族主义、理性主义、共和主义，这些都具有深刻的现代思想。凯末尔主义显然形成于英雄魅力型的影响之下，在独立战争期间，在其后战胜愚昧落后的过程中，在实现国家重建的伟大使命中，凯末尔赢得了崇高的威望，建立了超凡的、崇高的魅力和影响力。

共和国建立之后，现代主义者和主张西方化者都企图改变社会，其首要任务是构建一个国家。在凯末尔革命之后，从服饰改革到采用新的拉丁字母，从废除哈里发制度到赋予妇女选举权和被选举权，在整个20世纪20年代之后，国家干预和规划了人民的社会文化生活。

作为意识形态的最重要一步，是重写国家的历史以支持国家民族独立，这段历史最关键的是要叙述独立战争的历史。在独立战争期间，该国的不同民族结成穆斯林联盟来反对基督教敌人，但是在官方的话语解释中，土耳其人作为一个民族开始崛起复兴，他们反对帝国主义列强，解放自己和自己的国土。当然，真相是，战争不是通过民族主义情绪而动员起来的。在当时的奥斯曼帝国，人口的绝大多数是农民，在遭受连年的战争破坏之后，大部分军人开始厌战，不愿再战。在很多行省，人民欢迎外国占领军进入，这种历史真相当然不能进入所谓的民族国家历史，因为这种历史内容属于历史学家的个人范畴。

在共和国建立之前第一批民族主义者的社会经济地位与普通的土耳其农民不可同日而语，他们是作为中产阶级的官僚、教师和军官，这些人的政治参与热情很高，他们继承了上一辈人的遗产，企图挽救奥斯曼帝国，因为他们的社会政治地位受到了外国占领军的影响，欧洲国家的政治经济统治威胁到这些城市中产阶级的社会地位，但对乡村的农民影响不大。

因此，他们的阶级地位决定了他们有可能产生民族主义思想，特别是在"青年土耳其人"和统一与进步委员会领导时期更是如此。很多城市中产阶级接受的是欧式教育,并在欧化的环境中长大,他们熟悉欧洲文化,他们当然也熟悉欧洲的民族主义运动,他们能够利用现代工具团结组织抵抗力量,并从军事上反对帝国主义列强,因为他们有这样的意识。他们协调各种抵抗力量,在爱琴海地区抵抗希腊人的侵略,他们也构成了凯末尔革命中的现代化和西方化的中坚力量。

这些中产阶级民族主义者也是共和国历史的撰写者,在他们的想象中,土耳其人满怀民族主义热情,土耳其民族与奴隶制殊死搏斗并赢得独立。在共和国建立之后,在凯末尔革命之中,他们想象的土耳其民族参加了走向文明的伟大战争。但历史真相与此不同,在凯末尔革命期间,许多反革命叛乱蔓延全国,特别是库尔德人和伊斯兰主义者不断反抗,但都受到军队的残酷镇压,这个国家从来都不是指的是一个统一的国家,也不是一个土耳其民族的单一国家,但它不断追求现代化和西方化。

尽管如此,精英分子在构建国家过程中的作用不能夸大,因为另外一个与此平行的工程就是团结和动员普通人民投入到现代化建设的过程当中。共和国的统治者知道除非得到普通人民的支持,革命将不会长久。

军队是凯末尔革命中的主角,土耳其军队的作用有其深厚的历史背景,因为他是奥斯曼帝国最早实行现代化的元素。从这个意义上讲,军队是构建民族国家过程中的主力军,是军队而不是政党,军队率先接触到进步的思想,军队是传播改革思想的主要渠道,军队也是这个政权最坚实的权力基础,也是革命理想的捍卫者。在土耳其共和国的前10年,议会中很多杰出人物大多属于独立战争中的军官。

土耳其革命的一个社会副产品那就是崇尚科学,相信科学和理性的方法,科学被认为是助推现代化的主动力,因此,在现代化的过程当中,在每一个社会问题上都应该讲究科学方法,正如凯末尔所说:"一种进步的生活只有通过科学方能获得,科学在哪里,我们就在那里汲取科学知识,并将科学放在每一个国民的头脑中。"社会的进步和文明开化应该具有积极因素,西方是现代科学的发源地,在土耳其官方的文件中,进步、西方化、现代化和科学所指引的道路往往具有相同的含义。因此,在土耳其民族之中只有依靠科学,土耳其的艺术、经济、诗歌和文学才能展示出他们的魅力。

四、共和国前十年的民族主义：土耳其化

正如我们所观察到的奥斯曼的遗产，变革的思想、改革和发展仅仅局限在土耳其的军人和官僚阶层，这些精英分子没有竞争者，既没有任何形式上强大的中产阶级，也没有贵族，这两个阶层构成了凯末尔革命的源头，革命自上而下进行。

在共和国建立之前，民族主义者积极参与国家建构过程，对土耳其民族的想象不仅仅是一种崇高荣誉的存在，也应该是一项伟大的工程，其本质是打造一个新兴的国家，并在知识分子中形成对它的热爱与忠诚。

社会工程首先是不惜所有的代价以西方为榜样，与此相对应也要培育土耳其意识与土耳其文化，因此一方面，需要同时打造两副面孔，一种文化；另一方面，也要建立起对土耳其文化的热爱，因为它是具有几千年历史的真正文明，只有这种古老的文化适应了现代化的需要，这种令人赞赏的文化方能实现自身的目的，语言革命在这条道路上至关重要。这个工程包括要用辉煌灿烂的未来取代令人屈辱的历史，因为在奥斯曼帝国统治土耳其民族时，发达的文化贬低、歧视土耳其文化。那便是他们一段不堪回首的屈辱历史，土耳其辉煌的未来在于其将来在文明国家之林将占一席之地，这必将证明土耳其文化其本身就是令人肃然起敬的文化。

对这种互相矛盾的建议，我们需要深入剖析。在民族主义者的想象中根据国家理论，一个民族应该是一个统一体，国家应该从其民族成员的意愿中获取权威。从这个层面上讲，民族应该有其辉煌灿烂的过去和真正的社会习俗，正是这些民族特征在奥斯曼帝国的腐朽统治之下得以顽强生存，因此要实现本土文化的政治化。土耳其人作为一个民族统一体应该在其艺术、文学、工艺、歌曲、舞蹈、饮食和服饰来重新发现其民族特性，这一切都来自于人民的精神世界，并展示出他们本来的天赋。从积极的方面来理解，这种思想就可以从理论上支持土耳其民族认同的科学依据。在20世纪30年代，土耳其历史论文和太阳语言理论从科学角度论证了土耳其民族的伟大，在这里，语言被认为是提供改革合法性的主要因素。

通俗文化的政治化和人民的纯洁化同时进行，这种纯洁不仅仅指的是整个社会的同质化，即通过排除或同化非土耳其民族，它原指的是回归到土耳其的本原上去，说道社会的同质化，特别值得一提的是在第一次世界大战和独立战争期间，安纳托利亚和色雷斯的人口结构发生了剧烈变化。有历史学家指出在第一次世界大战之前，在今天土耳其境内居住的人口之中，每5个人就有1个属于非穆斯林，在独立战争之后，这个比例下降到1/20。除了战争的灾难性影响之外，非穆斯林人口减少的主要原因还在于亚美尼亚人、希腊人和犹太人的逃亡。到1923年，土耳其国土上的居民95%以上属于穆斯林，仅仅留下了两大语言族群，土耳其人和库尔德人，还有一些其他少数语言族群，如希腊人、亚美尼亚人、讲叙利亚语的基督徒，讲西班牙语的犹太人，还有高加索山脉的那兹人，讲阿拉伯语的穆斯林，这样，非穆斯林族群对于共和国建立之后，民族主义精英分子所想象的民族统一体威胁日益减少，然而，人数众多的库尔德人对于打造统一民族威胁日益增大。

年轻的共和国为了追随民族主义的共同特征，就开始同化残留下来的少数民族，即严格限定公民身份，占人口多数的民族其利益合法化并视其为自然而然，这个过程完全等同于国家的现代化过程，在20世纪二三十年代，公民身份认同和土耳其民族认同都是打造民族认同的主要手段。

在土耳其境内生活的所有居民都应该属于土耳其公民。在1924年的宪法中，土耳其是一个政治概念而不是种族或宗教概念。1931年，共和人民党的党纲中，民族就是一个由公民组成的政治单位，它是由同一种语言文化和思想连接到一起的群体。1931年，阿萨土尔克的课本《民权读本》在学校里被使用，课本里面写道，民族就是一个由个人组成的共同体，他们拥有共同的历史，他们居住在一起并在未来决心保护他们的历史记忆，就在同一本书中认为土耳其民族是建立土耳其共和国的人民，另外一篇文章指出土耳其民族的语言是土耳其语，显而易见，统治集团事实上更看重土耳其民族属性，认为它是新兴国家的核心要素，以此来反对其他非土耳其民族。

就在同一本书对穆斯林少数民族也有一些矛盾的看法："今天在土耳其的政治和社会社团里，那些宣传库尔德人、高加索人、波斯尼亚人、纳兹人思想的人也属于我们的公民和国民，尽管这些错误思想属于过去独裁时期的产物，但不能够影响这个民族的任何成员，除非受到敌人或者没有头脑的反革命的利用，因为这个民族的成员拥有和其他普通土耳其人一样的共同历史和伦理道德。"

在奥斯曼帝国时期和独立战争期间,民族这一概念主要指的是宗教集团。在共和国建立之后,民族这一概念主要包含两大因素,第一是穆斯林;第二是讲土耳其语,在土耳其的宪法中规定土耳其也是国语,在这些革命精英的心目中,那些非土耳其人不论是从语言上还是宗教上都应该被同化,因此他们认为,历史上的赫梯人也是土耳其人,现在的库尔德人当然也是土耳其人。

在共和国时代,库尔德人是该国人口最多的非土耳其人,在独立战争期间,他们是盟友。然而,在共和国建立之后,传统的伊斯兰制度通通被废除,即废除了哈里发制度,宗教法庭和宗教学校也同时废除,这就意味着要打造一个现代的、世俗的、西方化的土耳其,但同时就与过去切断了联系。在过去,大家都是穆斯林身份,都拥有共同的穆斯林利益。在这个阶段,土耳其国家对盟友库尔德人采取了不同的政策,因为土耳其政府推行中央集权制、世俗化和土耳其化。到1938年为止,库尔德人一共发动了16次叛乱,特别是1925年在哈里发被废除一年之后,库尔德人的叛乱劳民伤财,其财产和人力损失甚至超过独立战争。在叛乱中,土耳其议会通过了《维持秩序法》授权政府在未来两年通过行政措施,禁止任何组织和出版物危害法律和秩序。除了立法之外,建立了两个赋予权力的独立法庭,一个在土耳其的东南部,那里是叛乱频发的地区;另外一个在安卡拉。这成为土耳其国家的转折点,即不再宽容任何反对派,并通过立法程序强有力地推进激进的改革以镇压传统的伊斯兰分子和机构。

在改革中,不断强化土耳其属性,其中一个问题就是声称库尔德人实际上就是土耳其人,在20世纪30年代,土耳其竭尽全力来论证这个结论,库尔德人被看成是山地土耳其人,只是他们的语言与土耳其人稍有区别。

我们还要讨论现代化、世俗化和民族构建之间的关系,年轻的共和国统治者力图从上层来发动革命以改造整个社会基础,但是并没有做广泛深入的宣传,推动革命的主要力量是军队,还有"土耳其家庭"这样的组织和人民共和党的电台及其分支机构,反对派的新闻媒体一律被禁止,国家的和地方的报纸都由议会的议员或者共和人民党的地方领导所掌控,他们支持和赞美变革,在全国举行很多会议,向公众宣传革命。

五、在民族构建中的语言

"土耳其国家是基于领土范围内的民族主义,土耳其人就定义为在这个领土范围内的居民,但在现实中,土耳其属性就变成了一种语言范畴。"

当土耳其官方的民族主义越来越强调它的民族属性时,土耳其属性就包含了土耳其语言,在 20 世纪 20 年代中期,对于字母和语言的长期讨论达到了顶峰,这种文化的转型是为了构建一种新的文化,语言将是其中的关键因素。

1928 年土耳其开始了字母革命,1932 年土耳其开始了语言革命,这是由民族主义精英分子所倡导的相互联系的必然结果,这也就是土耳其语官方化的结果。

六、地位规划:语言的官方化

随着共和国宣布建立,1921 年的宪法于 1924 年进行了修订,该宪法直到 1960 年政变之前一直在发挥作用。宪法的条款规定,土耳其国家的官方语言是土耳其语。根据 1927 年的人口调查,土耳其国家的语言构成如下:讲土耳其语的人有 11777810 人,占全国人口总数的 86.41%;讲库尔德语的人 1184446 人,占总人口的 8.68%;讲阿拉伯语的人 134272 人,占总人口的 0.98%;讲希腊语的人有 119822 人,占总人口比例的 0.87%;讲契尔克斯语的有 95901 人,占总人口比例的 0.7%;讲希伯来语的人有 68900 人,占总人口的 0.54%;讲亚美尼亚语的人有 64745 人,占总人口比例的 0.47%;讲其他语言的人口总数有 183591 人,占总人口比例的 1.35%。

阿塔图尔克说:"在正式的交往中使用土耳其语,这应该是人人都接受的事实,这也是一个自然而然的过程。"这从意识形态上掩盖了当时的历史和政治背景,在这个思想的背后,暗含着这块土地是属于土耳其人的,这块土地上的语言自然而然应该是土耳其语,这必然排除了所有其他不讲土耳其语的人,并把他们视为外人。

土耳其语言地位的规划并不仅仅局限于语言的官方化。与此同时在语言中也强化了土耳其化,那些占人口最多的讲土耳其语的人也很支持语言的土耳其化,因此在宪法中规定的公民身份更多体现了民族主义对土耳其民族属性的偏好,而不是把公民看成一个民权概念。

阿塔图尔克说:"一个人如果不讲土耳其语,如果他声称自己不属于土耳其文化,不属于土耳其社团,这简直令人难以相信,因此,《土耳其家园》这份杂志的唯一使命就是让这些人变成真正的土耳其人,也就是他们都讲我们的语言。"阿塔图尔克在另外一次演讲中说:"土耳其属性就是土耳其语,语言是国民认同最重要的特征,谁说他是土耳其民族,谁就应该绝对和全部地讲土耳其语。"在全国禁止使用库尔德语,土耳其语是土耳其唯一的官方语言,它也是希腊人和亚美尼亚人、犹太人唯一允许应用的交际语言,而这些少数民族的语言权力是《洛桑条约》第40条里面所规定的受保护的权力。然而,土耳其国家通过一次又一次的运动,限制他们使用自己的民族语言。从1927年的人口统计来看,讲这些少数民族语言的人数急剧减少。1937年,一些市政府决定在自己的管辖范围内禁止讲除土耳其语以外的其他任何语言,当时他们高喊着一个口号"公民!讲土耳其语!"那些讲土耳其语的公民常常警告那些不讲土耳其语的人。

在中学里所使用的历史教材也反映了这种意识形态,课本这样说:"土耳其种族总是应该用同一种声音说话,因为土耳其语是我们大脑的杰出产品,同时,今天我们这个伟大的社会,必须符合一个民族的定义。"官方语言是公民独特的官方认同的象征,除了我们的土耳其语之外,我们的思想就不能是土耳其的,除非我们的思想是土耳其的,一种土耳其文化并不能存在。

土耳其语言的统治地位日益强化,其目的在于排除对民族统一的任何其他潜在的威胁,特别是库尔德语在全国被宣布为非法语言,但同时另一方面将库尔德语的地位降为土耳其语的地方方言。民族语言的思想认为在一个无差别的社会里,没有任何一个人拥有特权或优先权。在这里我们发现,在语言政策的制定中,谁有权力谁说了算,这个国家拥有强大的军队,拥有完备的警察和司法权力,它拥有权力来决定谁是官方语言,谁是土耳其人,谁是公民,谁不是公民。

七、语料库规划

语料库规划是指在学校、政府，在书写系统、拼读系统，在字典和语法中如何规划使用一门语言。

八、字母革命

凯末尔在领导革命之前似乎早就有了语言变革的思想，当土耳其共和国在执行《维持秩序法》期间就推行了一个激进的改革，即字母改革，而且这次改革几乎没有遇到强大的阻力，这真是在最合适的时机所选择的改革。因为在此之前，如果改变字母，反对的力量就很强大。早在1924年，一名议员在议会里宣布改革字母就受到了反对派的猛烈攻击，然而他却受到了媒体的广泛追捧。

土耳其教师联盟在1925年和1926年就采用拉丁字母做了一项调查，结果显示大多数老师反对改革字母。1926年，一份报纸进行了针对知识分子的民意调查，大多数知识分子不同意改革字母，其中一个反对派具有犹太人的血统，他认为，如果改变字母体系，科学和人文学科就仅仅局限在可怜的土耳其语文献里，他也说这种改变必将让土耳其人远离那些利用阿拉伯语写作的人，新一代人将对1000多年以来文学和历史以及科学一无所知。这个人的发言不无道理，因为在字母革命的背后确实就隐藏着这种危险。

1926年，在巴库建立了突厥学代表大会。大会热烈讨论了土耳其共和国想把现行的字母体系改为拉丁字母。随着世俗主义和现代化浪潮的高涨，到1928年4月，伊斯兰教将不再是土耳其的官方宗教，从宪法中清除了所有有关宗教的条款。在5月，土耳其政府采用了国际通用的数字，组建了语言委员会来研究拉丁字母的特征。8月，将要采用的新的字母体系递交给土耳其共和国总统凯末尔，以获得总统的同意。8月9日，凯末尔发表了著名的演说，宣布土耳其语采用新的字母体系。

接着，建立了一个集中训练营，先让国家官员和教师来学习新字母，再向公众教授新字母体系。凯末尔总统到全国各地去巡视、督查，一则鼓励公众学习新字母,二则监测整个学习过程,有很多历史文献和图片显示,他是如何督查全国人来学习新字母体系,这些人包括从地方总督到普通劳工,议会的议员也都各省去巡视,鼓励国人学习新字母体系,在举国上下组织了数以百次的课程。截至10月1日官方机构之间的通信联络将采用新字母。

11月1日,议会通过了批准和使用土耳其字母法。然而,令人感兴趣的是直到议会通过这项法律,官方机构早已开始使用这种新字母,事实上,它早已变成了土耳其语字母,这也说明,当时凯末尔总统的权力远远大于议会的权力,总统的同意就足够了,而且总统的决定起到最关键的作用。在11月,在全国组织了许多民间学校,一直向公众教授新的读写方法,这些学校在1929年新年的第一天,在很多城市开办,通过这些学校向那些文盲和那些只知道阿拉伯字母的人教授新的字母,整个过程需要2—4个月。

在这其中,军队的作用功不可没。在所有识字的男性人口之中有超过10%的人口是在军队所办的扫盲班里学会读书识字的。当时全国读书识字的总人数有3161159人,其中就有35万人是在军队的帮助下脱盲的。除此之外,那些在军中接受教育的人,在退伍后返回他们的乡村,继续承担一个乡村教育者的角色。由此可见,军队不仅是现代化过程的主要推动者,而且也培养了现代化过程中的个人参与者,这些退伍军人把他们的现代思想、掌握的农业技术和民族认同思想带到了全国各地,极大地推动了土耳其的现代化过程。

下面我们要讨论字母革命的理论和政治内涵。韦伯斯特恰到好处地评价了字母革命的意义,他认为由凯末尔主义者所推行的字母革命是最经济的教育方法,因为从阿拉伯字母改变为拉丁字母在接受教育的过程中就可以节约大量时间。这是千真万确的,不像阿拉伯字母,新采用的拉丁字母一个单词对应一个发音,如果一个人学会了这个字母的发音,那就很容易学会书写和阅读。除了它在功能上的好处之外,字母革命本身是土耳其现代化和民族构建过程中的有机组成部分。

土耳其杰出的政治家伊洛努总统,是仅次于凯末尔的第二号人物,他认为字母革命不能仅仅理解为便于阅读和写作,对我们而言,字母革命的好处和效果还在于它有助于文化变革,在我们这个时代,采用拉丁字母本身就是拯救我们的民族语言和文化。然而与此相对应，在马拉塔尼亚引进介绍学习新字母体系的一个月之后，伊洛努对公众演讲，他说新的字母体系有助于减少文盲，这种双重表达方式具有深刻用意，减少文盲显然出于策略目的。在改变字母之后，还有其背后原因，伊洛努总统的看法显然有助于减少反对派的过激反应。

著名的土耳其史专家伯纳德·路易斯也同样评价了字母革命，他认为，字母变革的基本目的并不具有太多的实际和实用价值，而具有深刻的社会和文化含义，改革的目的显而易见，即让土耳其与过去及东方隔断联系，最终融入现代西方的文明之中。另一方面，土耳其民族主义者有两个相互关联的看法，它强调，真正的土耳其文化非常适宜这种字母变革，如果不适应这种民族主义运动就不能继续推进国家的现代化，因为旧的字母体系不适应真正的土耳其语言体系。

另一种看法认为，写下所说的语言其意义不能低估，它证明了一个独具特色语言的存在，新的土耳其字母体系拥有自己独特的拼读和独特的字母，它证明了土耳其人真正拥有自己的语言，也证明了土耳其人是一个独具特色的民族，也反证了坚持阿拉伯字母体系的不合理性。

前面我们讨论过在奥斯曼帝国的现代化改革初期，出版设备特别有助于土耳其民族主义的诞生。同样的，出版界和文学圈正在推进字母革命，新兴的字母体系有利于出版，这将会让占统治地位的意识形态传播到更多的普通人民的心目中，同时扫除那些潜在的敌人，字母改革的成功既影响了那些通过旧字母体系读书识字的少数人，也影响了那些讲着不同方言，同时都讲土耳其语的大多数人。

字母体系的改变在土耳其语言学界引起了热烈的争论。在字母体系改变之后，极端的纯洁主义者变得比过去更有影响力和控制力，其原因有以下三点：第一点在于通过国家法令进行语言改革更容易获得成功；第二点，字母革命本身起了一个催化剂的作用，用拉丁字母书写大多数阿拉伯语和波斯语单词看起来就像是外来的单词显得很古怪不可理解；第三点，极端的纯洁主义者就是清楚土耳其语言中的所有非土耳其因素，这与20世纪30年代极端民族主义的思想完全一致。

九、语言革命

1932年，土耳其举行了第一次语言代表大会，这是纯洁主义者和温和派的一次摊牌，温和派认为语言不能按照革命的模式进行改变，但支持方认为，其反对派简直就是反革命心理。最后双方达成一种共识，大家都认同人类文明的第一个语言是土耳其语，人类历史上第一个文明来自土耳其人，为了证明古代土耳其民族的存在，就要在语言的研究中寻找充分的根据。

这次代表大会之后，作为土耳其历史协会的姐妹组织，接着成立了土耳其语言研究协会，后来这个协会改名为土耳其语言协会，其目的在于纯洁土耳其语，实现土耳其语的土耳其化，这被看成是一次"独立战争"。正如凯末尔所说，土耳其民族历史已经证明它有能力捍卫它的国家，捍卫它的完全独立，也应该把自己的语言从外国语言的桎梏下解放出来。一种独具特色的纯粹的土耳其语将不会依赖任何其他语言，并将支持土耳其民族的特性，因为土耳其民族有自己固有的民族认同。

凯末尔领导了语言纯洁化过程。在20世纪30年代，凯末尔在总统官邸举行了大型招待会，在招待会上讨论的中心议题就是语言，学者们发现新的词汇并进行历史学和人类学方面的辩论，这些参加聚会的人积极倡导纯洁土耳其语，这些语言研究者不仅有助于语言纯洁，可能更重要的是他们被看成构建民族国家的主角。

伊斯坦布尔的土耳其语被认为是纯洁的真正的土耳其语，它与大多数土耳其农民所讲的语言有很大区别，因为伊斯坦布尔的土耳其语继承了奥斯曼帝国的语言遗产，也继承了法语的影响，这种语言适用于都市化的语言生活，因此很多学者来研究伊斯坦布尔的语言特征，并把伊斯坦布尔的语音提升为国家的标准发音，尽管讲伊斯坦布尔土耳其方言的人数占少数，但这少数人拥有强大的社会、政治和经济地位，伊斯坦布尔土耳其语的主导地位反映出民族主义精英分子以伊斯坦布尔为根据地。因此，他们的政治能量也来源于伊斯坦布尔，由此我们可以看出，民族主义的社会和经济地位。事实上，去除土耳其语中的外来词汇，从地方方言中筛选出比较合适的民族化的单词，以取代这些外来词汇，但是其发音采用伊斯坦布尔土耳其语的形式,并用新发明的字母进行书写,这也证明了城市民族主义精英分子在构建民族的过程中处于居高临下的地位。

在第一次语言代表大会结束之后,土耳其语言协会的成员开始从地方方言、古代文献,甚至于中亚的突厥语系的各种语言中搜集词汇以取代奥斯曼帝国时期的词汇,土耳其语言协会在每个省都建立了一个委员会,报纸也参与了语言改革活动,他们也竭尽全力寻找新的词汇,同时,广泛动员民众参与此项活动,此举有利于民众建立民族认同,强化深化民族认同,让他们意识到他们属于同一个民族。阿塔图尔克也修改了他的名字,以便于土耳其语法规范中的元音发音保持一致。1934年,土耳其共和国通过了姓氏法,此举极大推动了语言革命,因为每个人所选的姓氏必须来源于纯粹的土耳其语词汇。

纯洁主义运动也遇到了重重困难,极端主义者开始创造了很多新词,虽然在很多场合中大力提倡这些新词,但公众对此毫无反应,这种新语言让大多数民众不理解,这也就像在奥斯曼帝国时期普通民众不理解一样,尽管改革者声称语言革命主要用意在于缩短书面语和口语之间的差距,缩短统治者和知识分子的语言与普通人民之间的语言的差距,然而,这些新造的纯粹的土耳其语词汇尽管在官方语言中屡屡使用,但这些精英分子的语言对于黎民百姓而言简直就是外语。例如,1934年10月,瑞典王储古斯塔夫·阿道夫来土耳其访问,凯末尔总统热情接待,但凯末尔做了一个令大多数人很难理解的演讲,因为演讲稿里面充满了大量新词。这种纯粹的土耳其语不仅在地方聚会中使用,也在议会的人民院中使用,但大多数听众难以理解全部内容。到1935年,引起学者激烈争论的土耳其语言理论开始诞生。

十、太阳语言理论

1935年来自于维也纳的一名语言学家名字叫赫尔曼·可维杰克博士递交了一篇论文。他从心理分析的角度解释了人类语言的诞生过程。这篇论文引起了凯末尔的高度重视,受到凯末尔大张旗鼓的鼓励,此论文就成为土耳其官方的语言理论。1936年,在第三次语言代表大会上,此理论受到了广泛支持,该理论的核心要点是古代的土耳其语也可以称为突厥语,它能够提供人类语言的源头。欧洲的语言学家不能够解决语言起源论问题，因为他们忽视了土耳其语，这个理论挑战了现行的语言学理论。

土耳其学者利用人类学发现和考古学发现来支持这种理论，该理论认为，人类所有的语言都来源于一个原始的语言，而这种语言是中亚的人所讲的，而土耳其语言又是人类所有语言中与这种最古老、最原始的语言最接近的语言，因此，所有的语言都是借助于土耳其语，从一种原始语言中发展而来的。凯末尔亲自领导这个学术活动，凡是对语言革命感兴趣的人不管他是否是语言学家，他们都力图来解释现在语言中的每一个词汇都属于土耳其民族，他们的学术依据是虚假的词源学。在第一次语言代表大会之后，他们声称土耳其语是印欧语系的母亲，现在他们声称土耳其语是所有高度发达的"文明语言之母"，这种高度文明包括苏美尔文明、赫梯文明。根据凯末尔的命令，在安卡拉大学语言学系、历史系和地理系讲授这种语言理论。[①]

这个理论仅仅是为了论证土耳其民族属于一个历史悠久民族，土耳其民族有其自身的民族认同，其文明和语言在历史的长河中源远流长，他们企图证明土耳其人是这个国家的真正民族，它在国际社会早就应该得到认同和尊重，还有的土耳其学者认真研究了土耳其历史，认为历史上的神话对于一个民族的认同至关重要，这些伪科学的理论都是为了打造民族认同。这种太阳语言理论在某种程度上与过分的语言纯洁运动相矛盾，因为这种理论有它的实用价值，如果所有的单词原本都来源于土耳其语，那就没有必要在现行的土耳其语中清除这些外来词汇，然而太阳语言理论的支持者反对这种说法。在第三次语言代表大会上，土耳其语言协会的秘书长说，那些认为太阳语言是用来保护外来词汇的，因为这些外来词汇在本质上都属于土耳其语，这种说法是错误的。太阳语言理论的支持者是凯末尔，它是在凯末尔权威的推动下兴盛起来，随着凯末尔的去世，这种语言理论也销声匿迹。

十一、对语言政治的评价

土耳其的语言革命一直持续到1938年，下面从四个方面全面论述凯末

[①] 昝涛：《现代国家与民族建构：20世纪土耳其民族主义研究》，生活·读书·新知三联书店2011年版，第322页。

尔思想中语言政治的特点。

第一点，语言政治与新兴民族国家的现代化和世俗化联系在一起，清除阿拉伯字母和阿拉伯语单词的主要目的是清除所有来自于阿拉伯的影响，因为阿拉伯文化被视为伊斯兰文化和东方文化。在西方化和现代化的土耳其国内，不会再有任何旧生活的社会或者文化烙印。1924年，土耳其共和国颁布了《教育统一法》，随之开始了教育制度的现代化，根据这项法律就关闭了宗教院校，宗教院校是伊斯兰文化的传播者，在那里教授《古兰经》及其阿拉伯语，现在土耳其语成为各级学校的教育教学语言，在以前，在学校学习与教授阿拉伯语和波斯语是必须履行的义务。

与语言相关的宗教事务的变化是土耳其人在祈祷时用土耳其语，并把《古兰经》翻译成土耳其语。1933年，在土耳其的布尔萨市有些人抗议这种变革，并发动了叛乱，但随之很快就被镇压。凯末尔随之发表讲话："必须确保土耳其人的民族语言和土耳其人的民族认同在整个生活中占据核心地位和统治地位。"显而易见，土耳其的民族认同将会取代任何其他形式的认同，伴随着字母和语言革命，与东方和伊斯兰教相联系到一切的事物被摧毁，过去在地方上有权有势的宗教领袖的权威也受到严重威胁。

第二点，语言政策与凯末尔主义精英分子的官方民族主义联系在一起。从意识形态上讲，新生的土耳其共和国要让自己与奥斯曼帝国的统治相区别，因为他们认为奥斯曼帝国的统治对土耳其民族而言是腐朽堕落的，也是危险的，因此有关土耳其语言的全部辩论都采用革命和民族主义话语，这关系到如何看待奥斯曼帝国的统治。他们认为现在的土耳其语属于民族语言，奥斯曼帝国时期的语言属于统治集团的语言。在第一次语言代表大会上，凯末尔特别指出，在奥斯曼帝国统治时期土耳其语一直保留在人民的口语中，而奥斯曼帝国的知识分子让土耳其语腐朽堕落，所谓语言革命，其目的在于实现新土耳其人民和知识分子语言的统一，新土耳其就是人民的国家。民族主义统治者深刻认识到普通人民与知识分子和统治精英是多么的陌生与遥远，为人民说话正是凯末尔政权存在的正当理由，奥斯曼人是腐朽堕落的政权，共和国的民族主义者是美好的政权，两者之间天差地别，他们认为奥斯曼帝国是落后的、传统的、属于东方的，新生的土耳其共和国是进步的、现代的、属于西方的。单从语言比较而言，有人认为土耳其共和国的语言将是人民的语言，奥斯曼帝国的语言是诗人的语言，这些诗人品着葡萄酒，懒洋洋地躺在床上，闻着鼻烟，穿着袍子，带着头巾，手里拿着念珠，口里讲着伊斯兰教士的话。

凯末尔常常攻击奥斯曼帝国。就文盲问题，凯末尔说："这不是我们的错，这是那些人的错，他们用铁链禁锢了土耳其人的头脑，他们不理解土耳其人的天性，而土耳其共和国的统治者完全理解这个伟大民族的天性"，并认为土耳其文明的复兴将通过这些民族精英分子来实现，语言政策和革命息息相关，共同交织成民族主义的理论，因此在构建民族认同中语言民族主义是核心要要素。

民族主义的特征在语言政策中随处可见，最引人注目的特点在于其一面赞美人民的土耳其语，一面企图实现西方化并纯洁语言。人民的语言来源于土耳其民族主义的遗产，在新生的土耳其统治者的语言和人民群众所使用的语言应该趋于一致，人民的语言应该在任何公众公开场合下使用，因此，政府要求教育要统一，以此促进民族的统一。另一方面，新兴的土耳其语要根据时代的需要改革，这种改革必须适应西方化趋势，这种语言应该更纯洁，更像真正的土耳其语，要求这种语言具有强烈的土耳其民族色彩，因此语言的改革呈现出两重性。一方面高度的民族化，要彰显土耳其民族特性和土耳其社会的光荣，另一方面要高度的现代化和西方化，为土耳其争取辉煌的未来。凯末尔曾经说："我们的语言只有以这种新兴的字母才能彰显自己的身份，只有拥有自己的书写方式和本民族的智慧与感悟，我们的民族才能与文明世界站在一起。"

学者把语言革命分为三个历史阶段，这三个历史阶段与民族主义思想发展的三个阶段相对应。第一个阶段，在奥斯曼帝国的改革初期，那时他们对奥斯曼帝国的语言产生不满，民族主义思想开始在知识分子中传播；第二个阶段属于青年土耳其党的统治时期，那时要求对书面语和官方语言进行简化，与此同时，土耳其民族主义在制度和思想上更加成熟；第三阶段属于共和国时期，有确定的语言政策并在现实中实现了字母革命和语言革命。与此同时，土耳其民族主义成为国家的官方意识形态。由此可见，语言政策和民族主义之间的互动关系，两者之间的互动关系是必然的，而不是偶然的，土耳其的语言文字改革就是一个经典案例。

第三点，语言政治标志者凯末尔主义者的革命精神、民族建构和现代化建设是由政治家和军人来完成的，支持太阳语言理论的不是语言学家，而是政治家和政客。统治阶级在全国建立了影响广泛的官僚机构。例如，人民宫——这些机构的使命就是从民众教育的角度实现民族统一，他们还组织了许多地方委员会来学习语言。当时整个社会文盲众多，一片涣散，而国家完全控制着大众新闻传媒，并对整个社会拥有绝对的控制权，这些都非常有利于字母革命和语言革命的成功。军队是国家的另外一个强有力的机构，它在实现国家的改革中是卓有成效的，凡是被视为革命之障碍都受到了残酷镇压，因此在语言的政治中，革命者具有决定性的作用。在新的字母刚刚公布之后，有一封电报送达到凯末尔手中，当时有人向凯末尔提出这封电报应该用土耳其语或阿拉伯语来书写，特别指出要用清真寺常用的书法来书写，以便整个书写富丽堂皇，凯末尔愤怒地回答道，没人能阻止这项工作，因为这是一个民族的意志。内务部部长接着说，在土耳其的语言和书写必须是土耳其语，即使阿拉伯人也不能要求用阿拉伯语来写作。

第四点，语言政策支持了整个文化和民族认同，支持了民族化和社会的同质化，因此，语言政策就是民族主义的具体体现。下面我们具体研究他对非土耳其语的态度。凯末尔认为，土耳其语是土耳其交往通信的唯一手段，讲着另外一种语言的人虽然处于困境之中可能和敌人勾结在一起反对我们，因为在当时的土耳其独立战争中，非穆斯林的少数民族与帝国主义列强关系密切，这简直是当时民族主义者的一场噩梦，这也反映出他们对任何威胁新生政权的外来势力保持高度的警觉性和敏感性，由此形成了在整个共和国时代对少数民族的敌视和敌对态度。

除其他人之外，库尔德人是除土耳其民族之外最大的族群。由于篇幅所限，我们对库尔德人的民族情况仅做简单介绍。库尔德人完全不同于其他少数民族，因为库尔德人本身属于部落社会结构，在宗教信仰和民族属性上与土耳其人有较大差异，他们一贯不服从于土耳其人的统治，他们的社会变迁是当代土耳其人的一面镜子。

独立战争之后，库尔德领导人和土耳其民族主义者之间的联盟宣告结束，新生的共和国正在进行排他性的民族化建设，而库尔德人因为人数众多和独特的语言成为民族化建设的最大障碍。

1924年，5名从土耳其军队中逃亡的库尔德士兵向伊拉克的英国占领当局报告库尔德人对土耳其共和国非常不满，因为土耳其人禁止在库尔德人的小学里讲库尔德语，如果库尔德人不想学习土耳其语，他们就拒绝让库尔德人学习本民族的语言。此外他们还关闭了库尔德人的宗教院校，而宗教院校是库尔德人学习本民族语言的唯一留下来的教育机构，在各级教育机构的所有教材中，删除"库尔德斯坦"这个单词，库尔德语的地理名词也被土耳其语所取代，随着宗教学校的关闭，大多数库尔德人将无法接受教育。

20世纪30年代，在土耳其的东部和东南地区，小学的入学率很低，大体在7.3%—18.5%之间，同样地区的成人的识字率也最低，在2.4%—5.8%之间。当时的土耳其拥有4875所学校，其中有215所学校位于库尔德斯坦，当时土耳其的在校生有38.2万人，而在库尔德斯坦仅有小学生8400人。

造成这种情况主要基于两个原因。第一个原因在于土耳其中央政府不愿意改变整个地区状况，而总是愿意与某些部落建立联盟关系，使绝大部分部落受到中央政府的控制。第二个原因，库尔德人坚决抵制任何国家干预。1937年6月17日，《时代周刊》报道了一条消息称，土耳其的总理伊洛努将军在议会发表演说时，在库尔德地区所发生的叛乱，是因为政府推行强制教育和其他改革导致当地民众对政府非常敌视，因此，政府有必要采取严厉的措施向当地派出军队。

教育制度的世俗化和民族化威胁到库尔德人传统的社会结构，因为库尔德人受到当地领袖和地主的控制，因此那时库尔德人的叛乱引起了高度关注，因为这些宗教和民族的不满情绪随时可能爆发。在20世纪30年代的最后一年，在库尔德地区一系列起义之后，土耳其共和国政府禁止在库尔德斯坦使用库尔德语，禁止任何有关任何文化和民族的表达形式。在土耳其人占多数的城市，另行安置库尔德人，强迫这些库尔德人移入城市，这样全国讲土耳其语的人就会越来越多。因此，土耳其官方的意识形态某种意义上具有单一民族属性，甚至是种族主义的民族主义，只有土耳其民族在这个国家里声称自己是一个民族并拥有民族的权力，其他任何人没有这个权力。语言革命在任何意义上破坏了库尔德的文化世界，例如，《姓氏法》的实行，任何一个土耳其人都必须从土耳其语的单词中选择自己的姓氏，很多库尔德人被迫采用了土耳其语的姓氏，因为他们必须到当地机关进行个人登记。

一位土耳其将军这样评价库尔德人，库尔德人、土库曼人、索卡西亚人和亚美尼亚人之间的面孔差异不很明显，另有证据表明库尔德语的词汇与该地区土耳其语的发言有很多是相同的，大多数词汇都来自于另外一种语言。在太阳语言理论诞生以后土耳其人认为库尔德人忘记了他们的土耳其母语和源头，那是因为他们居住在深山峡谷与外界隔绝，并受到波斯语言的影响。在土耳其官方的表达中，库尔德人的不满意是因为他们落后、传统，他们属于部落社会组织，他们抵制政府的现代化改革。因此，不仅是奥斯曼帝国是落后陈旧的，库尔德人也是落后的、陈旧的，以此来强化土耳其现代国家的合法性，以此来强化土耳其民族的合法性存在，这些话语与土耳其民族主义思想紧密联系在一起。

十二、国际比较

土耳其语言和土耳其民族主义在与其他民族建构过程相比较时绝对不是一个例外的案例。土耳其先引进了民族主义思想，随之思考相应的语言政策，因此，民族认同和语言政策之间关系十分密切，语言不得不实行民族化和标准化，换言之，一个民族的文化领导权和文化霸权是通过官方语言的霸权和领导权来实现的，要清晰地追寻语言政策和民族主义之间的密切关系难度极大，但可以肯定地说，在民族国家建构的过程中，执行何种语言政策，语言居于何种地位将是民族特征之中最基本的因素，由此可以得出一个明确的结论，民族主义和语言之间息息相关。

拉丁语是一种古典语言，在欧洲的中世纪它也是一种知识分子通用的语言和教会语言，拉丁语开始在欧洲的传播是由基督教的传教士进行的，他们用拉丁语书写各地的语言，本国语言与民族属性联系在一起，这是一种现代才有的思想。德国早期有语言学家提倡从罗马时代的古典语言中开发和提倡一种有机的、有活力的语言，于是，语言逐渐有了民族主义属性。在18世纪末，德语被看成德意志民族最基本的、最核心的特征，当民族的概念刚刚诞生之际，他们就要求有自己的文化特点，语言就是民族认同的核心，法国的公民民族主义者就持这种看法，语言被看成是文化认同最首要的、也是最重要的因素，由此产生了两种重要结论：第一，讲同一种语言的人便是同一个民族；第二，同一个民族的人必须讲同一种语言。

当开始追求语言的标准化和同质化的时候，便开始形成民族国家的构建，就如同在土耳其我们所讨论的那样，构建民族认同、镇压少数民族是一个过程的两个方面。德国在1885年组建了德语审查委员会，其目的在于清除外来的语言侵略，并在德国所有的官方机构有效地推动语言纯洁运动。意大利早在1582年成立了管理语言的科学院，清除意大利语中的外来因素。法国，在1635年就建立了法兰西科学院，并开始语言规划。在法国大革命中，他们曾经说，我们有革命化的政府、法律、习惯、风俗、商业和思想，让我们也对语言进行革命，因为语言是我们的日常工具。1825年，匈牙利科学院也开始了语言纯洁和开发运动，从那以后，官方语言也受到了保护。新建立的以色列国优先建立希伯来语言学会以复兴古希伯来语。挪威摆脱丹麦的殖民统治以后，首先宣布自己的语言，并创造一种和挪威说话方式相匹配的拼读方式，同时清除丹麦语的影响。

1713年，西班牙语言科学院建立，它首先强调对西班牙语进行归类、纯洁，并以讲西班牙语为荣。

在国际舞台上，在一个国家的疆域内，当谈论到少数民族时，经常把语言边界和民族认同柔和在一起进行讨论，从这种层面上来讲，所谓的官方语言就是官方极力推广、传播一种占统治地位的语言，以此形成了对本地的少数人所讲语言的压迫局面。在法国大革命后，人们认为法语是文明进步的象征，本地语言被看成是古代王朝遗留下来的狭小区域内适用的语言。土耳其共和国的创始人凯末尔曾经说："共和国的统一要求语言的统一，必须讲一种语言，就像只能拥有一个共和国一样。"

在第二次世界大战期间，弗朗哥掌握了西班牙的政权，弗朗哥法西斯主义者禁止讲加泰罗尼亚语，这不仅仅是为了攻击政治上的反对派，也是为了消除宗教和文化分歧，因为这种分歧是对马德里统治权的威胁。在英国的教育机构禁止讲爱尔兰语，并通过法律不鼓励人们讲爱尔兰语。

自19世纪40年代以来，语言就成为国际领土争端中的至关重要的因素。在丹麦和德国的领土争端中，语言具有举足轻重的作用，因为人们认为自然的社会边疆是由语言来决定的。在苏联和南斯拉夫联邦解体以后，在那些新独立的国家内，本民族的语言被宣布为官方语言，具有优先地位。例如在塞尔维亚，塞尔维亚语就是官方语言。在克罗地亚，克罗地亚语是官方语言。在斯洛维尼亚，斯洛维尼亚语是官方语言。民族的抵抗斗争也包含着语言因素，因为占统治地位的民族总是把少数民族的语言视为落后的语言和前现代的语言。例如斯里兰卡的泰米尔语、土耳其的库尔德语、英国的爱尔兰语、西班牙的巴斯克语。

有专家分析了在东帝汶的民族抵抗运动中，语言因素也至关重要。有很多案例表明，语言是民族斗争和民族主义运动中的主要问题。

伊朗的情形与土耳其的密切相关，当土耳其进行现代化改革时，伊朗也同样经历了西方化、民族化、世俗化改革，波斯的民族主义者发动了同样的战斗，以反对什叶派的宗教等级制度，伊朗的民族主义者强调伊朗伊斯兰前的历史文化和语言，因为现在的伊朗强调什叶派统治传统，否定了波斯人的文化因素，伊朗人也建立了语言科学院以清除语言中的阿拉伯单词，所以土耳其和伊朗的语言政策有很大的可比性。

十三、结论

综上所述，在我们解读语言政治中，语言是民族主义的核心要素，当然，语言也有利于民族主义，只要民族主义把现代性作为它的基本特征，那么语言政策也同样具有现代性特征，伴随着民族认同的建立，在文化的构造中，语言受到高度重视，人们会改革语言，纯洁某一种语言、禁止某一种语言或者忽视某一种语言。

一种语言的官方化地位的确立并通过全国教育体系以及广泛分布的官僚机构就足以推动和树立一种语言的统治地位，这不仅是从思想上打造一个民族统治地位的手段，而且有利于清除其他社会和政治团体。在民族的共同体的想象中，人们讲同一种语言，人们拥有同一种文化也创造着同一种文化，并用标准语言讲述同一种历史。

由此可见，土耳其语言革命不仅来源于奥斯曼帝国特殊的历史背景，而且也是为了实现国家的现代化和西方化，土耳其的语言改革和革命是为了打造民族认同，从历史上和政治上打造共同的民族身份，以此强化土耳其人的民族属性，他们把土耳其民族设想成在历史上永恒存在的共同体，而且是一个文化和语言同质的共同体，从而忽视了土耳其国内其他不同的文化和语言团体，总而言之，在土耳其的现代化过程中语言政治的核心目的就是民族化。

第二节 土耳其的外语教育政策

很多国家都面临两种利益的冲突,一是藉由保护本国语言来保持独立;二是通过外语参与国际交流以发展经济和科技。保护民族独立身份通常导致封闭和以自我为中心的政策,而国际交流往往需要更为开放的政策来保证与世界的沟通。在全球化已成为趋势的今天,正确处理两者之间的关系是这些国家必经的考验。土耳其在外语教育方面走过的历程和两个世纪以来一直困扰它的两难局面,折射出这个国家在时代洪流中为自身的独立和发展做出的种种探索和努力,对其他国家的外语教育政策也能起到启发和警示的作用。

一、土耳其外语教育的背景简介

自1923年凯末尔(阿塔图尔克)领导建立土耳其共和国起,该国一直经历着迅速却痛苦的民主化进程,政教分离和社会经济现代化成为其重要特征。土耳其在冷战期间加入北约,成为西方政治阵营的一分子,1987年又申请加入欧共体,而新的世界秩序为土耳其分派了新的角色。海湾战争以后,土耳其积极发挥着连接东西方的纽带作用。

总体来说,独特的地理位置赋予土耳其多方面的二重性:东西方价值观、生活方式、习俗并存的二重性;伊斯兰教和基督教并立的二重性;来自奥斯曼帝国的骄傲和现代失落感带来的谦逊自卑的二重性;国家独立与依赖外国的二重性。这些特征极大地影响了外语在土耳其的传播及土耳其外语教育政策的制定。

二、土耳其外语传播和教育的历史回顾

(一)以翻译为始

外语最早是以译作的形式进入土耳其的。通过对土耳其翻译史的回顾,指出公元8世纪出现的关于佛教和摩尼教的著作就是土耳其译作的最早范

例，塞尔柱及奥斯曼时期也有不少来自阿拉伯和波斯的宗教著作。自14世纪以来，翻译被奥斯曼帝国制度化、规范化了，但学外语是绝对不允许的，把土耳其语教给外国人倒是可以接受的做法。

1600—1700年之间，国家开始专门培养翻译，40多个9—10岁大的法国男孩被带到伊斯坦布尔接受翻译训练，但该计划最终失败。接下来，一些基督教族群的孩子被送到巴黎一所由耶稣会牧师开办的学校学习语言，然而他们最后成为了商人而不是翻译。1721年，10个法国商人家庭的男孩被选中，学习土耳其语、阿拉伯语及书法，然后跟家人一起被带到伊斯坦布尔。其间，大臣易卜拉欣·帕夏也建立了一个由希腊族和犹太族组成的翻译委员会。1820年希腊人起义后，翻译工作由非穆斯林种族（特别是希腊家庭）负责的局面结束了，宫廷成立了一个翻译局。如果不算上阿拉伯语和波斯语，真正的外语教学直到此时才崭露头角。[1] 伊斯坦布尔的很多国立学校及外国传教士开办的学校都开始以外语作为教学语言。翻译工作继续在政权监管下进行，管理该工作的机构反复更名，据说到1966年共有891本译著问世。如今，翻译工作依然重要，但不再被国家严格集中控制了。1983—1984年，土耳其的所有公立和私立大学共设有8个翻译系，波甘资兹（Boğaziçi）大学和哈塞特普（Hacettepe）大学率先开办了其中的两个。

（二）教育语言及法语的引入

19世纪末以前，被翻译最多的语言起初是阿拉伯语，然后是法语。当时所有的奥斯曼帝国的学校都使用阿拉伯语或波斯语授课（带有军事性质的伊德润学校Enderun除外[2]）。当土耳其人在国家政权中赢得主导后，土耳其语才开始有了地位。19世纪，土耳其语成为奥斯曼宪法规定（根据条款18）的官方语言。法语是奥斯曼—土耳其统治者许可的第一外语，也是当时欧洲的通用语，而与奥斯曼帝国交往最为密切的国家就是法国。海军工程学校和军事医药学校是土耳其最早的中等学校，建立于1827年，都使

---

[1] 私人教学阿拉伯语和波斯语在土耳其一直很普遍的，但这应被看作第二语言教学。
[2] 伊德润学校设在苏丹宫廷内，面向与家人分离的非穆斯林儿童，将他们培养成帝国的高级军官。

用法语作为教学语言①。1839 年，又成立了医药学校和中学（Galatasaray②）等使用法语教学的学校。

教育制度的土耳其化开始于 19 世纪前半叶。教育语言不再是阿拉伯语和波斯语，必须使用土耳其语，由此带来了新的问题。土耳其语教材和教师的缺乏使得法语反而成为了教学媒介语。然而，到了 1930 年土耳其语教师和书籍的短缺仍未得到解决，伊斯坦布尔大学虽不再使用法语，却又把德语作为了教学语言。这个问题直到今天依然困扰着土耳其。

（三）英语的境况

虽然法语是最合法的外语，英语在传教士赛勒斯·哈姆林（Cyrus Hamlin）的努力下也在奥斯曼帝国找到了自己的一席之地。此人经过与奥斯曼官僚机构 7—8 年的抗争，靠纽约商人罗伯特（H. R. Robert）给他的 3 万美金，于 1863 年在博斯普鲁斯创立了罗伯特学院（Robert College）。哈姆林从 1854 年起不再布道，转而为非穆斯林种族的孩子上课，开始用他们的本族语和英语一起教学，后来就只用英语了，学生的范围也更广，一些对他的学校感兴趣的穆斯林孩子也参与进来。有人认为今天的保加利亚之所以存在，应归功于这所学校的保加利亚毕业生，正是他们领导了国家的独立运动。美国女子学院（the American Girls'College）也于同期开办。1912 年，罗伯特学院旗下的高等学校诞生了，被视为首个在美国国土之外建立的美国高校。1971 年，该校被土耳其政府更名为波甘资兹大学（Boğaziçi University），成为土耳其两所以英语为媒介语的大学之一。在罗伯特学院的影响下，1908 年，奥斯曼海军学校将英语设为必修课，而法语则作为选修课。如今，和其他许多国家一样，英语在土耳其也成为最为广泛教授和学习的外语。

（四）共和国时期的外语教学

随着共和国宣告成立，土耳其语地位上升，成为国家的教育语言。阿

---

① 1827 年，培养海军军医的 Cerrahhane-i Mamure 学院成立了，但教学语言是土耳其语（Akyüz 2001）（n. b. Kırımsoy 1991 所述恰好相反，说该学校使用的是法语）。

② Galatasaray 最近在法国政府的大力协助下成立了土耳其唯一一所以法语为教学语言的大学，它的中学部分仍然与其他几所私立学校一起开办。

拉伯语和波斯语自1927年起被禁止使用,但法语的重要性一直未受到动摇。此外,常见的外语还有德语、英语、意大利语和拉丁语,后来日语和西班牙语也逐渐获得了重视。

1950年后,由于国内政治的需要,阿拉伯语恢复了昔日的地位,成为与法语、德语一样重要的外语;但英语已一跃成为了第一外语。目前,很多大学都开设了现代阿拉伯语课程,如加齐(Gazi)大学阿拉伯语系;而宗教专科学校①及大学里专门研究宗教的系科则开设了《古兰经》古典阿拉伯语课。

20世纪50年代,国家创办了名为马立夫(Maarif Kolejleri)中学,与位于洛桑的外语学校(或称奥斯曼传教士中等学校)竞争。这些学校都受到土耳其独立战争以后签署的《洛桑协议》保护。最早的马立夫中学叫作里塞斯(Yenişehir Lisesi),1932年开办于安卡拉,作为推行土耳其化项目的一部分,它以土耳其语为教学语言,1953年,该校与其他马立夫中学一道,被合并为"学院"。在这些学校里,除语言文学的集中教学外,还有用外语讲授的科学与数学课程,因为根据《洛桑协议》,这类学校的人文学科不能用外语教授。目前,马立夫学院由土耳其教育基金会管理。

1956年,中东技术大学在安卡拉成立,以英语为教学语言,旨在吸引外国学生,特别是来自中东的学生。土耳其有两所以英语为教学语言的国立大学,这是其中一所,另一所是位于伊斯坦布尔的波甘资兹(Boğaziçi)大学。如今,使用英语的私立大学甚多,大部分位于大城市中②,最著名的有贝尔肯特(Bilkent)大学(成立于1983年)、考克(Koç)大学(成立于1993年)和萨班希(Sabancı)大学(成立于1997年)等。一些国立大学,如哈塞特普(Hacettepe)、马尔马拉(Marmara)大学和苏库洛娃(Çukurova)大学等,在部分系科中使用外语(主要是英语)授课。

使用外语教授专业课程的院校,外语(或文学)课的教学是非常密集的,预科的外语课时量为每周20—25小时,而土耳其所有国立学校的平均

---

① 宗教专科学校(Imam-Hatip lycees)是为了培养穆斯林布道者而设立的,自1997年初等义务教育延长至8年以来,其数量停止了扩张。这些学校引起了很多政治争议。
② "私立"指由基金会负责,私人不能公开创办大学,但基金会可以由私人企业家建立。

外语课时量为每周 4—6 小时①，差别相当明显。

（五）土耳其外语教学的目标与方法

土耳其的外语教学目标，能在历史文献中找到的不多。1949—1972 年间制定的目标是"使学习者能使用简单的句型进行词汇范围在 1500 词以内的口头表达，能在字典帮助下正确理解阅读的内容"。

这一目标未能满意地实现，但中等学校一直为之努力，通过外语教学使学生能为大学学习打下基础。目前，土耳其中学外语教学的目标是：

（1）能听懂常速表达的外语；

（2）口语表达能被他人理解；

（3）能阅读外文资料并轻松理解阅读内容；

（4）能用外文写作，表达自己的思想；

（5）使学习者在旅游、国际关系等领域成为有用的公民，让他们在毕业后仍有继续提高外语水平的能力和愿望（见土耳其教育部 1973 年第 1747 号公报）。

高等院校的外语教学目标与中学基本一致，另外还提到"……使高等教育更有效率"和"……具有读懂外语出版物的相关能力"。

教学法方面，文献记述的土耳其最早使用的方法是"词汇翻译法"，用于教授阿拉伯语。1882 年，开始在私立学校使用"语法翻译法"进行阿拉伯语教学。以阅读理解和翻译为基础的"语法翻译法"一直流行到 1941 年，此外，"直接法"和"伯利兹法"在 1919 年后也有人使用。20 世纪 40 年代，乡村学院②使用了完全不同的教学法，强调团队协作和语言的功能性。1944—1952 年间，盖藤比（E. V. Gatenby）被委派建立了加齐（Gazi）教育学院（后成为加齐 Gazi 大学）英语系，将英语教学的"直接法"传

---

① 曾有一段时间，教育部创办了阿纳多卢（Anadolu）中学，用外语（大多是英语）教授理科课程，但由于缺乏在专业和外语上都能胜任的教师以及国家主义的考虑，这一实践到 1997 年被终止。目前该校的外语教学强度仍然比一般的国立中学要大。

② 乡村学院是土耳其开展的一项有趣的实验，在共和国建国初期用以扫盲和进行成人教育。该计划一开始就遭到很多人的反对，20 世纪 40 年代被停止了。其口号是："为工作而教育，靠工作来教育，在工作中教育"。简单地说，该计划是从每个村庄选择一对夫妇，送到城市里接受教育，再回到原来的村里建立并管理这些被视为文化、教育和工作中心的学院，村民甚至可以住在这里。Tanilli（1988）对此有很透彻的分析，对其他扫盲运动、乡村阅览室、人民之家、人民之屋等也多有论述。

遍了土耳其。1955—1965年，在同一所学院工作的皮埃尔（J. E. Pierce）引入了乔治敦英语计划（Georgetown English Language Program，简称 GELP），是"听说法"的一种。此后，出现了两本有影响力的教材：以"语言对比法"为基础的《语言教学的语言学方法》（1968年由盛会 Pageant 出版社出版）和以"听说法"为基础的《土耳其英语教程》（1970年由土耳其教育部出版）。"听说法"也是法语教学的主要方法。一直倡导"交际语言教学法"的欧洲委员会自1966年以来也对土耳其外语教学起着引导作用，但并不强制土耳其完全照办。因此，教师能灵活使用外国教科书上倡导的教学法，常把自身的经验和体会融入教学中。

需要特别指出的是，用外语教授理科课程是一种在历史上收到良好效果的外语教学策略。指出以外语为教学语言在奥斯曼—土耳其历史上具有重要意义，在今天也是不可或缺的。然而，由于民族保护主义者和主张西化人士之间旷日持久的纷争，把外语作为专门的课程和用外语教授其他学科在今天的土耳其引起了一场大讨论。

三、1989—1997年大讨论：外语教育还是用外语教学

这个难题一直困扰着土耳其的决策者们，它在不同的历史时期有不同的表现。一方面，必须保护土耳其语不遭受外语的侵害并成为一种科学语言；另一方面，要促进科技进步以尽快实现阿塔图尔克所期待的现代化，参与国际交流。在1989年和1997年，这个问题在报纸上两次激起了广泛争议。第二次主要是因为教育部禁止在中学的理科课程中用外语（主要是英语）授课，引起了校方和家长的强烈反对。教育部迫于压力随后将私立中学排除在该决定以外。2000年，66名来自极右翼政党民族主义运动党的议员递交了一项法律议案，提议对大学和中学的所有科目进行土耳其化的改造，并由教育部和高等教育委员会负责此事。目前，民族保护主义者实质上默许了专门的外语教学，但仍反对用外语讲授其他科目，特别是理科。他们认为可以通过把外语课设为选修课、废除私立大学等手段对外语课做限制，这种考虑似乎是为了保证教学质量，让对外语真正感兴趣的少数学生来学习外语。而西方化人士却支持使用外语讲授其他学科的内容，因为历史证明这是行之有效的方法，对当今社会也是大有裨益的。

民族保护主义论调的主要内容可以总结为以下10个方面：（1）用外语教学是一种偏向于优秀学生的反民主的做法。所有的科学成果应被大众平等共享，而外语会成为科学信息传递过程中的障碍。（2）否定土耳其语作为科学语言的地位是旧奥斯曼民族自卑情结的复生。（3）要保护土耳其语，它是土耳其人民族身份的象征，代表土耳其并非他国的殖民地。（4）接受用母语进行的教育是一项基本人权。（5）用第二语言进行教育会阻碍人的认知发展。（6）用外语教学是一种资源的浪费，比如私立中学和大学开设的相应的预科课程。（7）用外语教学并没有使土耳其成为一个高等教育的国际中心。（8）用外语教学是帝国主义的一种手段，会导致人才流失，使国民为他国利益服务。（9）用外语教学将使教师在教育环境中处于支配地位，而学生的被动、从属状态将会造成不利的社会影响。（10）土耳其的科学研究还没有发展到需要向全世界推广自己的新理论，因此，没有必要将土耳其的科学成果用外语进行对外交流。

西方化观点主要有以下7点：（1）通过用外语教授其他学科来促进外语教学是源于土耳其历史的，不应推翻这一体系。（2）无论采取何种措施都不能阻止文化渗透的发生，因此，用外语教学对政治、对个人都有好处。（3）外语教学在使用外语教授其他课程的学校更加成功。（4）反对为本国带来实利的西方化是民族自卑情结的表现，而用外语教学就是西方化的一个举措。（5）用外语教学为学生提供一个真正能使用外语的环境。（6）外语学习能促使对母语的有意识运用，提高学生的母语水平。（7）用外语教授科学课程能节省信息传递的时间。

综观上述观点，双方各执一词，各有道理，也各有偏颇之处。民族保护主义者对优秀学生在用外语教学的过程中占据的优势、对大众民主权利的丧失担忧是可以理解的，但在一个人口达7000多万的国家，几乎没有可能也没有必要让每个人都学会外语。那些优秀人才需要做的就是把他们的聪明才智用土耳其的官方语言与普通大众分享。另一方面，知识和技术的创造者总是用自己的语言来表达研究成果。既然土耳其人总的来讲还算不上科技的创造者，土耳其语就有待进一步完善。事实上，任何语言都有成为科学语言的潜力。保护土耳其语是每个土耳其公民的义务，因为他们不仅面临经济殖民化的挑战，还经受着政治殖民化的威胁。但把保护土耳其语和外语教学、用外语教学当作对立的行为是不妥的。另外，接受母语为载体的教育确实是一种基本人权，但根据联合国有关文件，个人也拥有通过合适的教育将自身潜能发挥到极致的权利。有时，一国的教育和科技资源不足以保证个人潜能的发挥，所以人才需要发挥其领导职责，引进国外的资源。在用外语教育对认知发展的影响方面，并没有强有力的证据证明这些影响一定是负面的，相反，很多研究表明接受双语教学的儿童智力发展得更好。外语教学和用外语教学都需要大投入，但并不一定是浪费资源，这取决于它们带来的好处是否能超过其负面效应。虽然土耳其目前还不是高等教育的国际中心，但已有越来越多的外国留学生前来留学，中东技术大学就是很好的例子，吸引留学生也使得土耳其语能够更好地传播。至于用外语教学是否一定会导致人才流失，有学者有很精辟的论述："奥斯曼时期是'公平竞争'的局面，外国希望培养认同他们教育方式的人，而我们想要培养为我们服务的有西方成长背景的知识分子。因此，甲之所得，乙之所失，我们得到的更多一些。"而教师是否处于支配地位是受很多因素影响的，在下结论之前可以把土耳其语教学的课堂和用外语教学的课堂做一个比较，看是否是外语迫使学生被动地服从老师。最后，因为土耳其科技不发达就不用将其研究成果向世界传播，这是非常危险的说法。这将下定义地限制一些未来很有希望的研究人员发挥潜力，彻底否定所有研究者的全部努力。对于一个国家的发展来说，希望是至关重要的东西。甘愿把自己放在被动的位置，盲目接受较发达国家的支配，无异于自己亲手举起炸药包葬送自己。

四、结论

要突破民族保护主义观点的局限性，必须承认土耳其作为一个技术和知识主要来源于外国的国家，其官方语言受到其他语言的挑战是不可避免的；要大力提高土耳其的科技实力，使其能在国际交流合作中处于一个相对平等的位置；应增大教育投入，鼓励发展国际国内的个人或合作项目。对于所有从国外进口技术和知识的国家来说，应避免陷入民族主义的偏执情绪，要学会利用有利的国际环境为国家利益服务。对于土耳其来说，应充分利用以英语为教学语言的大学所带来的优势，让它们将科技资源与其他大学和大众分享。

而对于宣扬西方化观点的人来说，主要需要解决两个问题：一是如何为土耳其语提供更多的使用领域，维持其活力。事实上，可以在提高外语教学质量的同时，着力发展土耳其语课程，大力推动大学土耳其语专业的建设，促进土耳其语教师、外语教师与其他学科教师的交流，例如尝试用土耳其语来描述科技方面的内容。虽然现今最重要的世界语是英语，仍可以通过引入西班牙语、俄语、汉语、日语等多门外语的教学，防止语言帝国主义的出现。二是如何将握在少数精通外语的优秀人才手中的知识资源传递给大众。可以建立语言中心，用土耳其语翻译最新的国外科技成果；鼓励学术界与大众的多形式沟通，通过土耳其语的出版物、全国性会议、培训会、校企合作等使学术成果产生广泛的社会效益；另外，让尽可能多的人学习外语。

总之，独立和发展对于一个国家来说拥有同样重要的地位，而发展一国的民族语言并不与外语教育相冲突。如能周密地计划和部署，二者应该是相辅相成的。因此，决策者们应充分考虑并制定正确的政策，使外语和本族语在国家发展过程中处于平衡的位置。

第四章 阿拉伯国家语言政策与实践

阿拉伯语是阿拉伯民族的语言，当今联合国通用的六大工作语言之一。主要通行于西亚和北非地区，现为27个亚非国家及4个国际组织的官方语言。阿拉伯语因分布广阔，发展成为20种方言，现在分为叙利亚、伊拉克、内志和希贾兹、也门、埃及、突尼斯、阿尔及利亚、摩洛哥八大方言，以埃及方言影响最大。① 现在标准阿拉伯语则是古典阿拉伯语的修订版，用于各种正式的非宗教场合和日常读写交流，古典阿拉伯语是《古兰经》和宗教文本所使用的语言，1300多年来基本未变，它是阿拉伯语发展和规范化的强大统一力量。当来自各国受过教育的阿拉伯人碰到一起时，他们一般都用古典阿拉伯语进行交流。标准语通用于阿拉伯各国的文学、教育、书刊、广播、会议、公文、函件以及各种国际交往场合。阿拉伯语是阿拉伯世界文化交流的重要符号，也是世界文明演绎的重要载体。使用人数3.39亿，还不包括其他国家的阿拉伯人少数用者和双语使用者，使用面积1426万平方公里。② 从阿拉伯半岛开始，穿过"肥沃新月"地带，一直延长到大西洋的广阔地带，都讲这种语言。它是沙特阿拉伯、也门、阿曼、科威特、巴林、卡塔尔、伊拉克、叙利亚、约旦、黎巴嫩、埃及、苏丹、利比亚、突尼斯、阿尔及利亚和摩洛哥等22国官方语言。1992年讲阿拉伯语的人占人类总数的3.5%，2000年穆斯林占人类总数的19.2%。③ 这些穆斯林也程度不同地懂得一些阿拉伯语，因为它是伊斯兰教和神

---

① 于维雅主编：《东方语言文字与文化》，北京大学出版社，2002年版，第93页。
② 张宏主编：《当代阿拉伯研究》，宁夏人民出版社，2011年版，第1页。
③ 罗林：《阿拉伯语语用学专题研究》，北京语言大学出版社，2008年版，第2—3页。

圣《古兰经》的语言。

在世界语言中，除拉丁字母外，阿语字母是应用最广泛的一套字母。阿拉伯语文字是一种音位文字，阿拉伯语字母源于古代的阿拉米文字，可能从古埃及文字的一种变体演变而来；阿语书写分为草体和楷体，书写方向为从右至左。穆罕默德早期曾经采用过两种手写体：一种叫纳斯基（Naskhi），这是书籍和通信中常用的草体；另一种叫作库菲克（Kufic），这是一种楷体文字，主要是装饰用。阿拉伯语共有28个辅音字母，除其中有3个可兼起元音作用外，无专作元音用的字母。

阿拉伯语源自古语言闪米特语，公元5世纪前后，在贾希利耶方言和古莱氏方言的基础上形成了统一的阿拉伯语文学语言。公元6世纪开始便有古阿拉伯语的文献。自7世纪上半叶第一部阿拉伯文典籍《古兰经》问世后，语言开始规范化。随着阿拉伯帝国的向外扩张和伊斯兰教的广泛传播，规范的阿拉伯语逐步在亚、非、欧三大洲的广大穆斯林地区得到普及，阿拉伯语完全取代了伊拉克、叙利亚、埃及和北非从前使用的语言。许多语言学家认为阿拉伯语是闪语系中最接近闪米特祖语的。它不仅成为阿拉伯人以外信奉伊斯兰教的各民族为学习《古兰经》和伊斯兰教理而必须学会和掌握的语言，而且成为伊斯兰教各学科学者用以从事学术研究和著书立说的工具。自8世纪至当代，用阿拉伯语编纂成册的各家各派的圣训经、《古兰经》注、教法典籍、凯拉姆学著作以及后世各类伊斯兰学术研究成果相继问世，汗牛充栋，广为流传，为传播伊斯兰教理和弘扬伊斯兰文化发挥了重要作用。9—13世纪，阿拉伯语还曾是保存希腊文化和沟通东西方文化的媒介语，用阿拉伯语写成的哲学、医学、天文学、数学、化学、光学等方面的著作传入西欧后，其中不少成为高等学校的教科书，为欧洲近代自然科学的兴起奠定了科学思想基础。

阿拉伯语借助《古兰经》的广泛传播，逐步发展形成了自己的语法学、修辞学、韵律学等学科，并对亚、非信奉伊斯兰教各民族的语言产生了不同程度的影响。如在波斯语、土耳其语、乌尔都语、印度尼西亚语、斯瓦希里语、豪萨语等37种语言中都有大量的阿拉伯语借词，其中波斯语、普什图语、信德语、乌尔都语、一部分突厥语、柏柏语、马来语以及中国的维吾尔语等均用阿拉伯语字母拼写。[1] 阿拉伯语是伊斯兰教的通用语言，《古兰经》是以古典阿拉伯语撰写的，穆斯林传统上认为《古兰经》是不可能准确翻译的，有些教徒甚至认为试图翻译经文是不应该的。因《古兰经》以及各种赞主颂圣词、祈祷词均系阿拉伯语，为持各种不同语言的穆斯林礼拜和履行各种宗教仪式时所必读，故阿拉伯语又成为近15亿人口的世界穆斯林通用的宗教语言。在中国，不少阿拉伯语词汇或短语，还被广泛应用于伊斯兰教经堂教育和各族穆斯林的日常生活中。阿拉伯语的外来语成分不多。古代的借词主要来自波斯、土耳其、印地、古希腊、拉丁以及希伯来等语言，近、现代的外来语主要源于西方的科学技术词语。

第一节 《古兰经》降世与古典阿拉伯语

一、古莱氏方言的特殊地位

阿拉伯语的整合、传播和完善与伊斯兰教的兴起、阿拉伯民族的崛起是同时进行的。伊斯兰教的先知穆罕默德将阿拉伯半岛上分散的部落统一在伊斯兰教的旗帜下，首次在半岛上建立起政教合一的神权国家，从此开始形成统一的阿拉伯民族。阿拉伯—伊斯兰文化正因为成为统一的阿拉伯民族的文化，才开始大放光芒；阿拉伯语由地域语言发展成为国家语言，由部落语言发展成为民族语言，随后才可能不断完善、广泛传播，从而成为具有长盛不衰的生命力的帝国语言和国际语言。

"阿拉伯语属闪米特语族内的西南语支，它最初是古代居住在阿拉伯半岛上的原始阿拉伯人——闪米特贝杜因人的语言。"[2] 由于阿拉伯半岛自然条件的恶化，在交通工具十分落后的情况下，广袤的沙漠阻隔了部落间的联系。在相对封闭的社会中，形成了各种部落方言，这些方言大体上划分为南北两大阿拉伯语方言群，也称南北阿拉伯语。南阿拉伯语以也门为

---

[1] 尚劝余：《阿拉伯帝国》，中国国际广播出版社，2014年版，第197—198页。
[2] 刘开古：《阿拉伯语发展史》，上海外语教育出版社，1995年版，第26页。

地区中心，称为"盖哈坦"语，北阿拉伯语以希贾兹为中心，称为"阿德南"语。① 后来因为外族入侵，战乱频仍，以及马里卜水坝的倒塌等原因，在希木叶尔第一王朝之后（公元375年），南部的部落纷纷向北迁移，与北方部落广泛接触和交流，南阿拉伯语逐渐融入北阿拉伯语。到希木叶尔第二王朝被波斯所灭（公元575年）后，南阿拉伯语即古也门语基本上销声匿迹。

在伊斯兰教出现之前，阿拉伯半岛上分散着众多部落，这些部落的语言虽然同属于北部阿拉伯语，但由于受恶劣自然环境的阻隔和各自为政的部落制度的制约，各部落间交往渠道不畅，使各部落所说的阿拉伯语在语音、词汇，甚至语法等方面形成明显的差异。此外，在贾希利亚时期，阿拉伯语尚未统一，自然没有系统、完善的语法。各部落方言在元音起始、静符相遇等方面的读音规则不尽相同，在名词的性、数、格及字母（特别是柔弱字母）的互换使用方面也很随意。②

在半岛众多的部落方言中，古莱氏方言有着与众不同的地位。因为古莱氏部落定居于圣城麦加，麦加地处希贾兹南北走向各地的中部，远离战乱。在伊拉克、叙利亚商道因罗马和波斯的长期征战而中断、尼罗河—红海的航道衰落后，希贾兹商道日渐兴盛繁忙。它南达也门，东至海湾，北通叙利亚、埃及。麦加因此成为商业重镇。麦加天房历史上形成的宗教地位使管理天房的古莱氏部落受益匪浅。每逢禁月（每年阿拉伯历的7月、11月、12月和次年的1月为禁止战争的禁月），各部落中止纷争前来麦加天房朝拜，古莱氏部落向朝觐者提供饮食、征收赋税。这不仅为古莱氏部落带来可观的收入，也促进了古莱氏部落与其他部落的交流。每年的朝觐季节，不仅是宗教盛会，也是商贸大集和文化聚会。届时半岛各部落的阿拉伯人从四面八方云集麦加，朝拜偶像，交换商品；诗人们吟诗述怀，演说家慷慨陈辞。经济流通、文学交往使古莱氏方言在交际中频繁使用，日趋流行。从7世纪中叶起，古莱氏方言就成为阿拉伯语言的核心和基础，它也吸收了其他方言的词汇，从而更加丰富，并趋于规范，逐渐成为阿拉伯各部落的主要通用语言，随后发展

---

① 周烈：《阿拉伯语言学》，外语教学与研究出版社，1995年版，第24页。
② 国少华：《阿拉伯—伊斯兰文化研究——文化语言学视角》，时事出版社，2009年版，第96页。

成为文学语言。① 可见,先知穆罕默德所在的古莱氏族语言成为当时阿拉伯半岛诸部落公认的标准的共同交际语言。②

二、古典阿拉伯语的诞生

古莱氏方言的先天优势借助《古兰经》以古莱氏方言降世的强大动力,奠定了古典阿拉伯语的基础。在穆斯林看来,《古兰经》是真主通过天使伽百利降世于古莱氏人穆罕默德的。《古兰经》中有12次明确昭示它是以阿拉伯语降世的。如(16:103)"而这部经典是明白的阿拉伯语"。这里的"明白的阿拉伯语"即指古莱氏方言。从最早的《古兰经》经文降世(610年),到最后一节经文降世(632年),历时23年。期间穆罕默德和他的弟子们为了传播这一新的宗教,饱受迫害与打击,历经千难与万险,但最终将伊斯兰教传遍了阿拉伯半岛的各个部落,各部落在信奉伊斯兰教和《古兰经》的同时,也接受了《古兰经》的语言——古典阿拉伯语。

阿拉伯字母产生于公元4世纪,由奈伯特文字演变而来,到公元6世纪已基本成型,这就是记录《古兰经》的文字。③ 据说在伊斯兰教初创时期,绝大多数阿拉伯人是文盲,包括穆罕默德本人。《古兰经》是穆罕默德口传给其弟子,由他们心领神会、背记在心而保留、传播的。也有一些经文是通过记录于树皮、石片等上面保存下来的。此前擅长吟诗的阿拉伯人已使阿拉伯语形成了简洁、明快、形象、生动、节奏感强的特点,这些特点在《古兰经》中发挥到了极至。《古兰经》语言纯正、结构严谨、节奏感强、表达言简意赅、内容丰富,成为后世阿拉伯散文的典范。这为伊斯兰教迅速传播起了积极推动作用。使广大穆斯林在阿拉伯语文字书写极不普及的情况下,对《古兰经》耳熟能详。

然而口头交际语言在文字书写、读音、语法等方面尚无理论总结,缺少系统性,存在明显不足,而这种口头传记方法的不准确性及各部落方言

---

① 国少华:《阿拉伯—伊斯兰文化研究——文化语言学视角》,时事出版社,2009年版,第98页。
② 仲跻昆:《阿拉伯文学通史》,译林出版社,2010年版,第179页。
③ 仲跻昆:《阿拉伯文学通史》,译林出版社,2010年版,第53页。

的差异，使他们在诵读《古兰经》时出现许多偏差甚至错误。误读足以说明伊斯兰初创时期在口传《古兰经》时各地方言干扰带来的弊端，甚至一些学过读写的人也会读错。这对于神圣不可侵犯的《古兰经》不啻为亵渎真主，是虔诚的圣门弟子们所不能容忍的。据传第二任哈里发欧麦尔曾为此教训过他的儿子：在虔诚的信徒看来，读错《古兰经》比生天花在脸上留下疤痕还要丑恶。穆罕默德在世时忙于创教、传教、统一部落、建立国家，尚未安定下来便去世了。因而无暇将零散降世的《古兰经》收集整理。经过连年战争，最早追随穆罕默德并能够熟记《古兰经》的圣门弟子越来越少，因此收集整理《古兰经》的工作已经变得刻不容缓了。他的继任者们，为了维护《古兰经》的神圣不可侵犯性，从第一任哈里发艾卜·伯克尔（632—634年在位）起，就开始了这项工作。一直延续到欧麦尔（634—644年在位）和第三任哈里发奥斯曼（644—656年在位）时期。他们都一直致力于推动统一《古兰经》的语言。圣门弟子们把背记或记录下来的经文收集、整理后又进行了反复的核对、考证和校订，历经艰辛，直至公元651年第三任哈里发奥斯曼在位时才形成最后的确定文本。因而此定本被称为奥斯曼本。为了维护《古兰经》的神圣权威性不被侵犯，奥斯曼下令焚烧了《古兰经》的其他所有抄本。从此，奥斯曼本的《古兰经》成为全世界穆斯林共同接受的唯一版本。

将近20年统一《古兰经》定本的过程，也是进一步统一、规范阿拉伯语的过程。为了避免对《古兰经》的读法产生分歧，避免因此导致对《古兰经》的理解产生歧义，德高望众的圣门弟子和学者权威对其内容、文字逐条逐词反复考证校订后，最终统一为奥斯曼定本。这不仅为伊斯兰教做出了卓越的贡献，也奠定了阿拉伯语统一、规范和发展的基础。《古兰经》是阿拉伯语历史上第一部完整的以文字记录的散文经典著作，从《古兰经》的确定文本诞生之日起，它就成为历代阿拉伯语语言学家开创新学科的原动力，并成为他们进行学术研究的最有权威的依据。[①] 阿拉伯语只有成为书面宗教语言后，才真正成为通用的正式的文学、科学语言，文人雅士无不竞相学习、模仿《古兰经》的风

[①] 国少华：《阿拉伯—伊斯兰文化研究——文化语言学视角》，时事出版社，2009年版，第100页

格，从中汲取营养。再通过他们口传笔述，阿拉伯语才真正得到统一和传播。

《古兰经》借助阿拉伯语降世并传播，阿拉伯语则通过《古兰经》晓之于广大穆斯林和整个阿拉伯民族。《古兰经》在语言文字上的权威性使阿拉伯语得以统一和规范化。《古兰经》牢固确立了阿拉伯语的伊斯兰教宗教用语和阿拉伯民族统一语言的崇高地位。① 仲跻昆先生说："作为伊斯兰教的经典，《古兰经》不仅在政治、宗教方面起到统一阿拉伯民族，传播伊斯兰教等的绝对作用，而且对阿拉伯语言、文学乃至整个伊斯兰文化方面都产生了深远的影响和巨大的作用。它使阿拉伯语得到统一和保存，被认为是阿拉伯文学修辞的典范。"② 作为《古兰经》的经典语言，阿拉伯语被定为征服国家和地区的官方语言和普通穆斯林的日常宗教语言。

第二节　阿拉伯帝国语言政策

一、古典阿拉伯语在阿拉伯半岛内的传播

《古兰经》的传播过程当然是伊斯兰教的传播过程，也是古典阿拉伯语传播的过程，这其实是一个事物的两个方面，在当时是高度结合在一起的。③ 穆罕默德在阿拉伯半岛传播伊斯兰教的同时，使古典阿拉伯语普及到整个阿拉伯半岛。传播伊斯兰教首先是传播《古兰经》，因为《古兰经》是用阿拉伯语降世的，传记、解释、宣讲《古兰经》都要用阿拉伯语。这样，半岛各部落人接触阿拉伯语的机会多了，为准确理解《古兰经》，甚至为了反驳《古兰经》的观点，都需要掌握阿拉伯语。为了帮助入教的穆斯林学习阿语，清真寺除进行政治活动和履行宗教仪式外，还承担着讲解《古兰经》和教授阿拉伯语的任务。伊斯兰教出现后，阿拉伯人最早的教育就是从这里开始的。穆罕默德的圣门弟子既虔诚地传播伊斯兰教，同时

---

① 张宏主编：《当代阿拉伯研究》，宁夏人民出版社，2011年版，第202页。
② 仲跻昆：《阿拉伯文学通史》，译林出版社，2010年版，第20页。
③ 张宏：《当代阿拉伯问题研究》，人民出版社，2006年版，第228页。

也是教授阿拉伯语的先师。①

穆罕默德开始三年只能秘密传教,后来三年公开在集市上传教,但遭到麦加古莱氏贵族的残酷迫害。穆罕默德不得不转向麦加以外地区,如麦地那等其他部落。他矢志不渝地传播伊斯兰教,在麦地那制定了"麦地那宪章",建立起团结各部落的"乌玛",规定对"血亲复仇"的部落宗派主义可以"依法惩处",强调穆斯林团结起来一致对外。为了保卫麦地那政权,捍卫并传播伊斯兰教,穆罕默德号召穆斯林进行圣战。在穆罕默德逝世前的10年内进行过数十次战役,期间有三次大战役,巴德尔之战、伍侯德战役和壕沟战役等。征战休战期间,穆罕默德在岛内各部落间广泛传播伊斯兰教,同岛外邻国开展外交活动。无数的论争、频繁的征战与和平的传教,促进了半岛各部落的接触和交流。古典阿拉伯语很快在半岛传播开来。那些皈依伊斯兰教的阿拉伯部落逐渐开始使用《古兰经》的阿拉伯语。特别是在穆罕默德于630年光复麦加之后,声威大振,半岛内远近部落纷纷派出代表团前往麦加,向穆罕默德表示皈依伊斯兰教的决心,表示信主独一、承认先知的领袖地位。各代表团拜见穆罕默德时用阿拉伯语发表演讲,先知也以阿拉伯语向他们宣传伊斯兰教的真谛,宣读了《古兰经》经文。"穆罕默德在短短的一生中,把向来散漫的阿拉比亚人团结起来,使他们成为一个坚强的民族;把一个仅仅是地理上的名称——阿拉比亚——改变成一个有组织的国家;建立了一个伟大的宗教,在广大的地区,取代了犹太教和基督教,而现在仍有广大的人民群众信奉这个宗教;奠定了一个大国的基础,这个大国辽阔的版图,包括了中世纪时期文明世界上物产最丰富的地区。"② 可以说,632年也标志着古典阿拉伯语在半岛的统一(这并不排除仍有部落方言在使用)。

二、阿拉伯语走出阿拉伯半岛

伊斯兰教出现后,阿拉伯人在欧亚非三大洲开始建立庞大的帝国,阿拉伯语也随之成为帝国官方语言。《古兰经》的降世使阿拉伯人走出蒙昧

---

① 国少华:《阿拉伯—伊斯兰文化研究——文化语言学视角》,时事出版社,2009年版,第101页
② 希提著,马坚译:《阿拉伯通史》,商务印书馆,1995年版,第141页。

时代,《古兰经》降世为创造古典优美权威的阿拉伯语,从此,阿拉伯语借助宗教的力量和国家政权的力量成为整个帝国语言和当时国际学术界的交际语言。

从第二任哈里发欧麦尔起,阿拉伯人在伊斯兰的旗帜下大举向外扩张。公元636年他们迅速击败拜占庭军队,用六年的时间征服西亚沙姆地区;公元637年阿拉伯人在两河流域的嘎底西亚大胜波斯人,波斯萨珊王朝元气大伤;公元637年之后阿拉伯人占领了伊拉克全境,约在公元640—646年间,阿拉伯人清除了拜占庭人在埃及的统治势力,成为埃及的统治者;此后阿拉伯人向西挺进,大约在公元693—700年间,阿拉伯人驱逐了北非的拜占庭人。整个马格里布地区(即今天埃及以西的摩洛哥、阿尔及利亚、突尼斯和利比亚)全部纳入阿拉伯帝国的版图。倭马亚王朝瓦立德哈里发在位期间(公元705—715年),公元710年7月,阿拉伯人依靠北非的柏柏尔人,从马格里布渡过后世称之为直布罗陀海峡,踏上了欧洲的土地。到公元713年,已占据西班牙大部分地区。阿拉伯穆斯林们向东征战,甚至征服过印度的信德地区和南旁遮普,并抵达中国的喀士噶尔(今喀什)。此后阿拉伯军队越过比利牛斯山山脉打到过法国的里昂。阿拉伯帝国的版图到极限时西起比利牛斯山脉和大西洋东岸,东至印度河和中国大唐帝国边界,北起黑海,南至亚丁湾。阿拉伯帝国随之在各地开始实施伊斯兰化和阿拉伯化战略。"一般说来,宗教上的伊斯兰化要先于语言上的阿拉伯化;而行政和科学用语上的阿拉伯化又先于日常社交语言上的阿拉伯化。"[①] 阿拉伯人每征服一地,首先要做的就是传播伊斯兰教、建清真寺,这样阿拉伯语也随着阿拉伯人的远征和伊斯兰教的传播广为人知,在这片广袤的土地上生根发芽,开花结果。统治者下令以阿拉伯语为国语,统一使用阿拉伯货币。公元9—10世纪之交在沙姆地区和伊拉克,公元10世纪在埃及,公元12—13世纪在马格里布,阿拉伯语取得了完全的胜利,成为政治、经济、文化、科学及人民的日常用语。

在伊斯兰教出现之前和未形成统一的阿拉伯民族时,阿拉伯语的确是弱势语言,但在伊斯兰教出现、形成统一的阿拉伯民族后,阿拉伯语已经逐步从弱势向强势转化;到阿拉伯人冲出阿拉伯半岛,建立起横跨亚、

---

① 杨灏城、朱克柔主编:《民族冲突和宗教争端》,人民出版社,1996年版,第21页。

非、欧的庞大伊斯兰帝国后，阿拉伯语已经成为帝国唯一的官方语言和帝国之内各民族之间的交际语言以及帝国内外的国际语言。

当两种语言发生碰撞，导致某种语言战胜另一种语言有许多因素，艾哈迈德·穆赫塔尔·欧麦尔教授将其归纳为七条：（1）政治因素；（2）经济因素；（3）宗教因素；（4）上述全部或部分因素统治的时期；（5）操外来语言与操本地语言者融合的程度及其对待本地语言的方式；（6）语言自身的优势；（7）两种碰撞语言的（亲属）关系。两种语言越相近，一方在其他因素占优势时，就越容易战胜另一方；语言亲属关系越弱，或没有亲属关系，一种语言就很少有机会战胜另一种语言。①

阿拉伯语在这些因素中与被征服地区的语言相比都占有优势。归纳起来我们认为政治、经济、宗教、历史及语言自身的因素更为重要，这些因素综合发力、有机统一、良性互动，甚至互为因果。

（一）政治经济因素

在阿拉伯穆斯林军队征服过程中，统治者通过持之以恒成龙配套的奖惩制度和软硬兼施的灵活手段来传播伊斯兰教和推行阿拉伯语言文化。

第二任哈里发欧麦尔时就提出"奉教、纳人丁税、战斗"的政策，即欢迎皈依伊斯兰教，奉教者可享受与阿拉伯穆斯林同等待遇；其次可以保留原来所信奉的一神教，但要交纳人丁税；既不奉教又不纳税的，只能对其战斗，杀死无罪。这项政策为历代哈里发沿用，对促进传播伊斯兰教起过积极、明显的作用，也间接推动了阿拉伯语的传播。

阿拉伯化的政策在倭马亚王朝第五任哈里发阿卜杜·马立克（Abd al-Malik，公元685—705年在位）时期最为鲜明也最富成效。公元700年，阿卜杜·马立克颁布法令，规定阿拉伯语为阿拉伯伊斯兰帝国的官方语言，令帝国一切官方机构的公务和行文全部改用阿拉伯语，取代原来使用的希腊语、巴列维语（古波斯语）和科卜特语。② 公元706年，埃及总督

---

① 国少华：《阿拉伯—伊斯兰文化研究——文化语言学视角》，时事出版社，2009年版，第104页。

② 国少华：《阿拉伯—伊斯兰文化研究——文化语言学视角》，时事出版社，2009年版，第65页。

阿卜杜勒·本·麦尔旺（Abd Allāh ibn al-Marwān）颁布法令，规定阿拉伯语为埃及的官方语言，取代希腊语和科卜特语。①那时推行这一政策已经有了基础，一方面当时的倭马亚王朝相对稳定，阿拉伯人对行政机构的文书、簿证工作逐步熟悉，可以取代相当部分留用的非阿拉伯人；另一方面，原来担任这些工作的非阿拉伯人，为了保住自己的工作和职务，努力学习阿拉伯语，其中相当多的人已精通阿拉伯语。因此，使用阿拉伯语运行帝国各个机构，已具备了必要的条件。这一政策在沙姆地区和伊拉克推行的比较顺利，在埃及虽然遭到了使用科卜特语者的较强抵制，但最终也在公元8世纪40年代实现了行政机构的阿拉伯化。帝国机构的阿拉伯化进一步激发了非阿拉伯人学习阿拉伯语的兴趣，他们为了谋求公职，提高社会地位，争先恐后地学习阿拉伯语。这更加促进了阿拉伯语的普及。

实行阿拉伯化的另一重要政策是向被征服的地区大量移民。

其实在历史上阿拉伯人向周边富庶地区移民的就很多。有零散的迁移，更多的是整部落迁移，有的还定居下来组成了国家。阿拉伯人的远征本身就是一场大规模的军事移民。除此之外，阿拉伯统治者还有组织、成部落地向被征服领土大举迁移。这种迁移在倭马亚王朝形成高潮，一直延续到阿拔斯王朝（约公元10世纪末）。大批阿拉伯移民定居在被征服的土地上，有利于巩固阿拉伯人的统治，有利于传播伊斯兰教，也有利于推广阿拉伯语。

此外，阿卜杜·马立克还推行货币阿拉伯化。在此之前，阿拉伯人使用过波斯银币"迪尔汗"、拜占庭金币"第纳尔"。虽经改铸，增加了阿拉伯语（Allah'Akbar，真主至大），但是，直到阿卜杜·马立克发起三次改革，才使阿拉伯货币彻底清除了拜占庭的一切痕迹，两面全部铸上《古兰经》经文，正面中间铸的是"安拉是独一的主"，周边铸的是"穆罕默德是安拉的使者"，反面铸的是"安拉是独一的主，万物信赖的主，不生，也不被生"，周边铸的是"凭安拉之名，此金币铸于伊斯兰纪元77年"（即公元696年）。②铸有《古兰经》经文的阿拉伯货币的流通，对于普及阿拉伯语也起了推动作用。

---

① 刘开古：《阿拉伯语发展史》，上海外语教育出版社，1995年版，第65—70页。
② 纳忠：《阿拉伯通史》，商务印书馆，1997年版，第357—358页。

（二）宗教文化因素

宗教因素对传播阿拉伯语的影响是深刻的。阿拉伯语是《古兰经》降世的语言，是伊斯兰教的宗教语言，因此在虔诚的穆斯林心目中，阿拉伯语就是真主的语言，其神圣性是其他任何语言无法比拟的。这意味着皈依伊斯兰教，理解《古兰经》、吟诵《古兰经》、履行宗教职责和礼仪必须学习阿拉伯语。阿拉伯穆斯林对此无比自豪，不管其他语言如何古老、如何严谨、如何优美，他们都不会放弃自己至高无上的语言而改说其他语言。

阿拉伯人每征服一地，就开始传播伊斯兰教，随着伊斯兰教的传播，也将阿拉伯语带给被征服民族。尽管语言的征服不可能像军事征服那么迅速和武断，因为使任何被征服民族放弃原有语言，接受一种新的语言都需要时间，仅靠军事力量或行政命令不能完全奏效。最有意义的并真正起作用的是人内心的愿望。从军事上的征服到内心的皈依和对语言的接受，需要有个过程，甚至是漫长的过程。从四大哈里发到倭马亚王朝、阿拔斯王朝，政权不断更迭，但阿拉伯—伊斯兰文化始终受到推崇，阿拉伯语的传播因此赢得了充足的时间。

尽管被征服民族的人民皈依伊斯兰教的目的有所不同：有的因虔诚信奉而入教；更多的则是从切身利益出发，或为逃避人丁税，或为取得与统治阶级相同的身份；也有些人是因为伊斯兰教与基督教一脉相承的渊源，好于原统治者信奉的异教，如波斯的祆教等等而入教的。但不论因何种原因入教，在政教合一的伊斯兰国家，信仰、制度、法律与伦理道德都统一在伊斯兰教的旗帜下，一切以《古兰经》和《圣训》为依据。伊斯兰教已不仅仅是一种宗教信仰，而是一种社会制度，一种伦理道德，一种生活方式，因而被人们称为"入世的宗教"，因《古兰经》强调信众的平等，还有人称其为"贫民的宗教"。因而不论最初入教的动机如何，入教后，只要履行宗教礼仪和职责，就会在耳濡目染中潜移默化地受到感染，逐渐虔信真主，服从于其强大的威慑力。这时学习通晓阿拉伯语已经成为接近真主、联系真主的桥梁与纽带，有了这种真诚而强烈的愿望，接受一种新的语言，就成为顺理成章的事情。

正如艾哈迈德·爱敏所言："伊斯兰教产生后，阿拉伯文化便与伊斯兰教紧密联系在一起了，以至于要通过伊斯兰教来学习阿拉伯文化、掌握阿拉伯语、了解阿拉伯的历史。伊斯兰教为提高阿拉伯文化的水准和使阿拉伯文化规范化做出了重大贡献。因为《古兰经》和《圣训》都是用阿拉伯文写成的，人们只是为了伊斯兰教才学习阿拉伯语的。因此，伊斯兰教是传播并使人们重视阿拉伯文化的最大的原动力。"①

另外，相对犹太教、基督教而言，伊斯兰教是一种新兴宗教。伊斯兰教既传承了犹太教、基督教中的核心思想，也有许多自己的创新，这些创新使它更加富有生命力，更加简便可行，更接近平民百姓的生活。

在中世纪，阿拉伯—伊斯兰文化因其包容性、开放性、扩张性、先进性和国际性，成为当时世界的强势文化，身处高位的强势文化赋予阿拉伯语传播强大的动力和能量。当时的情况如纳忠教授所言："伊斯兰教要求每一个穆斯林朝夕诵读《古兰经》。于是《古兰经》的诵读声回荡于山巅天涯，传诵于广阔的沙漠。天长日久，阿拉伯语不仅成为维系阿拉伯人、统一阿拉伯部落的纽带，并成为以后东西阿拉伯—伊斯兰国家通用的、具有强大生命力的、世界性的重要语言，对阿拉伯—伊斯兰国家的政治、社会、宗教、学术、文化的发展产生了巨大的影响。"② 不仅如此，伊斯兰教与阿拉伯语之间不可分割的联系，使阿拉伯语成为穆斯林的语言。因为《古兰经》是不能被翻译的（现有的中文版《古兰经》只被称为中文译解《古兰经》），所以，全世界的穆斯林都要用阿拉伯语诵读《古兰经》，履行宗教仪式，因此，阿拉伯语在许多非阿拉伯的伊斯兰国家也得到广泛传播，并对当地语言产生了很大影响。

（三）历史因素

历史因素包括阿拉伯人与被征服民族的历史联系及被征服地区在阿拉伯人统治前的状况。阿拉伯人与沙姆地区、两河流域，乃至埃及的民族有着很深的历史渊源。

19世纪中叶，历史学家通过发现楔形文字及对亚述—巴比伦语、希伯来语、阿拉马语、阿拉伯语和埃塞俄比亚语进行的比较和研究，揭示出这些语言之间显著的共同特点，从而判定它们是同源语言，并同属闪语族。

---

① 艾哈迈德·爱敏著，朱凯、史希同译：《阿拉伯—伊斯兰文化史》（2），商务印书馆，1990年版，第287页。

② 纳忠：《阿拉伯通史》，商务印书馆，1997年版，第176—177页。

而操这些语言的民族在外貌、体形、社会制度和宗教信仰方面都有非常相似之处：深厚的宗教本能，活泼的想象，显著的个性和异常的剽悍。由此历史学家们进而判断出：操这些语言的不同民族——巴比伦人、亚述人、迦勒底人、阿摩尔人、阿拉马人、腓尼基人、希伯来人、阿拉伯人、埃塞俄比亚人的祖先在演变成不同民族之前，必定是一个民族，后被证实为闪米特人。据希提教授分析，认为阿拉伯半岛是闪米特人的故乡最为可信。①因为半岛周边适于居住，当半岛人口增加到这里的土地不能容纳的时候，居民们就要寻找新的出路。而岛外是当时不可逾越的海洋，岛内是浩瀚无垠的沙漠，迁移的路线只有向北，部分岛内居民经西奈半岛移入肥沃的尼罗河流域。"公元前3500年后，闪族的移居，就是沿着这条道路，或是取道于东非，向北迁移，然后与埃及原来的含族居民相混合，这次混合就产生了历史上的埃及人。"②

大约在同一时期，另一部分人取道于半岛东岸向北移入底格里斯河与幼发拉底河流域，与两河流域文明的创始者苏美尔人混合，构成巴比伦人。巴比伦人和埃及人是两支缔造人类文化基础的重要民族。按希提的论证，他们中都有阿拉伯人的血统。

另据历史学家考证，伊拉克人是公元前约3500年从阿拉伯半岛迁移到伊拉克中部定居的阿卡德人的后代。沙姆地区在历史上称迦南，约在公元前3000—2000年间，闪米特人迁入该地区，后与埃及、两河流域文明混合。以后这里产生过辉煌的腓尼基文明。阿拉伯学术界一般认为，腓尼基人的祖先是一支闪米特部落，他们约在公元前2500年前从半岛迁移到这一地区。③

阿拉伯人从半岛向北的迁移总是时断时续地进行着，因此在伊斯兰教出现之前，阿拉伯人与沙姆、伊拉克、埃及等地的人民已经有不少的接触。在沙姆地区，阿拉伯人先后建立过若干王国。如奈伯特国（Nabt，公元前6世纪至公元106年），在佩特拉（al Batrā'，今约旦境内）及其周围地区；帕尔米拉国（Palmyra，公元1—3世纪，272年亡国），在台德木尔（Tadmur，今叙利亚境内）；以及前面提过的加萨尼国等。这些阿拉伯人的小国在日常生活中仍操阿拉伯方言，但书写使用阿拉马文字。在两河流域

---

① 希提著，马坚译：《阿拉伯通史》，商务印书馆，1995年版，第8—10页。
② 希提著，马坚译：《阿拉伯通史》，商务印书馆，1995年版，第10页。
③ 刘开古：《阿拉伯语发展史》，上海外语教育出版社，1995年版，第22页。

// 第四章 阿拉伯国家语言政策与实践 // 199

的伊拉克,阿拉伯人与当地人民的关系可以追溯到巴比伦时期。希提指出:"在阿拉比亚人控制两河流域之前,远在巴比伦时代初期,他们早已同伊拉克人民建立了亲密的关系;对于伊拉克的文化,早已有了逐渐深刻的认识;边境上的贝都因人跟当地的居民,早已混得很熟了。"① 北迁的阿拉伯莱赫米部落在伊拉克南部边境建立起的希拉国内,阿拉伯人仍在日常生活中操阿拉伯方言,书写用阿拉马文字。许多阿拉伯半岛内的诗人都到过希拉,留下了描写希拉的诗作。有名的诗人如悬诗作者塔尔法·本·阿卜杜等还是希拉国王的座上宾。在埃及,从阿拉伯半岛南部迁入的部落有克哈拉尼亚部族(Kahlaniyh)、推依(Tayi)部族、比利部族(Bili)等。希腊历史学者伊斯特拉布和比利纽斯指出,在他们那个时代,红海西岸的阿拉伯人成倍增长,以至占满了从"尼罗河至上埃及的整个地区",甚至"考扑陶斯城(Koptos)都处于阿拉伯人统治之下","全城一半居民都是阿拉伯人"。这些阿拉伯人当时主要从事与印度的商贸活动。② 据在埃及发现的一份公元前263年的文献记载,早在那个时期,埃及就有阿拉伯移民,他们忠于自己的民族,保留着自己的语言和传统,在埃及形成了一个"阿拉伯语岛"。

上述小国得以在这些地区建立并存在,那些阿拉伯部落能够长期生活在这些地区,说明阿拉伯人与当地居民早有接触、彼此互有需求,也能相互沟通、交流,甚至有血缘的混合。因此,阿拉伯人及他们所说的阿拉伯语对这些地区的人民并不陌生,而且能够被接受。这为日后阿拉伯人的统治和阿拉伯语的传播准备了历史条件。

另外,在阿拉伯人征服上述地区之前,这些地区都处在外族势力的统治之下。沙姆地区外族的强权与压迫早已引起当地居民的不满,他们把自己的文化和语言强加于当地居民,然而这些并没有植根于人民心中。而阿拉伯人与沙姆人、伊拉克人同属闪米特人,他们使用的阿拉伯语与阿拉马语同属闪含语系闪语支。因此,当阿拉伯人带着他们新兴的伊斯兰教和阿拉伯语到来时,那些本不受欢迎的外族语言和文化在这些地区较快退出历史舞台是不难理解的。如希提教授所指出的:"叙利亚这样'易于征服'

---

① 希提著,马坚译:《阿拉伯通史》,商务印书馆,1995年版,第181页。
② 国少华:《阿拉伯—伊斯兰文化研究——文化语言学视角》,时事出版社,2009年版,第110页。

是存在着特别的原因的。自公元前332年,亚历山大征服叙利亚以来,强加于叙利亚的希腊文化是肤浅的,而且只限于城市的居民。至于乡村的居民,则仍然感觉到,在他们自己和他们的统治者之间,存在着种族上和文化上的种种差别。使叙利亚闪族人民和希腊统治者之间种族上的反感更加增大的,还有宗派的分歧。"① "闪族的伊拉克人民,把他们的伊朗统治者当外国人看待,而对新来者感觉到较亲密。他们是基督教徒,而统治者是袄教徒,因此,他们得不到特殊的照顾。"②

阿拉伯人征服埃及、阿拉伯语征服科卜特语都比上面两个地区困难大些,地理位置相隔较远是原因之一,前者历时约二年,后者绵延了二个多世纪。但当阿拉伯人在与统治埃及的拜占庭军队作战时,仍得到了埃及人的暗中帮助。据伊本·阿卜杜勒·哈克木(Ibn Abd al-Hakam,?—871年)的记载,"埃及的土著科卜特人在当初就奉到他们驻亚历山大港监督的嘱咐,叫他们不要抵抗侵入者。这是不足为奇的,因为他们是一性派的基督教徒,向来遭受皇家教会的宗教迫害。"③

(四)语言因素

在语言方面,阿拉伯语与沙姆地区人民与伊拉克人民的日常生活用语阿拉马语、埃及人民的日常用语科卜特语、马格里布地区的日常用语柏柏尔语同属闪含语系,可谓是亲属语系,前二者属于其中的闪米特语系,关系更为亲近。阿拉伯语属西南支,阿拉马语属西北支。闪含语系内的语言具有许多共同的特征。④

闪米特语言都发源于阿拉伯半岛,彼此间的相似点更多,如含有相同语义的词的语音相似;阿拉马语的22个字母、阿拉伯语的28个字母全部都是辅音,书写都是从右向左等等。共同的特点使得阿拉伯语在上述的语言地区比较容易被接受,并且沿用下来,最后成为自己的民族语言。

此外,在伊斯兰教诞生后,为了捍卫《古兰经》的神圣权威和统一阿拉伯民族、巩固阿拉伯伊斯兰政权,从四大哈里发时期就非常重视阿拉伯

---

① 希提著,马坚译:《阿拉伯通史》,商务印书馆,1995年版,第178页。
② 希提著,马坚译:《阿拉伯通史》,商务印书馆,1995年版,第181页。
③ 希提著,马坚译:《阿拉伯通史》,商务印书馆,1995年版,第191页。
④ 刘开古:《阿拉伯语发展史》,上海外语教育出版社,1995年版,第17页。

语的统一、完善与发展。从倭马亚王朝起到在公元8世纪末9世纪初的阿拔斯王朝时,阿拉伯语无论在语言、文字、语法、词典等方面的研究相继独立,说明阿拉伯语已经完全成熟。到公元9—10世纪之交时,阿拉伯语已不仅是宗教语言,同时也是政治、经济、文化和科学的语言,到13世纪,阿拉伯语在北非战胜柏柏尔语,成为帝国统一的强大的官方语言。①

波斯、西班牙等地的情况则有所不同。波斯完成伊斯兰,在阿拉伯语的影响下孕育出新的波斯语,伊比利亚半岛经过800年反复征服和被征服,既没有完成伊斯兰化,也没有完成阿拉伯化。在波斯和中亚,阿拉伯语的地位从官方用语降为宗教用语,退出了政治、科学、文学及人民日常生活等领域。其原因主要应归于阿拉伯民族与这些民族没有相同的历史渊源,阿拉伯语与这些民族的语言也无历史联系。

第三节 阿拉伯语的规范化过程

《古兰经》以阿拉伯语降世导致了阿拉伯语的统一,伊斯兰教的传播促进了阿拉伯语的推广。但是,阿拉伯语统一后,各部落的方言依然存在,方言对标准阿拉伯语的干扰仍时有发生。这种干扰甚至影响到对《古兰经》的正确诵读和理解。同时,随着阿拉伯人不断扩张,皈依伊斯兰教的非阿拉伯人急剧增加,其人数甚至超过阿拉伯人数倍。早在正统哈里发时期,阿拉伯半岛内的外族人已明显增加,他们中有前往当时伊斯兰教的中心麦地那履行公务或对哈里发表示忠顺于伊斯兰教的,有前往麦加朝觐的,更多的是从扩张战斗中俘获的大批奴隶。这些外国人充斥着市场、阿拉伯人家庭或清真寺与教堂内。这在阿拉伯人的故乡——阿拉伯半岛内尚且如此,更不要说那些原本就是外族人故土的地区了。阿拉伯人移民的规模再大,在当地居民中仍然只占少数,尽管这些地区的民族皈依了伊斯兰教、接受了阿拉伯语:但各民族的语言不是一朝一夕、经过几次战役可以消灭的。不同地区、不同民族的语言都在以各自的方式,程度不同地影响着阿拉伯语。他们按自己的发音习惯吟诵《古兰经》,按自

---

① 刘开古:《阿拉伯语发展史》,上海外语教育出版社,1995年版,第65—75页。

己语言的思维方式去理解《古兰经》的词义和语句，因而导致错误百出、讹谬频传。在这种情况下，为捍卫《古兰经》的神圣地位和阿拉伯语的纯洁性，必须进一步完善阿拉伯语，使之更加系统，必须研究制定规则，使之更加严谨。①

众所周知，《古兰经》就是伊斯兰教的宪法，是穆斯林信仰的指南、生活的向导、言行的规范。对《古兰经》的任何误解与曲解都会对伊斯兰教信仰与穆斯林的生活造成极为严重的影响。当阿拉伯人冲出阿拉伯半岛征服了广大地区后，阿拉伯人将《古兰经》作为轴心，吸收融合其他文化，创建了既能尽享胜利成果又能为被征服民族接受的阿拉伯—伊斯兰文化。阿拉伯语的完善与发展是创建阿拉伯—伊斯兰文化的重要组成部分。伊斯兰教的宗教因素和阿拉伯人的民族因素，即阿拉伯人核心价值观的根基，是统一、整合阿拉伯语的原动力。另一方面，阿拉伯语从统一、传播到完善、发展的全过程，乃至以后的生存与振兴，都凸显着阿拉伯人的核心价值观，从宏观方面分析是如此，从微观方面分析也是如此。②

倭马亚王朝建立后，阿拉伯人大规模的扩张已基本完成。除了一些局部战争外，国内形势渐趋稳定。倭马亚人的政权在阿卜杜·麦立克及其四个儿子的相继统治时期达到顶峰，定阿拉伯语为整个帝国的官方用语，实现了统治机构的阿拉伯化。在这种情况下，圣门弟子和学者们才能定居下来，专心传教，潜心研究《古兰经》的语言，才能去创制严格区分部分阿拉伯辅音字母的点和元音符号，才可能去归纳阿拉伯语的词法和语法规律。穆斯林内心对《古兰经》的崇拜与热爱、渴望正确理解《古兰经》并维护其神圣性的迫切需要加上客观环境的允许，催生了阿拉伯语各语言学科、宗教学科，并带动了阿拉伯文字的发展。

"为了保护《古兰经》免遭讹传，首先要完善阿拉伯语的文字形式；其次要制定语法规则。与此同时，《古兰经》教义的解释工作也要求对原文的语法结构和词汇进行仔细地研究。词义之间的细微差别只有通过查考伊斯兰史前时代的诗歌才能弄清楚，这就有必要搜集和熟记那些诗人们的作品。于是阿拉伯语的文字学、词法学、句法学、音韵学、

---

① 国少华：《阿拉伯—伊斯兰文化研究——文化语言学视角》，时事出版社，2009年版，第113页

② 泰马姆·哈桑：《根源》，开罗图书世界出版社，2004年版，第23—27页。

修辞学、圣训学等学科很快地发展了起来，这些学科反过来又促使阿拉伯语的发展。"①

同时，《古兰经》的语言被认为是最正确、最标准的阿拉伯语，凡符合《古兰经》的读音、词义、语法的都是正确的，反之就是错误的。因此，自从《古兰经》的确定文本诞生之后，就成为历代阿拉伯语言学家进行各科学术研究的权威依据。《古兰经》成为一个轴心，伊斯兰初期的所有学科都是围绕《古兰经》展开的，其中首先是与之直接相关的宗教学科和语言学科。宗教学科包括《古兰经》诵读学、《古兰经》释义学、伊斯兰教法学、先知生平学等等，语言学科包括语音学、文字学、语法学、修辞学和词典学等等。《古兰经》是上述学科开展研究的基础。这两大学科在伊斯兰初期常常交叉在一起研究，那时的语言学家几乎都是宗教学者。《古兰经》促成并推动了阿拉伯语语言文字研究的产生和发展。阿拔斯时期的著名语言学者萨阿莱比（Tha ālabi，卒于伊历469年）在其著作《语言学和阿拉伯语的奥秘》的前言中说明自己的研究初衷："谁热爱真主，谁就热爱他挑选的使者；谁热爱先知，谁就热爱阿拉伯人；谁热爱阿拉伯人，谁就热爱阿拉伯语——那最神圣的书赖以降世的、给最优秀的人的语言；谁热爱阿拉伯语，谁就会关注它，坚持不懈地研究它……阿拉伯语是最优秀的语言，要积极地从信仰中去理解它，因为它是科学的工具、钻研宗教的钥匙、修身养性的根据。"在穆斯林中像萨阿莱比这样的学者不胜枚举。下面将分别以阿拉伯语语音、文字、语法、词典与修辞为例加以说明。

一、语音与文字

因为阿拉伯语的字母全部是辅音，没有元音字母，给初学阿拉伯语的人，特别是非阿拉伯人带来极大的困难，读错音的事情经常发生。因此，创制读音符号成为完善阿拉伯语的首要任务。

据考，点标音符号是阿拉伯学者艾布·艾斯瓦德·杜艾利（Abū al-'Aswad ad—Du'ali，公元605—677年）遵照倭马亚朝伊拉克与呼罗珊总督齐亚德·

---

① 刘开古：《阿拉伯语发展史》，上海外语教育出版社，1995年版，第59页。

本·艾比亥（Ziyad bn'Abih，？—678年）的要求创制的。艾布·艾斯瓦德创制的"点"标音符号为：在读开口元音的辅音字母上方加一个"·"，在读齐齿元音的辅音字母下方加一个"·"，在读合口元音的辅音字母左或右方加一"·"，发鼻音时则加二点，发静符时不标点。① 后有人将"·"符改进为圈符"。"，并以这套标音符号为《古兰经》标了音。这套点标音符号虽然还很不完善，但对当时改进和规范阿拉伯语读音起了积极的作用，迅速被广大穆斯林学者接受，方便了广大穆斯林诵读《古兰经》经文，对阿拉伯语书写符号的完善和阿拉伯语语法的问世也是有益的启示。

伊斯兰教出现前，阿拉伯语基本上是口头表达语言，阿拉伯人主要依靠口语交际，会书写的阿拉伯人屈指可数，文字材料稀缺难寻，文字符号不健全也很正常。直至伊斯兰初期，奥斯曼定本《古兰经》出现后，这一缺陷便凸显出来。现在的一些阿拉伯字母，如，通过点在字母上下的位置及点的数目来区分。我们可以想象，在没有这些点来区分上述字母时，初学阿拉伯语的穆斯林们在认读《古兰经》时将字母混淆，导致理解错误，甚至闹出笑话的情形，这不啻为对《古兰经》的亵渎。因而，完善书写符号也成为伊斯兰学者的紧迫任务。

在哈里发阿卜杜·马立克时期，有两位阿拉伯学者纳赛尔·伊本·阿绥姆（Nasi'Ibn'Aātsim al-Laythi，？—701年）和叶海亚·本·尤阿麦尔（Yahy6 bn Yu'mmar，？—747年）在点音符的启发下，给容易混淆的阿拉伯字母在不同位置加了点，以此严格区分每一个阿拉伯语字母，使阿拉伯语中的每一个辅音与各自的书写符号一一对应起来，避免再发生混淆和谬误，从而进一步保证了《古兰经》读写的一致。

增加这些点完善了阿拉伯语的书写符号，但容易与艾布·艾斯瓦德创制的"点音符"混淆，所引起的读音错误仍然导致对《古兰经》的不恭。为了克服这一矛盾，确保《古兰经》的神圣权威性，阿拔斯朝初期著名的阿拉伯语言学家赫利勒·本·艾哈迈德在"点音符"的基础上发明了更加完善的元音符号，即包括三个短元音、静符、鼻音符、叠音符、海姆宰和

---

① 艾哈迈德·爱敏：《伊斯兰的正午时期》（二），埃及编译出版发行局，1938年第2版，第286页。

三个长元音。后人将赫利勒发明的元音符号中的长元音符号简化成,并加上了软音符号。这套符号标在辅音字母上,包括了阿拉伯语的所有发音,是一套完善的元音符号,所有《古兰经》上都是用这套符号标音的。从此,确保了《古兰经》不再被读错。这套元音符号一直沿用到今天。

出于宗教动机使阿拉伯语读音符号与书写符号得以完善,这不仅保证了正确诵读和抄写《古兰经》,也大大方便了穆斯林们学习阿拉伯语,能较快地提高他们的阅读和书写水平。因此,读音符号与书写符号的完善反过来对传播伊斯兰教、普及阿拉伯语也做出了积极贡献。

二、语法

阿拉伯语是内部屈折变化语言。动词通过添加、变化词缀而有不同的形态,随着性、数、语态的变化而变化;名词因其在句子中所处语法地位,如起语、谓语、主语、宾语、介词受词或正偏组合的偏次等,词尾会处于不同的格,而读不同的音。名词尾音的格位是阿拉伯语语法最重要的标志之一。对于这种通过读音反映语法概念的语言,读音直接反映对内容的理解,正确读音反映正确的理解,错误读音反映错误的理解。只有正确的理解才能发出正确读音,理解不正确就一定读不正确。因此,阿拉伯语的语法研究始于为《古兰经》标音。

阿拉伯语语法包括词法和语法,前者包括词的构成、词的变化规则,后者是组词成句的规则,又称句法。艾布·艾斯瓦德在为《古兰经》标音时,对词在句中的语法地位进行了比较深入的研究,找出了一些基本规律,在此基础上完成了对《古兰经》的标音工作。[1]

"阿拉伯语言和阿拉伯语法的科学研究工作,在这里开始(指伊拉克的巴士拉),而且继续下去,主要是为了新入教的外国人的便利,而且部分工作是由他们担任的。研究的最初动机,是想以必需的语言知识供给新穆斯林们,帮助他们学习《古兰经》,担任政府公职,与征服者交际应酬。还有一个动机,是想维持阿拉伯语的正确性,因为在《古兰经》的古典语

---

[1] 国少华:《阿拉伯—伊斯兰文化研究——文化语言学视角》,时事出版社,2009年版,第116页。

言和日常应用的土语之间的鸿沟日益加宽，叙利亚语、波斯语和其他语言和方言，都在败坏着阿拉伯语。"①

希提也认为"阿拉伯语法的创始人"是"艾布·艾斯瓦德·杜艾利"，而"继承杜艾利的是赫利勒·本·艾哈迈德，他也是巴士拉的学者"，"他的学生波斯人西伯威曾编写了第一部阿拉伯语法教科书，这部赫赫有名的教科书的名称是《书》（al-kitab），自从那个时候到现在，本国人的语法研究，始终是以这部名著为基础的"。② 伟大的语言学家西伯威写出了那部空前绝后的语法名著《西伯威书》（后人如此称），共1000余页，分别论述了词法和句法，包括了现代阿拉伯语法的基本语法规则和术语。而《西伯威书》的问世是阿拉伯语法成为独立学科的标志，是阿拉伯语言研究发展史上里程碑式的成就。③

除西伯威之外，阿拔斯朝初期其他学者对阿拉伯语法的研究也是围绕《古兰经》进行的，这从当时的语法著作中可见一斑。如《〈古兰经〉释义》《〈古兰经〉语法分析》等。其他语法书，从古至今，所引例证也大都选自《古兰经》《圣训》和阿拉伯诗歌。

在伊斯兰精神的感召下，阿拉伯学者们对阿拉伯语法的研究深入细致，经久不衰，所制定的语法规则全面系统、复杂繁琐。这些研究一方面提高了阿拉伯语的学术地位，使之成为有完整理论根据的科学语言，成为需要经过系统学习才能掌握的标准语言；另一方面，也增加了学习阿拉伯语的难度，使文化水平低、无缘进学校的很多阿拉伯人处于对自己的语言听得懂说不对的尴尬境地，从而使他们疏远了标准阿拉伯语，钟情于各地方言土语。

三、词典

希提说："对于学习《古兰经》和注释《古兰经》的需要，引起了一对孪生科学——语言学和辞典编辑学的重视，同时引起伊斯兰教文学活动

---

① 希提著，马坚译：《阿拉伯通史》，商务印书馆，1995年版，第279页。
② 希提著，马坚译：《阿拉伯通史》，商务印书馆，1995年版，第279—280页。
③ 国少华：《阿拉伯—伊斯兰文化研究——文化语言学视角》，时事出版社，2009年版，第119页。

所特有的重要科学——圣训学的出现，圣训学是研究先知或圣门弟子的言语和行为的。"①

《古兰经》的降世和伊斯兰教的出现丰富了阿拉伯语的词汇，为了准确理解《古兰经》的词语意义，阿拉伯学者开始对《古兰经》词语进行注释，这就是阿拉伯人编纂词典的最初尝试。

最早的注释《〈古兰经〉生僻词语研究》出现在伊历一世纪（公元7世纪）正统哈里发时代，是被称为"民族之墨"的《古兰经》注释先驱阿卜杜勒·本·阿拔斯（Abd Allah bn'Abasi，公元619—690年）。伊历二世纪时，出现了许多对《古兰经》和《圣训》词语进行注释的手稿。伊斯兰初期的这些注释，按《古兰经》章节或《圣训》内容为序排列。这些注释尽管还是些零散的手稿，但已有词典释义的功能，被认为是阿拉伯语词典的雏形。同期，由于《古兰经》定本的出现，阿拉伯语从口头文学语言发展成书面语言。此后，对进一步明确词语意义的要求越发强烈。这促使一些学者前往阿拉伯半岛内讲标准阿拉伯语的地区和部落收集标准语词汇，进行整理与分类。在此基础上，许多按语义内容分类的词汇手册陆续问世。这类小册子当时以手抄本形式流传，其中大多数已经散失，少部分经后人整理后出版。这也是阿拉伯语词典的雏形。②

阿拔斯王朝建立初期，帝国版图辽阔，政治稳定，经济繁荣，这些都有利于文化的发展。伊斯兰教的传播和阿拉伯语的推广、百年翻译运动的兴起，提出了编纂真正意义上的阿拉伯语词典的需求；《古兰经》研究的深入、系统语法著作的出现，为编纂阿拉伯语词典创造了条件。在各类阿拉伯语雏形词典的基础上，由赫利勒·本·艾哈迈德编纂的第一部阿拉伯语词典《艾因书》于公元9世纪初问世了。赫利勒是公认的阿拉伯语词典的先驱，是他首次用清楚、明确而独到的音序排列法，编出了第一部综合性的阿拉伯语语言文字词典。《艾因书》基本是按阿拉伯语字母的发音部位从内向外排列的，只是将发音响亮的提到了发音部位更靠里的和之前，该词典也因此得名。哈利勒的排序方法在公元9—11世纪，曾对阿拉伯语词典编纂产生过很大影响。阿拉伯语词典编纂在公元11世纪形成高潮，先

---

① 希提著，马坚译：《阿拉伯通史》，商务印书馆，1995年版，第280页。
② 国少华：《阿拉伯—伊斯兰文化研究——文化语言学视角》，时事出版社，2009年版，第120页。

后出现了多部有影响的词典。①《艾因书》的问世为学习阿拉伯语提供了方便，极大地促进了阿拉伯语的推广和规范。《艾因书》在当时以及以后的几个世纪，对阿拉伯语词典编纂工作产生过重大影响。

四、修辞

由于《古兰经》的神授圣性，穆斯林们对它的语言推崇备至。为了弄懂《古兰经》中显示的奇迹，也是为了欣赏《古兰经》中的修辞技巧，有的学者认真研究修辞，制定规则，并归纳总结出一些修辞原则。这就是阿拉伯人研究修辞学的初衷。

到阿拔斯朝时，阿拉伯语修辞学发展成一门独立学科。学者们开始是在相关著作中，以《古兰经》《圣训》和贾希利亚时期的诗歌为例探讨修辞学的有关问题，进而对阿拉伯语中的修辞现象加以归纳，逐渐形成理论，奠定了修辞学的基础。其中最为突出的当属贾希兹。贾希兹认为，《古兰经》绝妙雄辩的真谛只有在全面展开而包含着其真理时才能体现。这些真理相互支持，成为一幅全面而和谐的图画；一两个字母或一两个单词中不可能有这种绝妙雄辩。人们也分散地、一句句地引《古兰经》中的话，但他们，即使是最擅言辞的人，也不可能编写出这等绝好的辞章。②

但是，直至公元 11 世纪阿卜杜·高希尔·朱尔加尼（Abdal-Qahir al-Jurjāni，？—1080 年）的修辞学著作问世，阿拉伯语修辞学才形成系统、完整的理论。朱尔加尼因而被尊为阿拉伯语修辞学的一代宗师。他的名著《修辞奥秘》和《圣典例证》被称为阿拉伯语修辞学的经典著作。这两部著作都是以说明《古兰经》的绝妙雄辩为修辞学的依据和支柱的。以后宰姆赫什里（az-Zamkhashri，1075—1144 年）和赛卡基（as-Sakketki，1160—1230 年）对朱尔加尼的理论加以补充，定型为由三部分组成的阿拉伯语修辞学，即句式修辞、形象修辞和藻式修辞。从此形成语言学一个独立完整的分支，并延续至今。③ 由此可见，赞赏、推崇、证实《古兰经》

---

① 国少华：《阿拉伯语词汇学》，外语与教学研究出版社，1998 年版，第 477—481 页。
② 艾哈迈德·哈桑·巴古里：《〈古兰经〉对阿拉伯语的影响》，埃及知识出版社，1987 年第 4 版，第 243 页。
③ 余章荣等：《阿拉伯语修辞》，外语教学与研究出版社，1993 年版，第 2—3 页。

的绝妙雄辩是打开修辞学研究的钥匙,《古兰经》的修辞艺术也是阿拉伯语修辞的标准。

阿拉伯语语音符号和文字符号的健全,阿拉伯语词典的问世,阿拉伯语语法学、修辞学等阿拉伯语言学科的相继独立,说明阿拉伯语已走向成熟。通过百年翻译运动,阿拉伯语从波斯语、希腊语、古叙利亚语、梵语等语言中吸收了大量语汇,大大地丰富了阿拉伯语。在阿拔斯王朝前期时,阿拉伯语已发展成为一种词汇丰富、结构完善、灵活多变、宜于发展,有系统理论的语言。这不仅捍卫了《古兰经》的神圣权威不遭亵渎,也维护了阿拉伯语官方语言的统治地位。因为它既保持了原来民族宗教语言的鲜明特色,又发展成为科学学术语言;既能反映游牧社会的特点,也能反映城市居民的政治、经济、文化生活;既可以用于生活交际,又被作为国家管理使用的官方语言;既能形象生动地表现出各种文学题材,也能准确细微地表述深奥的哲学思想和严肃的科学概念。在9—12世纪,用阿拉伯文写成的著作,包括哲学、社会科学、自然科学等方面的著作,比当时任何一种西方语言写成的都多。

《古兰经》的降世不仅推动了与其直接相关的宗教学科和语言学科的研究,同时也促进了教育的发展。阿拉伯人信奉伊斯兰教后,为了能够准确地念诵《古兰经》,穆斯林们以极高的热忱开始学习阿拉伯语,《古兰经》是他们的启蒙教材,宗教学者是启蒙老师,清真寺是最早的课堂和学校。阿拉伯人在伊斯兰初期,通过学习《古兰经》学会了阿拉伯语的读和写。在伊斯兰教出现后的10多个世纪中,《古兰经》、《圣训》、阿拉伯语及其相关科目一直是阿拉伯伊斯兰国家教育的主要内容。独具特色的阿拉伯伊斯兰教育制度本身包含阿拉伯语教学,同时也直接推动了阿拉伯语在世界上的传播。

第四节 1258年后中东阿拉伯语的地位

阿拉伯帝国在经历了阿拔斯王朝的辉煌以后就江河日下,但阿拉伯—伊斯兰文化根深蒂固,阿拉伯语的地位仍独占鳌头。从公元9世纪起,在帝国东、西方就出现了许多独立的或名义上隶属于阿拔斯哈里发的小王朝。如埃及的突伦王朝（at-Tūlūniyūn，公元868—905年），在叙利亚北部建立的哈姆丹尼王朝（al Hamdāniyūn，公元929—991年）等。到公元10世纪时，北非什叶派法蒂玛王朝的欧贝杜拉和西班牙的倭马亚王朝（1929—1492年）后裔阿卜杜勒·拉赫曼僭称哈里发，采用哈里发的礼仪和国徽，从而造成在伊斯兰教世界同时有三位被承认的互相敌对的哈里发的非常现象。① 而此时在巴格达的哈里发已成为形式上的哈里发。被穆阿泰绥姆（al-Mu'tasim，公元833—842年在位）输入以对付权势过大的波斯人势力的突厥人的势力坐大后，他们自由废立哈里发，长期左右阿拔斯朝的统治，此时波斯语在伊朗高原东部复兴。当来自中亚的突厥塞尔柱人攻入巴格达，定居于布哈拉后，帝国内突厥文异军突起。②

到公元13世纪，阿拔斯朝已经分崩离析。尽管在哈里发纳绥尔（an-Nāsir，1180—1225年在位）时，曾得到征服十字军的英雄萨拉丁的承认，结束了什叶派法蒂玛王朝的统治，使政权重归逊尼派的穆斯林，但这也仅仅是阿拔斯王朝灭亡之前短暂的回光返照。不过这些小王朝的统治者基本上是阿拉伯血统，在伊拉克独揽大权的突厥人和外族奴隶们在埃及建立的马木鲁克王朝（al-Mamālik，1250—1517年），因长期居住于此，与阿拉伯人融合而阿拉伯化了，他们信奉伊斯兰教，讲阿拉伯语，所以不论各地斗争多么激烈，但始终坚持了伊斯兰教的信仰和以阿拉伯语作为官方语言，从而使阿拉伯—伊斯兰文化的两大根本要素在这些地区得以保留，如西班牙安达卢斯和法蒂玛统治下的埃及。统治埃及、叙利亚的马木鲁克王朝还为发展阿拉伯—伊斯兰文化做出了许多贡献。

1258年，脆弱不堪的阿拔斯王朝被旭烈兀摧毁。信仰异教的蒙古军铁骑所到之处，烧杀劫掠，将伊斯兰文化的殿堂变成了废墟，将阿拉伯文的书籍焚烧殆尽。阿拉伯—伊斯兰文化在蒙古占领的地区遭到了前所未有的毁灭性打击，但阿拉伯—伊斯兰教文化最终同化了蒙古征服者。

以埃及为中心的马木鲁克王朝最终赶走十字军，挡住蒙古大军的西进，使埃及幸免于西亚阿拉伯地区所遭受的毁灭性破坏，为阿拉伯—伊斯兰文化在埃及和叙利亚保留了根据地，使阿拉伯—伊斯兰文化及其政治制

---

① 希提著，马坚译：《阿拉伯通史》，商务印书馆，1995年版，第560页。
② 小阿瑟·戈尔德施密特、劳伦斯·戴维森：《中东史》，中国出版集团，2010年版，第124页。

度得以存续，不仅使埃及开罗等地的伊斯兰殿堂继续辉煌，甚至还为其增添了光辉。[①] 拜伯尔斯奖励各种公共工程，美化了许多清真寺，建立了许多宗教基金和慈善基金，任命了代表正统派四大教派的四位法官，组织埃及到麦加的朝觐团等。13—16世纪阿拉伯世界著名的学者大都生活于埃及和叙利亚（或生于此长于此，或迁居于此）。在阿拉伯国家甚至世界上流传最广的阿拉伯传奇故事"安塔拉传奇""拜伯尔斯传奇"及不朽的《一千零一夜》都是在这个时代定型的。

马木鲁克为统治者专司公文书信而成立的"书写局"内集中了一批优秀的政治文人，因为当时对阿拉伯文行政文书的高度重视和严格要求，提高了阿拉伯语散文的艺术水平。当然过分重视骈韵和修辞也影响了其内容。

这些语言和文化上的成就与阿拔斯王朝前期所取得的成就不可同日而语，但它在一半阿拉伯领土生灵涂炭、阿拉伯语被封杀的时代，仍然是很值得庆幸的。这支阿拉伯—伊斯兰文化的火炬直至1517年奥斯曼人推翻了马木鲁克王朝、占领埃及后才逐渐暗淡。此后阿拉伯语被土耳其语挤出官方用语的舞台，其地位江河日下。

另一件非常引人注目的事件是旭烈兀在西亚疯狂摧毁阿拉伯—伊斯兰文化后还不到半个世纪，他的曾孙，蒙古的第七位伊尔汗合赞汗·马哈茂德（1295—1304年在位）却在同一块土地上率军整体皈依了伊斯兰教逊尼派，他的胞弟与继任者完者都豪达班也改奉了伊斯兰教的什叶派，伊斯兰教因此成为国教。[②] 伊斯兰教的复兴自然带动了阿拉伯语一定程度的复兴，合赞汗就曾大力推行伊斯兰文化，创立流动大学和文化机构，使倍受打击的阿拉伯语在此又得到了些许发展。

以撒马尔汗为首都的帖木尔帝国（1370—1506年），清真寺里使用阿拉伯语，宫廷和科学学术使用波斯语，同时在军队里使用察合台突厥语。

土耳其奥斯曼帝国统治中东时期（1280—1922年），帝国以伊斯兰教为国教，实行政教合一的政体，元首既称"素丹"，又称"哈里发"，集政教大权于一身。奥斯曼帝国宣布土耳其语为官方语言，在统治机构、学校

[①] 赛义德·菲亚兹·马茂德：《伊斯兰教简史》，中国社会科学出版社，1981年版，第279—281页。

[②] 刘开古：《阿拉伯语发展史》，上海外语教育出版社，1995年版，第61页。

教育及书写行政文书等，一律只能使用土耳其语，强行推广土耳其语。但是土耳其统治者本身就是逊尼派穆斯林，弘扬阿拉伯伊斯兰文化是他们的本能选择和政治合法性的基础，传播《古兰经》和阿拉伯语不仅是责任，也是义务。

自西班牙人攻下格林纳达（1492年）至17世纪20年代，共约有300万阿拉伯穆斯林被放逐或处死。至此，西班牙的基督教政权才得以稳固，伊比利亚半岛的阿拉伯伊斯兰文化衰落。[1]

同时，由于奥斯曼帝国版图太过辽阔，土耳其人统治边远地区鞭长莫及，为巩固其在阿拉伯地区的统治，土耳其对阿拉伯贵族和上层宗教人士采取了笼络政策。他们设置"帕夏"（Pātshā）头等爵位，封赠土耳其贵族高级文武官员担任各省总督，封赠省内的非土耳其籍的高级官员、权贵为"贝克"（Bayk）二等爵位，担当省内的次等官员。因此，阿拉伯的权贵、部落酋长都享有相当的自主权。帕夏所关心的是保证效忠素丹和向素丹纳税进贡，而对于当地经济、教育并不关心。在奥斯曼政权统治时期，阿拉伯—伊斯兰文化经历的最为凋敝的时期，唯有伊斯兰的宗教文化和宗教教育仍能够维持，因为伊斯兰教的宗教长老（谢赫，ash-Shaykh）始终保持自成一体，不从政府领取薪俸，以当地的宗教产业瓦格夫（al-waqf）为生，因而宗教教育也不受政府的干预。土耳其人为了笼络信仰什叶派的伊拉克上层人士，在伊拉克同时兴建逊尼派和什叶派的清真寺，以吸引所有的阿拉伯穆斯林归顺土耳其奥斯曼政权。

另外，占领吉达、控制麦加与麦地那两圣地后，土耳其人将汉志政权仍交给从穆罕默德先知后裔中选出的麦加长老谢里夫（Sharif），并且如同马木鲁克王朝时一样，每年送去俸给和财物。[2]

土耳其奥斯曼帝国的素丹阿卜杜·哈米德二世（Abd al-Hamid ath-Thani，1876—1909年在位）声称自己是"阿拉伯人的希望""全世界穆斯林的朋友"，鼓吹只有伊斯兰教才能拯救阿拉伯人，想借此调动阿拉伯人的力量去反抗西方势力的进入。他一方面以高官厚禄引诱阿拉伯上层人士，另一方面以"泛伊斯兰主义"收买人心。他重视宗教组织，广建宗教学

---

[1] 赛义德·菲亚兹·马茂德：《伊斯兰教简史》，中国社会科学出版社，1981年版，第235—236页。

[2] 纳忠：《阿拉伯通史》，商务印书馆，1997年版，第416—424页。

校,捐款重修两圣地,装饰各地的清真寺。① 在伊斯兰教的庇护下,阿拉伯语也保存了下来,尽管它使用范围有限。由于采用土耳其的体制管理国家,政府、军队等许多官衔直接用土耳其语词,许多土耳其语词汇进入阿拉伯语中,对各地方言也有很大影响。

当土耳其奥斯曼帝国逐渐衰败、无暇顾及那些实际已独立的阿拉伯国家时,阿拉伯语又随着国民民族意识的觉醒和文化的复兴重新焕发了青春。例如,穆罕默德·阿里统治时期的埃及和19世纪上半期黎巴嫩、叙利亚的民族文化复兴运动。

在土耳其奥斯曼帝国势衰时,西方殖民者的势力乘虚进入阿拉伯国家。从19世纪30年代到20世纪第一次世界大战初,绝大多数阿拉伯国家陆续沦为英、法、意等西方殖民者的殖民地或保护国(仅沙特、也门例外)。西方殖民者向阿拉伯人民"推销"他们的文化和宗教。他们中有的阻止使用阿拉伯语,如法国在北非地区、黎巴嫩、叙利亚等地;也有的提出终止使用标准阿拉伯语,鼓吹各阿拉伯国家使用各自的方言,并改用拉丁字母;还有不少殖民者通过建立学校、兴办报纸、传教等方法宣传西方文化。阿拉伯语因此受到过严重打击,伊斯兰教保护了阿拉伯语,伊斯兰教世俗化、平民化的特点及传播的普遍性、影响的深刻性,使之能更加深入民心、深入日常生活。另一方面,殖民者的经济渗透、新闻宣传、教育手段在向阿拉伯人灌输西方观念的同时,也促进了他们民族意识的觉醒,激发了阿拉伯人民族独立和文化复兴的强烈愿望,阿拉伯民族从此开始了长期的斗争,直至第二次世界大战后各阿拉伯国家陆续获得独立,阿拉伯语才开始真正的复兴。由于阿拉伯国家所处的战略性地理位置及其所拥有的丰富石油资源,阿拉伯地区已成为全世界关注的焦点,阿拉伯语的重要性显而易见,已被联合国确定为第六种工作语言。

标准阿拉伯语虽然已成为各阿拉伯国家的统一官方用语,但地域方言的普遍使用,英、法等语言在高等教育部分学科及商业、金融等部门的广泛影响,以及标准阿拉伯语自身繁琐、僵化的语法规则等都使它面临着严重的挑战。标准阿拉伯语要巩固其民族统一语言的地位,任务还很艰巨。首先,全民族——从各国领导人、有关机构到各国人

---

① 纳忠:《阿拉伯通史》,商务印书馆,1997年版,第498—499页。

民——都应该认识到，推广、使用阿拉伯语是关系到保持阿拉伯的民族性，维护民族统一、民族传统文化的根本性问题，是不容置疑和争论的问题；其次，需要广泛的宣传，提高各阶层人民使用阿拉伯语的自觉性；此外，还要在宣传、教育、行政等各部门具体落实推广阿拉伯语的措施；同时，阿拉伯语也要进行改革，简化语法，以适应时代的发展。值得庆幸的是，这些问题已受到有识之士的重视，正在逐渐地提上日程，并开始付诸实施。①

阿拉伯民族在屡遭外族入侵的情况下，阿拉伯语仍然一息尚存，我们说是阿拉伯人的民族意识和伊斯兰教共同保护和振兴了阿拉伯语。由此更能证明阿拉伯语和伊斯兰教是阿拉伯—伊斯兰文化两个最重要的标志。而阿拉伯语也最集中地体现了阿拉伯民族的核心价值观：阿拉伯民族意识与伊斯兰教的信仰。伊斯兰教在保护阿拉伯语的同时，在某种程度上也束缚了阿拉伯语的发展。因为"阿拉伯语是《古兰经》的降世语言而具有与其他语言不同的特殊情况，即它不能接受像其他语言一样的发展变化法则，其发展受到一些条条框框的约束和限制"。②

1934年埃及语言学会成立，1947年伊拉克语言学会成立，随后约旦语言学会成立，阿盟在拉巴特设立阿拉伯国家外来词阿拉伯化协调局、阿拉伯语言学会联合会等，都为推广、规范阿拉伯语提供了有力的组织保证。

与此同时，各国政府大力发展民族教育事业，普及阿拉伯语教学，规定在政府部门、新闻宣传机构一律使用阿拉伯语，并支持大学、语言学会等机构对阿拉伯语进行研究、规范，推动其发展。

1946年之前，叙利亚深受法国的殖民统治，法国人强迫叙利亚人学习法语。1946年叙利亚宣布独立后，声称阿拉伯语是唯一的官方语言，这与叙利亚人民的爱国主义情怀是完全一致的。目前阿拉伯语的使用者占该国总人口的90%。还有继续使用库尔德语、亚美尼亚语、土耳其语和古叙利亚语。库尔德人占叙利亚人口的10%，是被压迫的少数民族。叙利亚政府严禁使用库尔德语，在人名和地名的表达上也用阿拉伯语取代库尔德语，

---

① 国少华：《阿拉伯语词汇学》，外语教学与研究出版社，1998年版，第16—19页。
② 穆罕默德·雅古布·泰尔基斯塔尼：《词语探源》，麦地那伊斯兰大学出版，1992年版，第84—85页。

严禁库尔德语用语学校教育和出版社事业。①

沙特、巴林、阿曼和科威特在立法上是单语制国家,但因为大量外国人在这些国家长期居住和工作,客观上这些外国成为边缘化的少数民族,他们来自不同的国家,自然讲各自的语言,因此在语言实践中这些国家属于多语制国家。巴林面积约为767平方公里,2014年人口约为123万,外籍人士约占51%,这些外籍人士有的讲现代波斯语,有的讲菲律宾语,有的讲乌尔都语。科威特的国土总面积为17818平方公里,2014年全国有396万人口,其中科威特籍人口124万。所以有人将科威特称为"外国人的国家"。在这些外国人中,有相当一部分是印度人、巴基斯坦人、伊朗人,还有不少是从其他阿拉伯国家来的,如埃及人和也门人等等。海湾战争前,科威特的伊拉克人、巴勒斯坦人也不少。因为埃及政府支持海湾战争,战后,据说科威特从埃及引入了20余万劳务人员。科威特的外国人中,还有一部分来自欧美。另外,战后涌入了大量菲律宾劳工、护士和保姆。中国人也是科威特外国人中的一部分,但总数很少,只有2000人左右。一个美国人的公司,不但需要精通英语懂其规程的职员,而更重要的是,其职员还必须懂阿拉伯语,甚至波斯语、乌尔都语(巴基斯坦和印度的通用语),对科威特的社会、经济和文化都必须熟悉和了解。科威特的公共汽车的后面,印了阿拉伯语、英语和乌尔都语三种语言,为顾客提供服务。科威特在历史上曾是英国的殖民地,直到1961年才宣告独立。现在,相当一部分受过教育的老人还能讲流利的英语。科威特在外交关系的传统上,也一直紧随英美等国,其英语教育也是一门指令性的重要科目。阿拉伯语和英语,一直是科威特社会通用的两种语言,英语实际上也是一门官方语。所以,作为双语的英语和阿拉伯语的教育,可视为科威特教育中的一个传统。这个传统一直保留了下来,并在今天其现代化的道路上,又有所发扬和光大。公立学校即科威特政府开办的学校,从幼儿园、小学、初中、高中一直到大学,形式上与世界上大多数国家一样,这些学校的教学以阿拉伯语为主,同时将英语等作为外语来教。但在科威特大学,一些自然科学科目,如计算机技术等,则是直接用英语来教的,促使学生用英语作为工具,直接从英美等国学习先进的科学技术知识,这一设置,

---

① 博纳德·斯波斯基著,张治国译:《语言政策》,商务印书馆,2011年版,第152页

也是从实用原则出发的。

公立学校的教师，一部分由科威特人自己担任，还有相当一部分从其他阿拉伯国家如埃及等聘来，另有一些则来自英国、美国等。科威特实行的是教师聘用制度，按专业聘用合适的人选。总体上看，科威特公立学校的教学质量一般，管理上也比较松散。公立学校虽设有多语教学，但学生的多语能力并非只在公立学校培养出来。科威特多语教育的主力军是多种多样的私立学校，从运用的语种上看，有英语学校、乌尔都语学校和波斯语学校等，当然也有采用阿拉伯语教学的私立学校。这些学校是为适应社会各阶层以及各个民族不同的需要而开办的。英语学校普遍被看好，这也是西方文化在今天的世界占主导地位影响的一个缩影。不言而喻，上英语学校的一般是有钱人的子弟。阿拉伯语学校次之。贫民全部是外国劳工，其子女选择的学校一般是印度人、伊朗人开办的乌尔都语、波斯语学校或免费的公立学校。私立学校名义上都由科威特人持有一半以上的股份，但实际上的控股者和经办者大多数都是外国人。除了正式的公立和私立学校外，科威特还有各式各样培训中心一类的成人教育机构，以培养社会急需的各类人才，如秘书、计算机操作人员等。主要采用英语和阿拉伯语双语教学。科威特全国只有一所大学，即科威特大学，下分好多学院，只收科威特本国学生以及少量从世界各地来科留学的外国学生。教师除科威特人外，主要来自埃及。但在科威特出生的持有科威特绿卡（居民证）的外国学生，则无权上科威特大学。所以，在科威特生活的外国人，不管在此生活多少年、多少代，其子弟高中毕业后，都不得不远赴英国、德国、美国或印度、埃及、伊朗等国的大学深造，所选专业大多为科威特社会需要、有就业前景的专业。这些人归国又掌握了新的语言，为科威特的多语教育增添了新的光彩。在科威特，只要懂得英语和阿拉伯语，可以有很多就业机会。但不少家庭，还顽强地坚持在家里讲自己的母语，这不能不说是对自己民族文化的一种珍爱和重视。社会宗教团体坚持采用自己的语言讲授道德、文化和信仰，更是对自己民族文化珍爱和重视的集中体现。这些人，主要是外国侨民，早已完全融入了这个社会，在他们珍爱和重视自己民族传统的同时，也对阿拉伯文化表示了极大的兴趣和尊重，并利用各种条件加以学习、研究和运用。

第五节　北非阿拉伯国家语言政策异同比较

因为阿拉伯语、伊斯兰教和阿拉伯人在某种程度上是三位一体，所以北非三个阿拉伯国家摩洛哥、阿尔及利亚和突尼斯在反抗西方殖民者、实现民族独立的过程中有极为类似的经历，把恢复阿拉伯语的官方地位与彻底实现民族独立高度统一起来，都执行阿拉伯化的语言政策，同时主张革新阿拉伯语，按阿拉伯语的规则吸收、改造外来语为现代文明生活服务。但这三国在具体落实语言政策和面临的困难上也存在差异。

一、摩洛哥语言政策与实践

北非国家摩洛哥最早的居民是柏柏尔人。公元7世纪，阿拉伯人进入摩洛哥并于8世纪建立第一个阿拉伯王国。从15世纪起，西方列强先后入侵摩洛哥。20世纪初，摩洛哥先后沦为法国和西班牙的殖民地，直到1956年摩洛哥获得独立。由于历史、宗教和殖民主义的影响等原因目前在摩洛哥存在着柏柏尔语、阿拉伯语、法语、西班牙语和英语等多种语言，其中柏柏尔语、阿拉伯语和法语是当前摩洛哥使用最为广泛的语言。

在摩洛哥说柏柏尔语的人主要属于三个不同的群体塔什哈特（Tashelhit）、塔马赛特（Tamazight）和塔里费特（Tarifit），事实上说这些语言的人们并不熟悉或使用"柏柏尔语"这个词，相反，塔马赛特语近年来一直成为柏柏尔语的通用语被用于团结和统一其他不同群体的一个工具，虽然这些语言大概在5000多年前就已经存在了，但是在摩洛哥它们从来没有被编码过，也没有字母，所以柏柏尔语近1400年以来在摩洛哥多元语言体系中一直作为一种低声望的语言而存在。当公元7世纪阿拉伯人把柏柏尔人强行纳入摩洛哥时，柏柏尔人并没有采纳阿拉伯语为他们的日常用语，塔马赛特语仍然是一种具有影响柏柏尔人的精神生活、确认他们的集体文化身份符号价值的语言。进入20世纪，塔马赛特语同样遭受了世界上许多少数民族语言的命运沦为边缘人群的语言。①

虽然阿拉伯语在摩洛哥一直都是一种有声望的语言,但是摩洛哥存在着两种不同的阿拉伯语且它们的声望有着巨大的差别。一种阿拉伯语是现代标准阿拉伯语。独立后摩洛哥的宪法规定该语言为摩洛哥唯一的正式国家语言,被指定

为官方文件、学校、电视新闻节目和政治界等领域的用语,这一语言享有很高的声望,除了宗教原因之外,另一个原因在于它是整个阿拉伯世界的通用语。摩洛哥另一种阿拉伯语是阿拉伯方言——达里加语(Darija),该语言并不是一种统一的语言而是存在着许多变种。达里加语是一种用于家庭日常用语、各种非正式场合所使用的语言,达里加语虽然是摩洛哥阿拉伯人口中的第一语言使用该语言的人口有1880万人。但由于该语言是一种阿拉伯口语,因此多用于直接的口头交流而很少出现在文字作品中。和多数讲阿拉伯语的人一样,摩洛哥人也倾向于把他们的方言看作是一种不正常的或不纯的语言,甚至常常根本不把它当作是一种真正的语言而抛弃它。

书写形式的阿拉伯语与阿拉伯口语在词汇、语法和语音体系方面有着很大的不同。这给儿童学习和书写阿拉伯语带来了困难,也是摩洛哥高文盲率的重要原因之一。

1912—1956年,摩洛哥处于法国的保护之下。在此期间法语作为一种官方语言被引入摩洛哥,并被用于各级教育和所有保护机构。在保护国期间法语知识对于获得和维持权力不可缺少,因而法语为精英阶层所学习。自摩洛哥独立以来尽管法语失去了官方地位,但是法语在诸如商业和金融科学和技术以及医学等许多领域仍然具有重要的作用。实际上,摩洛哥技术和经济类大学一直将法语作为第一教学语言。阿拉伯语只是有时作为法语的补充而使用。摩洛哥至今仍有相当多的人在学习法语。因为法语依然被看作是社会和职业成功的语言,并在公共教育领域内维持了一种特权地位,甚至在私立教育部门也是如此特。在摩洛哥独立前法国对摩洛哥实行的是一种殖民主义奴化教育。法国殖民者对摩洛哥传统的穆斯林学校不予

---

① 於荣:《摩洛哥的阿拉伯化语言政策及其对摩洛哥教育发展的影响》,《外国教育研究》,2013年第6期,第106页。

扶持而大力发展法国式的学校和积极支持那些实施法国人与穆斯林子女混合教育的学校。摩洛哥曾建立了两所法国式学校，学生几乎全是法国人的子女，学校教育严格按照法国方式进行教学，语言全是法语。在混合学校中，法语是教学语言，阿拉伯语只是作为一种外语来教授。不仅如此，法国殖民者还利用教育和管理手段来分裂讲柏柏尔语的穆斯林少数民族与讲阿拉伯语的穆斯林之间的关系，意图破坏穆斯林民族团结从而导致传统宗教教育的衰退。

独立后摩洛哥选择了阿拉伯化的语言政策。摩洛哥所采取的阿拉伯化语言政策主要有三个目标：一是通过使阿拉伯语标准化和现代化以促使其能够满足独立的摩洛哥的新需要；二是在所有正式的生活领域用标准阿拉伯语取代法语；三是保留文化的纯正性和阿拉伯穆斯林的价值观与信仰以及保证政治统一和社会文化的一致性。这一政策的核心是用标准阿拉伯语取代法语。然而这一政策在实施过程中并非如摩洛哥当局所预期的顺利。一方面导致标准阿拉伯语与法语的竞争；另一方面导致了与说柏柏尔语的柏柏尔人的冲突。占摩洛哥人口近20%的柏柏尔人主要生活在农村地区，他们是在政治经济和社会上处境不利的人群。柏柏尔语因为这一政策受到了压制从而被边缘化在教育领域由于摩洛哥在独立后没有建立起自己新的教育系统而是仍然延续了法国教育系统，因此阿拉伯语教学计划从一开始引入就因为严重缺少阿拉伯语教师而变得困难重重。例如，摩洛哥独立后有许多教师都是法国公民。直到1974年摩洛哥小学法语教师才完全被本国教师所替代。甚至在本国教师取代了法国教师之后，保护国时期的法语课本还一直在延续使用。与此同时由于独立前保护国当局对摩洛哥教育的不重视等原因。摩洛哥的文盲率非常高，1956年仅有10%的男孩和6%的女孩完成了学业。独立后摩洛哥政府经过不断努力到2004年摩洛哥的男性识字率才达到65.7%，而女性的识字率仅有39.6%。高文盲率成为推广现代标准阿拉伯语的一个严重障碍。因此教育领域的阿拉伯化过程只能是一个渐进的过程。首先从小学的最低年级开始，最后到高等教育结束。从1956年开始进行改革到1980年，仅有小学的前四个年级完全实现了教学语言的阿拉伯化。在中学，25%—50%的学科用阿拉伯语进行教学。直到1988年摩洛哥才为小学和中学以及部分大学提供阿拉伯语教学。大学中的某些人文学科教学计划出现了双语教学现象，但是法语依然是技术和自然科学学院的唯一教学语言。①

可以说，在教育领域现代标准阿拉伯语与法语之间的关系变化不大或基本上没有变化。也就是说摩洛哥的独立和实施阿拉伯化政策并不意味着法语教学的结束，谈不上使法语在公共生活中消失，实际上虽然阿拉伯语被宣布为唯一的官方语言。但是法语继续作为第一外语在学校中被教授，并继续作为高等教育系统中的教学语言。法语还保留了其在商业行政和科学中的地位。与现代标准阿拉伯语相比，法语口语更多地为受过良好教育的阶层所使用以及在公共部门的正式场合和大学中所使用。在行政领域中，法语与现代标准阿拉伯语实际上已经形成了具有平等地位的语言。各种文件法规和正式表格都用这两种语言发布，甚至在过去一些民族主义领导人也把法语看作是一种现代化的和商业的语言，一些家长希望为确保他们的子女受到良好的教育而选择现代标准阿拉伯语和法语的双语教学。

至于柏柏尔语被边缘化的问题，柏柏尔人把阿拉伯化的语言政策看作是对各种形式的塔马赛特语的压制，因而这一政策无法得到柏柏尔人的积极认同。根据阿拉伯化语言政策的规划其理想目标是未来所有的摩洛哥人都要说阿拉伯语，而农村的方言，实际上是塔马赛特语的各种变种在适当的时候都要消失。这种规划的语言政策与摩洛哥处于保护国时期法语政策相类似，即只有阿拉伯语在改革中承担主导作用。这一政策的支持者们同样忽视了摩洛哥是一个由多种语言人口组成的国家这一事实。

尽管柏柏尔人与阿拉伯人享有共同的宗教信仰和某些宗教传统，但是柏柏尔人的身份意识与他们所使用的语言密切相关。大多数柏柏尔人通过与家庭之外的联系学会了摩洛哥阿拉伯方言，并且大多数柏柏尔人都说这种语言。实行阿拉伯化语言政策之后，学校让柏柏尔人和阿拉伯人的孩子都学习标准阿拉伯语。然而在说阿拉伯语的环境中柏柏尔人的社会化和职业发展十分艰难。在获得管理工作机会和经济资源方面他们常常被排除在外。柏柏尔人的社会处境使他们逐渐认识到自己受到了压制。他们在社会上受占主导地位的阿拉伯人的控制，在他们看来与阿拉伯语相比塔马赛特语是处于一种从属的地位。在使用这两个语言的群体之间存在着等级关系。

---

① 於荣：《摩洛哥的阿拉伯化语言政策及其对摩洛哥教育发展的影响》，《外国教育研究》，2013年第6期，第107页。

因此，20世纪80年代摩洛哥和整个马格里布的柏柏尔人开始积极地为他们的语言和文化权利进行辩护，并为柏柏尔语成为与现代标准阿拉伯语一样的国家语言地位而进行斗争。

1991年，摩洛哥的阿加迪尔省六个文化协会要求尊重柏柏尔语言和文化的权利，要求柏柏尔语言应该成为一个民族语言，并得到宪法承认，还应该在学校的教育中得到体现。[①] 1994年国王哈桑二世赞成用柏柏尔语教学。2001年，在首都拉巴特成立"皇家科学院柏柏尔文化研究中心"，以改变、抄录柏柏尔人的文字，研究柏柏尔语教学的通用书写文字，鼓励和加强柏柏尔文化传播。2008年，该中心刊发柏柏尔语的语法参考书。摩洛哥政府放弃阿拉伯语独尊的一元化政策，向阿拉伯语和柏柏尔语并重的"二元化"政策转变的标志性事件是：1999年，摩洛哥政府发布了《教育和培训国家章程》（National Charter of Education and Training）。该章程第110条规定摩洛哥将在教育领域采用一个明确的一致的和连续的语言政策。这一政策有三个主要目标：(1) 加强和改进阿拉伯语教学质量；(2) 使教授科学和技术的语言多样化；(3) 向塔马赛特语开放。《教育和培训国家章程》确定的改革间接地承认了此前实施的阿拉伯化政策的失败，实质上是摒弃了此前单一的阿拉伯化语言政策转而实施多元化的语言政策。摩洛哥柏柏尔人不断进行抗争，他们提出了一系列要求：柏柏尔语作为国家官方语言，在学校的必修课中合法使用柏柏尔语；重写摩洛哥历史；公众生活中使用柏柏尔语言以及柏柏尔人的名字；开发柏柏尔人贫穷的聚居地，共享国家自然资源。[②] 经过柏柏尔人的不断斗争和争取，在2011年7月1日经过全民公投通过的摩洛哥新宪法草案中，柏柏尔语终于取得了与阿拉伯语并列为官方语言的地位。新宪法第五章规定："阿拉伯语是官方语言，国家致力于保护和发展阿拉伯语及其使用。作为全体摩洛哥人的共同财富，柏柏尔语也是官方语言，法律正在确定推动柏柏尔语正式化的阶段以及将其纳入教育和公共生活领域的途径，以使其在未来能够履行官方语言的功能。"[③] 尽管如此可以预见的是摩洛哥教育中的语言冲突问题无法在短

[①] 黄明明：《马格里布柏柏尔人研究》，西北大学硕士论文，2014年，第29页。
[②] 黄明明：《马格里布柏柏尔人研究》，西北大学硕士论文，2014年，第31页。
[③] 李宁：《摩洛哥官方语言政策变迁背景分析》，《阿拉伯世界研究》，2013年第3期，第81页。

期内得到根本解决。

二、阿尔及利亚语言政策

阿尔及利亚位于北非马格里布地区，面积238万平方公里，2013年人口约为3790万。属于阿拉伯国家联盟的成员国，其官方语言为阿拉伯语，通用语言为法语，法定的国语是柏柏尔语，全国有约20%的国民讲柏柏尔语。阿尔及利亚的土著居民是柏柏尔人，经历过伊斯兰化和阿拉伯化，但依然保留了自己的语言和文化，近代又遭受法国的殖民统治，法语在阿尔及利亚生根。三种语言的地位变迁与阿尔及利亚的历史进程同构发展。公元702年，阿拉伯帝国征服整个马格里布，随后在北非推广阿拉伯语，同时传播伊斯兰教。阿拉伯人进入该地区之前，马格里布主要通行三种语言：希腊语、布匿语和柏柏尔语。希腊语是统治者拜占庭人的语言，布匿语是北非沿海城市居民的语言，柏柏尔语是北非土著民族柏柏尔人的语言，柏柏尔语属于闪含语系，阿尔及利亚的柏柏尔人讲四种方言。[①] 阿拉伯人到来之后，阿拉伯语开始与当地语言融合，并逐渐成为当地的主流语言。原官方语言希腊语由于缺乏社会基础而很快被废止；讲布匿语的城市居民顺应社会、经济和宗教的需要改学阿拉伯语；柏柏尔人的社会条件和经济生活与阿拉伯人接近，伊斯兰教对他们有着特别的吸引力，他们在改奉伊斯兰教的同时开始学习阿拉伯语，由于柏柏尔语书写复杂且无书面历史文献存留，而阿拉伯语因与布匿语同属闪语族而相对易学，这最终使得柏柏尔人在讲母语的同时也讲阿拉伯语。9世纪初，马格里布已出现了阿拉伯语著作。随着柏柏尔人与阿拉伯移民的长期通婚，这个地区逐渐阿拉伯化，语言的融合在12—13世纪基本完成，阿拉伯语得到普及并成为官方语言。但由于北非多山且被沙漠阻隔，散居的柏柏尔部落得以保存自己的语言，最终形成阿拉伯语和柏柏尔语在阿尔及利亚共存的局面。14世纪初，马格里布开始进入西班牙和奥斯曼土耳其统治时期，阿拉伯语在随后4个多世纪中更多地是作为宗教仪式用语使用，一定程度上限制和影响了阿拉伯语的正常发展。1830年，法国侵占阿尔及利亚，开始了长达一个多

---

① 黄明明：《马格里布柏柏尔人研究》，西北大学硕士论文，2014年，第43页。

世纪的殖民统治。为巩固其统治地位，法国在阿尔及利亚实施法语优先政策，尽一切可能压制阿拉伯语的发展。

(一) 第一阶段：1830—1919 年

法国殖民统治之前，阿尔及利亚人在学校和清真寺学习阿拉伯语，在法庭、政府部门和文学研究等领域广泛使用阿拉伯语，在日常生活中使用阿拉伯语和柏柏尔语，而土耳其语作为政府公文用语在首都使用。法国占领阿尔及利亚初期，一方面，法国殖民统治者从多方面限制阿拉伯语的使用，通过法律规定限制和压制民间办学，禁止在学校教授阿拉伯语、阿拉伯文化和地理；限制或停止阿尔及利亚人的报刊出版；大肆掠夺珍贵的阿语书籍文献以存放到法国图书馆或低价卖给法国人做研究。同时，一些丧失文化自信的依附殖民主义的人认为阿拉伯语难学、死板和僵化，无法适应现代科技的发展，无法跟上现代文明的潮流，是导致阿拉伯民族落后的根本原因。自 1830 年起，阿拉伯语除用于签字外，已不再是书面语言。

法国对阿尔及利亚实施了长达 70 年的殖民统治，并以缺乏资金为借口，缩减阿教育投资，1897—1919 年的教育专款只从 33000 法郎增至 49000 法郎，远远不能满足当时阿尔及利亚人口增长速度的现实需要。1847 年，法国一份报告指出："我们解散学校并将其废弃，我们熄灭了这里的灯火，也就是要把穆斯林社会变成一个更愚昧野蛮的社会，就像过去那样。"这种殖民侵略政策带来深重的灾难，据 1830 年法国人的一份报告称，法国开始对阿尔及利亚实行殖民统治时，文盲率只有 5%。但自法国占领阿尔及利亚以来直到 1901 年，阿尔及利亚文盲率飙升至 92.2%（只有 3.8% 的人能认读）。[1] 出于信仰与抗争，很多阿尔及利亚人仍秘密从事阿拉伯语的学习和传播。尽管法国殖民统治者在城市的学校设置了法语课程并安排法国教师授课，阿尔及利亚人仍暗中送子女去私塾学习阿拉伯语；在农村的清真寺里，尽管殖民政府对宗教活动进行监视，人们仍通过背诵《古兰经》和学习伊斯兰教义学习阿拉伯语。

---

[1] 刘晖、于杰飞：《阿拉伯语在阿尔及利亚的发展及现状调查》，《阿拉伯世界研究》，2009 年第 4 期，第 47 页。

(二) 第二阶段: 1919—1962 年

一战结束后不久,阿尔及利亚于1919年开始了立法改革,阿尔及利亚人民争取到了有限的政治权利,当时的一些阿尔及利亚政党纲领中表达了对阿语教育的重视:(1)"北非之星"党在其纲领第8条中写到:"阿拉伯语教育是一项义务教育","国家官方语言为阿拉伯语","各阶段的教育应当是义务和免费的,应当用阿拉伯语授课";(2)阿尔及利亚人民党在1938年召开的大会上指出:"将伊斯兰—法国学院升格为伊斯兰大学,由穆斯林教师教授阿拉伯语言文学","在阿尔及利亚大学建立文学系,教授阿拉伯语言文学、历史学、社会学和伊斯兰哲学";(3)争取民主自由胜利党还创办了一些阿拉伯语的机关刊物,如《灯塔》《阿拉伯马格里布》和《阿尔及利亚之声》等;(4)伊斯兰教贤哲会积极从事阿拉伯语教学活动,并教导学生:"阿尔及利亚是我的祖国,伊斯兰教是我的信仰,阿拉伯语是我的母语。"这些抗争迫使法国殖民统治者在1933年做出一定让步,宣布将阿拉伯语作为阿尔及利亚的外语。

1962年,阿尔及利亚经过民族解放斗争终于摆脱法国殖民统治获得独立。新政府非常重视普及阿拉伯语,认识到阿拉伯语对于刚刚在政治上摆脱殖民统治的阿尔及利亚有着至关重要的作用,规定在政府部门和新闻机构中一律使用阿拉伯语,并支持大学和语言学会等机构对阿拉伯语进行研究和规范以推进其发展。在开展"解放舌头的战斗"中提出,"武装革命仅仅解放了阿尔及利亚的土地,阿尔及利亚还要进行解放舌头的战斗,解放舌头意味着解放思想,解放感情和良心。"1963年,时任总统布迈丁提出在行政、教育机构和社会环境等领域全方位推行"阿拉伯化运动",其核心是推广使用阿拉伯语,同时取消大学里的柏柏语课程,不允许柏柏语出现在任何公共场合和文学作品中。[①] 布迈丁还曾于1968年提出,不懂阿拉伯语的人不得在国家机关任职,并确定1970年为普及阿拉伯语的最后年限。阿尔及利亚宪法和教育条例等也对此做了明确规定:"发展阿拉伯语,使其适应并参与科技文明,只有通过在全国一切领域,无论是思想还是技术领域,全面推行使用阿拉伯语才能实现。""阿拉伯化运动"得到埃及和

---

① 黄明明:《马格里布柏柏尔人研究》,西北大学硕士论文,2014年,第27页。

叙利亚等阿拉伯国家的大力支持，这些国家派出大批阿语教师帮助扫除阿语文盲，完善阿语教育。阿尔及利亚政府也派出大批留学生到其他阿拉伯国家学习。阿尔及利亚从小学一年级就开始普及阿拉伯语，至1979年，已在高中普及了阿语教育。截至1974年，普通教育、技术教育和师范教育中已有70%的课程使用阿拉伯语，高等院校文科50%和理科30%的课程使用阿拉伯语进行教学。国家行政机关从1980—1985年分两步实现了阿拉伯化。1996年12月17日，阿尔及利亚全国人民议会通过法律，规定阿拉伯语是本国唯一官方语言。明确规定自该法颁布之日起，在19个月内实现全国各级行政机构和大学以阿拉伯语作为办公和教学语言。

现在的阿尔及利亚是阿拉伯语、柏柏尔语和法语三足鼎立的局面：阿拉伯语作为阿尔及利亚官方语言，广泛使用于政府公文、新闻报刊、学术论文和文学作品等书面文体。方言多用于一般事务和口头交际；法语不仅出现在经贸合同等文书中，而且经常用于一般公共事务，高等学府多用法语教授医学、法学和经贸等现代学科课程。阿拉伯语虽作为官方语言，但其使用范围和人群并不广泛。阿拉伯语与方言有着不同的交际功能，这是阿拉伯社会长期存在下来的"双言现象"（Diaglossia）。如某人用阿拉伯语标准语演说，之后听众和该演讲人用方言讨论，标准语表达虽更加准确，但比较复杂，而方言更为简单。尽管方言的使用很普遍，但难以取代阿拉伯语作为阿拉伯民族共同语的地位。调查数据表明，在国际活动等正式场合中阿尔及利亚官员使用阿拉伯语标准语；大部分的新闻广播用阿拉伯语标准语播报，这归因于其对象是各种类型受众。同理，在公共场合发表见解时，有高达78.05%的人使用标准阿拉伯语，只有10%的人使用方言。阿尔及利亚与法国有着难以割舍的联系，法国是阿尔及利亚最大的债权国和最主要的贸易伙伴之一，在阿尔及利亚具有重大利益；而阿尔及利亚是法国在非洲的第一大贸易伙伴和重要的能源供应国和商品出口目的地。阿尔及利亚在法国的侨民目前达200余万人。事实上，法语作为通用语在阿尔及利亚的使用相当广泛：各种广告标识一般都是法语和阿拉伯语同时出现，甚至只有法语；书店里充斥着法文小说和杂志；电视广播有专门的法语频道。不少阿尔及尔人尤其是老年人虽能听懂阿拉伯语标准语，但并不识字，所以只能使用法语交流。法语成为了解现代文明、先进文化和科学技术的主要途径；鉴于阿尔及利亚与法国关系紧密，迫使阿尔及利亚人在很多工作领域讲法语；许多人尤其是青少年深受法国文化的影响。

阿拉伯人和柏柏尔人之间的显著差异可归因于法国的殖民统治。法国竭力在阿尔及利亚复活柏柏尔语，甚至帮助创立柏柏尔文字，妄图将阿尔及利亚分成柏柏尔人地区和阿拉伯人地区，从而得以分而治之，使法语在抑制阿拉伯语的教育中能得到来自柏柏尔人的民族主义偏袒而得以传播。这种做法的恶果遗留至今，阿尔及利亚阿拉伯人与柏柏尔人目前仍存在着一定的矛盾，部分柏柏尔人聚居区甚至要求独立。[1]

影响阿拉伯语在阿尔及利亚未来发展的因素包括宗教作用、民族主义情结、教育政策、地域和方言、法语以及法国在政治、经济、文化等方面的影响等。通过调查可以发现：首先，阿尔及利亚人民对本民族文化有着强烈的认同感，接受问卷调查77.11%的人喜欢阿拉伯传统文化。其次，他们对自己的母语有着深厚的感情，即使移居非阿拉伯国家，仍有73.45%的人坚持说阿拉伯语，为保证母语的延续，77.08%的人要求或将会要求自己的子女说阿拉伯语。当听到阿拉伯语与过去相比正在退化时，有92.2%的人表示遗憾，其中63.52%的人表示会为阿拉伯语的复兴付出努力。无论出于对母语的感情，还是宗教原因，有83.25%的人认为阿拉伯语与其未来生活密切相关，这一比例在青年人中更高。[2] 一方面，法语虽然目前在阿尔及利亚通行，但难以取代阿拉伯语在阿尔及利亚社会生活中的地位；另一方面，法语虽然在大多数阿尔及利亚人心中没有感情基础，但为促进阿尔及利亚社会、经济的发展起到了积极作用，也为阿拉伯语带来更多新鲜词汇。语言的多元化在全世界都普遍存在，法语不会动摇阿拉伯语的主导地位。

19世纪末20世纪初曾爆发过一场关于标准阿拉伯语和方言使用的争论，以穆罕默德·奥斯曼·吉拉勒和萨莱迈·摩萨维为代表的一些亲西方的激进阿拉伯学者附和一些欧洲东方学家的观点，主张放弃标准语阿拉伯语，推广使用方言。他们认为标准语已不适合现代生活的需求，无法表示现代文明，应用方言作为口头和书面的统一语言以便处理一切事务，同时减少学习阿拉伯语标准语的时间和精力。这遭到了以迈哈穆德·萨米·巴

---

[1] 黄明明：《马格里布柏柏尔人研究》，西北大学硕士论文，2014年，第25页。
[2] 刘晖、于杰飞：《阿拉伯语在阿尔及利亚的发展及现状调查》，《阿拉伯世界研究》，2009年第4期，第51页。

鲁迪·拉斐仪为代表的阿拉伯民族主义诗人、作家和宗教学者的反对，他们认为，阿拉伯语是把阿拉伯人相互联系起来，把阿拉伯人和阿拉伯文化相互联系起来最为关键的因素；抛弃阿拉伯语，就意味着阿拉伯民族的分裂，不应当把优美丰富的文学语言降低到土语方言的水平。总体而言，阿拉伯语在阿尔及利亚的发展状况令人乐观，但多年来，阿拉伯语在阿尔及利亚的发展也面临严峻挑战。《中东报》曾在一篇名为《阿尔及利亚议会关于阿拉伯语衰退的争论》的报道中援引一位议员的话说："当阿尔及利亚国家发言人——总统布特弗利卡更喜欢法语而不是阿拉伯语的时候，谁还能欺骗我们说阿拉伯语的地位没有倒退呢？""阿尔及利亚是世界上唯一一个政府官员在官方仪式、日常起居、官方讲话中使用法语而不是阿拉伯语的（阿拉伯）国家"，"阿拉伯语现在处境很危险，因为西方化潮流控制着统治机器"。[①] 也许阿拉伯语具有政治、文化和意识形态上的优势，但法语在现实中的实用性和影响力无法替代。

三、突尼斯语言政策与实践

突尼斯共和国拥有悠久的历史和古老的文明，柏柏尔人、腓尼基人、罗马人和阿拉伯人等都在这片土地上留下了丰富的文化遗产。突尼斯共和国面积为16.4万平方公里，人口约为991万（2004年4月人口统计），首都是突尼斯市，人口约为214万。伊斯兰教为国教，主要是逊尼派，绝大多数人都是伊斯兰教信徒，只有极少数人信奉天主教、犹太教。官方语言是经典阿拉伯语，但98%的突尼斯人说突尼斯方言阿拉伯语，其余说阿尔及利亚阿拉伯语、地中海东岸地区阿拉伯语、摩洛哥阿拉伯语、马尔他语、柏柏尔语和法语。由于曾受法国殖民统治，法语成为通用语言。在漫长的殖民统治下，殖民者语言伴随着殖民势力深入到政治、管理、经济、军事、宣传、文化、教育、社会生活各个领域。殖民者竭力以法语取代阿拉伯语，以基督教取代伊斯兰教，其目的均在于弱化甚至抹杀阿拉伯人的民族性。突尼斯经济社会研究中心在突尼斯独立后进行的统计显示：72%

[①] 刘晖、于杰飞：《阿拉伯语在阿尔及利亚的发展及现状调查》，《阿拉伯世界研究》，2009年第4期，第52页。

的学生对说阿拉伯标准语感到困难，60%的学生对书写阿拉伯文感到困难；年级越高的学生越喜欢法语，79.4%的高中女生、84.3%的高中男生平时阅读法语读物。① 突尼斯民族主义者痛下决心，一定要通过阿拉伯化语言政策彻底扫除殖民者在思想文化领域的影响。

突尼斯和摩洛哥、阿尔及利亚一样，语言规划的核心是推行阿拉伯化。98%的突尼斯人日常交流中使用阿拉伯语突尼斯方言，其余人说阿尔及利亚阿拉伯语、地中海东岸地区阿拉伯语、摩洛哥阿拉伯语、马尔他语或法语。讲柏柏尔语的人使用柏柏尔语的变体沙维亚语、纳夫兹语、色奈德语或嘎达迈斯语。总之，不论突尼斯阿拉伯语，还是重要的少数民族语言柏柏尔语，都属于闪含语系。根据《1992年宪法》（2002年修正）突尼斯的唯一官方语言是阿拉伯语，特指古典阿拉伯语。突尼斯阿拉伯化政策始于1958年。一开始，唯独涉及教育领域。1968年阿拉伯化更进一步发展，但直到1970—1980年这十年间阿拉伯化才总体上触及各行政领域。20世纪90年代突尼斯采取对伊斯兰运动拥护者既控制又妥协的措施，一方面严密控制他们的破坏稳定的极端思想和行为，另一方面进一步鼓励教育阿拉伯化，并且发展国家伊斯兰文化，例如管制清真寺，利用公共电视播放祈祷召集等。②

1. 立法所用语言

按照《1993年7月5日第93—64号关于突尼斯共和国〈政府公报〉文本公布和执行的法律》，议会讨论、法律的起草和颁布只能使用阿拉伯语。

第1条款：

（1）所有法律、政府命令、法令和决议在突尼斯共和国《政府公报》上用阿拉伯语公布。

（2）所有法律、政府命令、法令和决议同时只以通告的形式用另一种语言公布。

（3）司法公告和法定声明根据现行法规在突尼斯共和国《政府公报》上公布。突尼斯共和国《政府公报》用双语（阿拉伯语和法语）誊写议会

---

① 国少华：《阿拉伯—伊斯兰文化研究——文化语言学视角》，时事出版社，2009年版，第132页。

② 白少辉：《突尼斯共和国的语言政策》，《云南师范大学学报》，2007年第1期，第88页。

讨论，但法语版不具有法律效力。有时某些法律译成法语，但法语文本永远是非正式的。应该指出，议会决议和部长会议的会谈一样，可以用突尼斯方言阿拉伯语进行。

2. 行政所用语言

在行政领域所用语言大体上是双语的。《1994年8月8日第94—1692号关于行政印刷品的法令》明确指出行政印刷品文本使用阿拉伯语，但允许附加一种或多种外语翻译文本。

第5条款：

行政印刷品文本使用阿拉伯语。必要时允许附加一种或多种外语翻译文本。事实上，办公表格都同时用阿拉伯语和法语印制；对民众的服务都使用突尼斯阿拉伯语以及古典阿拉伯语和法语；只有司法部和国防部彻底阿拉伯化。通常只有一些简单法规明确规定在行政和教学中使用阿拉伯语。直到采用阿拉伯语的信息化手段（文本处理、软件等等）以后，政府行政管理的阿拉伯语化才更有实效了。优先使用阿拉伯语的部门有教育部、内政部和军队。另外，根据现行法律，司法领域完全阿拉伯语化，在法庭上突尼斯方言阿拉伯语和古典阿拉伯语是唯一指定语言。法语被当作一种外语并做以下处理：当被告为原籍法国人时，需请一个译员。但是，在某些完全法语化的行政部门里引入阿拉伯语所做的努力成效甚微。例如在邮政和电信部门，在窗口向公众提供分别用法、阿两种语言印制的各种表格，但只有极少数的使用者对阿拉伯语版感兴趣，工作人员也倾向于使用那些法语版的。

3. 教育所用语言

包括幼儿园和小学头三年的教学领域基本上完全阿拉伯语化，用阿拉伯语教学。法语教学以前从小学一年级开始，后来改为从小学二年级开始，现在改为从小学三年级开始。初中和高中阶段教学一半用阿拉伯语一半用法语。在《在1991年7月29日第91—65号关于教育体制的法律》中这样规定：为了强化突尼斯民族认同和阿拉伯—穆斯林文化归属感，阿拉伯语是民族语言，在人文科学、理科和工科等各种知识领域里使用阿拉伯语。同时尽量使学生掌握一门外语，以便至少使他们直接接触世界思想、技术、科学理论和人类价值标准，使他们顺应时代发展，以特有的方式为实现民族文化的丰富及其与世界人类文化的相互影响做贡献。在小学和初中这两个基础教育阶段，所有涉及人文科学、理科和工科课程都用阿拉伯语教授。

在高等教育中，阿拉伯语化进程更慢，而且目前有侧重使用法语进行教学的趋势。在哲学、社会学、历史、法律等社会人文科学的教学中阿拉伯语只占一部分，而理工科的教学基本都用法语。在第二语言教学方面，英语是必修课，英语教学以前从八年级即学生15岁时开始，后来改成从七年级开始，现在改成从小学五年级开始。另外从1996年，西班牙语、意大利语、德语作为第二外语选修课从高中二年级开始教授，又分别于2003年和2004年在同一层次上增设了俄语和汉语选修课。

需要特别指出的是，随着中国国力的增强和在国际上的地位和影响的提高，汉语教学在突尼斯也受到了应有的重视。

4. 布告张贴所用语言

国家立法没有对布告张贴所用语言制定法律，但《1957年8月6日突尼斯市政府决议》规定公共事务法人团体在1958年4月1日前将其招牌阿拉伯语化。此决议表述如下：第1条款：所有面向公共道路的商业、工业或其他招牌须用阿拉伯语书写，也可以用双语书写。第2条款：招牌的阿拉伯语文字字体不得小于外语文字字体。第3条款：招牌的阿拉伯语书写样式须经由市政府指定的书法家认可。第4条款：在悬挂招牌之前必须根据现行城市街道组织规定征得市政许可。[1]

当时好像90%的人都遵守此规定，但问题在于这是一个只在首都突尼斯市采用的政策，因为招牌的阿拉伯语化从来都没受到政府部门的优先重视。今天的突尼斯共和国双语招牌很普及，法阿双语现象几乎在全国形成趋势，政府大楼（阿拉伯语占优势）、道路标志、商业广告、地名和街道名称等等都是双语化，而商业招牌更常用法语。

总体上，突尼斯展现了完全双语化的面貌，这种态度表明政府决策人不再继续完全阿拉伯语化政策，而是选择了双语制的道路。他们认为，这种选择不会把阿拉伯语置于危险境地，因为法语在突尼斯国只是一种工具语言。

---

[1] 白少辉：《突尼斯共和国的语言政策》，《云南师范大学学报》，2007年第1期，第89页

四、突尼斯共和国的语言教育

突尼斯教育改革的方向是阿拉伯化、突尼斯化，同时也向外国文明开放和学习。由于突尼斯人日常生活中使用突尼斯方言，在小学和初中侧重阿拉伯语教学，大部分课程都用阿拉伯语授课，学生的法语水平不高；而高中却用法语教授物理、化学等理科类课程，致使学生接受效果较差，甚至在大学里也存在部分学生阿拉伯语和法语水平都很差的现象。除了开设阿拉伯语、法语和英语以外，突尼斯不仅在大学而且在高中开设意大利语、德语、西班牙语甚至俄语和汉语。突尼斯的汉语教学可追溯到1977年，当时布尔吉巴现代语言学院就开设了汉语课，供学生作为第二外语选修。延续至1998年，经突尼斯高教部批准，突尼斯高等语言学院首次开始设立汉语本科专业，学制四年。目前已有160多名汉语本科毕业生。2004年初突尼斯教育部（主管初、中等教育）又责成部分高中开设汉语课程作为第二外语选修课。突尼斯独特悠久的历史文明，特别是1300多年的阿拉伯穆斯林文化积淀和宗教熏陶，使突尼斯人民自觉选择了基于突尼斯民族认同的阿拉伯—穆斯林文化归属，把阿拉伯语作为自己的民族语言。

法国在突尼斯200多年的殖民统治，使突尼斯民族文化和语言受到深刻的影响，法语也成为这个国家的通用语言。虽然法语曾一度受到政治和民族心理上的排斥，但在语言自身现代化程度上，法语相对于阿拉伯语来说，属于强势语言，因此在突尼斯社会生活中仍然发挥着重要的作用，使用法语教育回报率更高，更容易使人获得学习上的成功和在社会和经济方面的均等机会。

突尼斯解决方案的独创性在于，下定决心鼓励一种对任何文化都不存在复杂情结和过度依赖的文化多元化，即便这种文化是阿拉伯文化。突尼斯非但没实行彻底阿拉伯化政策，反而逐步走向普及突尼斯方言阿拉伯语，这样就可以放心大胆地同时吸收经典阿拉伯语和法语。早在1968年，突尼斯前总统布尔吉巴就断言："不，说实在的，经典阿拉伯语不是（突尼斯）人民的语言。"1971年，他的国民教育部长，虽是一个阿拉伯化的积极分子，也提醒学生们说："课程设置的突尼斯必须紧密联系国家实际。应该用突尼斯方式思考，而不是盲目效仿他人。"

突尼斯的形势发展表明，领导人实际上不再继续彻底阿拉伯化，而是倾向于推动突尼斯方言口语，同时保留法语作为选择。目前，突尼斯选择了以突尼斯方言为主，经典阿拉伯语和法语等其他语言为辅的文化多元化的效率之路。突尼斯语言规划的前景是乐观的，但也承受着阵痛。不难发现，突尼斯每次内阁调整，语言问题都会重新突显出来。语言纯洁化的决策在中小学基础教育或某些科目中重新提升了阿拉伯语的价值。这样一来，文科课程使热情积极的阿拉伯化政策支持者感到满意，却使那些宣扬保留法语的双语人群感到扫兴。

在北非，执行阿拉伯化语言政策的还有利比亚。1911 年，意大利人侵利比亚，学校的教学媒介语言是意大利语，但穆斯林不进这类学校。1969 年利比亚革命成功后，当局执行阿拉伯化的语言政策。现在阿拉伯语是利比亚所有学校的教学媒介语言，在英语是利比亚第一外语，从小学期就开始学习英语，大学的科学和技术课程也用英语讲授。

综上所述，摩洛哥、阿尔及利亚和突尼斯三国都执行了阿拉伯化的语言政策，意在巩固民族独立，强化文化自觉和文化自信，但在现实中都有良好愿望超前与实现途径滞后的困境，也有实现语言纯洁化与现代化的困境。法语在形式上失去官方地位，但在现实中作为富有生命力和影响力的交际语言依然具有不可替代的地位。在摩洛哥，政府名义上支持阿拉伯化，实际上依然重视与法国的联系，社会精英继续重视法语交流。[①] 法国殖民者，为了广泛传播法语，对柏柏尔人和阿拉伯人分而治之，相对重视柏柏尔语，打压阿拉伯语，在某种程度上刺激了柏柏尔人的民族意识。在摆脱殖民统治以后，三国在打造民族国家的过程中，随着民族意识和民主意识的觉醒，他们各自国内的柏柏尔人开始追求自己的语言文化权力，三国都适应全球化时代多元文化共存的潮流，重视和保护柏柏尔人的语言权力，力争实现国家认同和民族平等之间的平衡，民族化和国际化之间的平衡。摩洛哥在强化国家认同的前提下，在体制内重视柏柏尔人的语言和文化权力，不涉及到区域内文化和语言的自治权。阿尔及利亚通过语言和文化区域性自治，试图通过族群认同上升到国家认同。阿尔及利亚虽然受到法语影响最大，在阿拉伯化运动中最成功。突尼斯在实现文化多元化上更

---

① 博纳德·斯波斯基著，张治国译：《语言政策》，商务印书馆，2011 年版，第 151 页。

坚定一些，在普及阿拉伯语突尼斯方言的基础上大胆地吸收古典阿拉伯语和法语。

第六节 埃及的语言思想

一、埃及语言思想

埃及在前伊斯兰时代，科普特语是强势语言。在奥斯曼帝国统治时期，科普特语大势已去，沦落为教堂语言。在语言实践中，大多数埃及人讲阿拉伯语埃及方言。20世纪初，埃及教育部试图用阿拉伯语取代英语作为学校的教学用语，在事实上除伊斯兰经学院以外，外语依然是主要的教学用语。纳赛尔总统高度重视阿拉伯世界团结，极为重视现在标准阿拉伯语在推广普及。

当代埃及有三种阿拉伯语环境，每个语境其思想各不相同。具体而言，包括古典阿拉伯语、现代标准阿拉伯语、埃及阿拉伯语方言以及相应的文化内涵。[①] 这些语言思想是过去和现在历史的产物。语言思想最先出现在19世纪晚期的英国对埃及的殖民统治时代。在后殖民地时代的特殊背景下，人们在讨论古典阿拉伯语的纯洁问题、当地埃及方言的语言腐败问题。越来越广泛地使用英语，就是西方资本主义的象征，就是现代化的标志。对这些问题的讨论至今依然存在。所谓语言思想，就是要考察语言特征和社会进程之间的联系。众所周知，任何一种语言思想都是在特定的语言结构和社会环境下产生的。埃及使用某一种语言，往往表明了这一种语言在现实中的影响力。在埃及所使用的三种阿拉伯语言中，语言思想、语言特征与当时的社会环境密切相关。

对埃及的语言思想以及与民族主义相关的语言类似研究表明语言和民族的平等不是一个自然而然的过程。更应该是一个在历史中逐步形成，在思想上逐步形成的过程。语言思想反映了当时的社会结构，也反映了当时宏观的语言结构。要分析具体的语言思想，必须具体考察当时的文化环境

[①] 博纳德·斯波斯基著，张治国译：《语言政策》，商务印书馆，2011年版，第150页。

和语言实践。因此对语言政策的解读不能简单化。他们与当时的社会语言实践密切相关。并与当时的文化活动及社会身份密切相关。简而言之，语言思想不仅仅属于语言本身的问题，它包含和展示着语言相关的身份认同、美学价值观、道德准则以及认识论。通过这些联系，他们不仅巩固了语言形式和用途，而且也表明了某个人或者某个集团的思想，也展示最基本的社会制度及风俗习惯。例如宗教意识、孩子的社会化、两性关系、民族国家受教育的程度以及相关法律。以这些概念为基础，下面将考察埃及的某一种具体的阿拉伯语与相关的文化环境之间的联系。

　　埃及当代的语言思想，起源于英国对埃及的殖民统治时期即从1882—1922年。在这一历史时期，殖民者根据西方现代化的思想并为了追求经济上的繁荣进步，打造埃及社会面貌。他们倡导反对阿拉伯语、亲近英语的语言政策。他们给这些不同的语言赋予了不同的象征意义和价值观。阿拉伯语受到贬低，因为它被想象为杂乱无章的、毫无目的的语言，同时英语被刻画为追求现代化的语言，备受尊敬的语言，称心如意的语言。语言政策是殖民者企图改变埃及文化的具有深远意义的战略举措。在英国殖民统治埃及期间，有八个单词渗透进埃及的社会或政治生活。并在社会上产生了广泛影响。这八个词汇为"民族国家""祖国""政府""公平""压迫""政治""自由""教育"。这些词汇显然属于现代民族主义的新兴词汇。对他们所想象的误解和误用，产生了一个严重的民族危机。这八个词汇所包含的西方价值观与埃及文化背景发生了激烈冲突。

　　殖民者对语言和社会身份认同的影响，打断了本地文化的连续性。西方的东方学家引进了他们的语言帝国主义，在他们的心目中，阿拉伯语混乱不堪，毫无用处。这些东方学家对阿拉伯语言和阿拉伯文学怀有偏见。他们把阿拉伯人比喻成"热血沸腾""荒淫奢侈"的人。在阿拉伯语中，大量对男性和女性性爱的渲染，虽然表明了阿拉伯人的多样性和潜能，但他们基本上属于生物本能，而不属于富有智慧。

　　这种思想导致了在后殖民地时代的埃及发生了严重的语言冲突。一方面，埃及人对自己过去的历史津津乐道，对自己过去的语言念念不忘；另一方面，埃及人民也要追求语言和社会的现代化。宗教保守派满怀强烈的反西方情绪，对历史上的辉煌沾沾自喜，他们认为古典阿拉伯语高贵优美，强烈主张对阿拉伯语实行纯洁化政策，他们的思想深深地根源于阿拉伯的穆斯林历史。他们沉浸于伊斯兰的道德观，深怀有强烈的民族主义情绪。他们认为真正的埃及身份应该与伊斯兰法律和伊斯兰价值观紧密联系在一起，而不应该被西方文化所打断，他们要求保持古典阿拉伯语的纯洁性，决不允许阿拉伯语吸纳外来词汇。因此在一些宗教保守派的言论中，带有强烈的战争、战斗的意味。如语言集团捍卫民族语言就是对抗"伊斯兰的敌人"，他们自诩为"圣战者"，自诩为"能征善战的卫士"，是古典阿拉伯语的庇护者。任何对古典阿拉伯语的现代化改革，都属于语言上的腐化堕落行为，都属于蓄意破坏和侵略，其目标都是为了摧毁《古兰经》，破坏圣训。

与此相对应的是泛阿拉伯民族主义者，他们倡导一种统一的阿拉伯语言及现代标准阿拉伯语，也就是希望在阿拉伯世界，让所有讲阿拉伯语的人形成一股统一的力量。这些理想主义的民族主义者主张阿拉伯世界必须有一种统一的书面语，这可以让所有阿拉伯国家理解和沟通，并最终统一阿拉伯世界。其中有一些学者还认为，埃及政府一直控制着古典阿拉伯语的现代化过程。因为自从19世纪中期以来，埃及一直由官方的机构管理学习、出版事务。他们认为埃及政府应该振兴古典阿拉伯语，这是实现埃及社会经济和政治进步的手段。同时埃及的政府官员、知识分子、教育家认为古典阿拉伯语文学色彩很重，华而不实，缺乏现代词汇，不能满足当代全球化时代的科学和技术需要。

事实上，埃及的本地人一直在讲属于本地的方言，它实际上是埃及人的母语，也是埃及人实际生活中习以为常的交流语言。但这种语言在写作和教育中长期被忽视。埃及的阿拉伯语方言与埃及本地人的身份认同密切联系在一起，它属于本地文化，也属于民族文化。一些语言学家主张要高度重视各地方言，甚至牺牲现代标准阿拉伯语也在所不惜。在这种思想的后面，是他们主张在政治上各国独立。

最后，在当代埃及的文化和语言实践中，在很多社会阶层中，对英语的使用日益广泛，其目的是为了与国际社会保持密切联系。他们认为英语从殖民地时代到现在就一直存在。在20世纪五六十年代，埃及在纳赛尔统治时期，阿拉伯民族主义和埃及民族主义情绪高涨。但在1973年十月战争之后，人们越来越喜欢英语，在萨达特总统执政时期，埃及的大学生越来越向往美国，美国设在埃及的一些语言机构也一直在帮助埃及人学习英语和教授英语。从战略层面来讲，埃及政府和媒体使用英语，是为了实现国家经济繁荣和进步，是为了加强埃及和西方世界的政治和经济联系。

总而言之，在殖民地时代和后殖民地时代，随着西方思想对埃及的渗透，慢慢形成了埃及今天的语言思想。泛阿拉伯主义和伊斯兰保守主义都贬低埃及的阿拉伯方言，他们把古典阿拉伯语看成是传统和宗教道德的载体。现代标准阿拉伯语反映了当代的科学和经济的进步。而使用英语象征着埃及与西方的繁荣昌盛联系在一起。每一种语言思想的辩护者都表达了自己对东方和西方的文化差异，都反映了他们内在的逻辑联系和战略思想。这与他们的社会行为、道德准则、民族主义相联系。

二、古典阿拉伯语的认知价值

古典阿拉伯语是高度书面化的、文献化的语言。它自认为比埃及的方言高贵。埃及的知识精英认为古典阿拉伯语是美丽的、是符合逻辑的、是精致复杂的。古典阿拉伯语本身有极高的审美价值和音乐美，它可以让听众精神振奋，可以让听众对历史上的辉煌津津乐道，可以让听众产生一种万众一心的感觉，它让人们熟悉伊斯兰教的各种礼仪，并强化了他们的穆斯林身份认同，把它们与纯洁、道德和真主联系在一起。谁讲古典阿拉伯语，谁就被视为道德高尚、信仰虔诚的人。

古典阿拉伯语保持了伊斯兰文化的传承性和统一性，因为用古典阿拉伯语写成的文献无比丰富，作为一种书面语言，也深受阿拉伯人的尊重和爱戴。与埃及方言相比，古典阿拉伯语的外形相对稳定，而且在发音、语法和词汇构成上已经形成一个历史悠久的传统。古典阿拉伯语的定型实在9世纪早期就已完成。它是《古兰经》的神圣语言，也是历代穆斯林学者必须学习和掌握的语言。在漫长的中世纪，很多学者出版了有关古典阿拉伯语的语法、字典、发音和文风的著作，以保护古典阿拉伯语免受现代的影响。

但与此相矛盾的是，埃及很多法官也讲本地方言，他们认为本地方言优美动听，用来书写文学作品也同样形象生动。很多埃及本地人认为埃及方言轻松愉快、幽默有趣，是真正的埃及人的语言。所以在日常生活中，埃及人交流的母语是埃及身份和民族文化的象征。但是宗教学者或者泛阿拉伯主义者并不认同埃及方言，他们认为埃及方言从科普特语、土耳其语、波斯语、希腊语、意大利语、法语和英语借用了大量的词汇，因此他们批评埃及方言放任自流、淫乱不堪、软弱无力。凡是在街道上那些讲阿拉伯方言的人都属于凡夫俗子或者落后愚昧之人。

古典阿拉伯语是纯洁的、是高贵的、是根深蒂固的、源远流长的，是不能接受外来语言影响和腐蚀的。但是历史研究和语言研究表明古典阿拉伯语仍然受到了其他语言的影响，特别是受到波斯语的影响。在现代的阿拉伯世界，在科学技术领域里，外来词汇日益渗透到书面阿拉伯语中，这是一个无法避免的历史潮流。

三、不同场合使用不同的阿拉伯语

现代标准阿拉伯语是阿拉伯世界22个国家之间官方的交际语言，也属于阿拉伯知识分子、学术界和教育界共同使用的语言，这反映了泛阿拉伯主义思想。

在埃及每一种语言都有自己的功能，人们在不同的场合讲不同的语言，比如在家庭、在学校、在工作岗位上就讲不同的语言。朋友之间，家人之间，陌生人之间、上下级之间。政府官员之间都讲不同的阿拉伯语言。例如在清真寺就讲古典阿拉伯语，在议会、政治集会、大学课堂上就讲标准阿拉伯语。现代标准阿拉伯语是埃及新闻媒体、政府、教育界的官方语言。在人们的出生证明、身份证、法庭审判、议会辩论中使用现代标准阿拉伯语。古典阿拉伯语更多的是用于宗教场合。因为埃及居民的88%属于穆斯林。古典阿拉伯语表明了埃及民众与自己的宗教联系。阿拉伯语方言使用于仆人、服务员、工人、职员、家人、友人、同事之间。埃及电视台的肥皂剧和民间文学也使用埃及方言。一个人在不同的身份、不同的场合都分别使用不同的语言。有新闻记者在采访演员或者政治家的时候，也许这个演员或者政治家讲的是阿拉伯方言，但记者在记录的时候，很可能将演员或者政治家的方言改成现代标准阿拉伯语。但有些政治家为了表明自己和人民群众的血肉联系，为了表明自己是深得人心、和蔼可亲的领导，有意使用阿拉伯方言。当他们在知识分子面前或者宗教界演讲时，为了表明自己学识渊博、信仰虔诚有意使用古典阿拉伯语。

在现在埃及的媒体或者广告中，英语的渗透越来越严重，在埃及社会的中层和中上层，人们更热衷于使用英语。埃及的国立大学要求上英语课，有些大学把英语作为教学媒介语言直接使用。有些英语词汇直接进入阿拉伯语，有些以意译的形式进入阿拉伯语，特别是与现代技术或科学相关的词汇，例如，计算机、通信、电子学、机车制造业大量采用了外来语，特别是英语。有些阿拉伯词汇一半是英语，一半是阿拉伯语。总而言之，在当代埃及，古典阿拉伯语、现代标准阿拉伯语、阿拉伯语埃及方言都同时存在。它反映了当代埃及传统和现代之间的过渡。它也反映了埃及民族主义和泛阿拉伯主义之间的联系。同时也反映了埃及在全球化时代既要追求国家的现代化，学习西方先进的科学技术，保持与西方的政治经济文化联系，同时又要固守自己的民族传统。这四种语言的存在，表明了埃及书面语和口语之间的差异，社会下层、中层和上层之间的差异。这四种语言之间的差异是相对的而不是绝对的。因为任何一个人在不同的场合都可以讲这四种语言。因为这四种语言满足了不同的人在不同场合的需要。

第七节　沙特阿拉伯双语制与英语教学

沙特阿拉伯面积为 225 万平方千米，拥有麦加和麦地那两个圣地，是伊斯兰教的摇篮和古典阿拉伯语的发源地。沙特政府以阿拉伯语为官方语言和正式语言，高度重视阿拉伯语教学和传播，但与此同时，沙特主动适应城市化、信息化和全球化潮流，把英语教学上升为国家战略，把英语列为教育和政府的第二语言，办有英文报纸，电台、电视台都有英语频道。沙特阿拉伯大力鼓励本国人出国留学，也不惜重金招聘国外英语人才，在英语教学教育上取得长足进步，同时也面临着教学成效不佳、师资力量不足的问题。

一、英语——沙特的第二语言

（一）全球化带来的英语教学契机
人类社会发展的大趋势对一个国家的经济和教育产生着决定性的影

响。1925年沙特成立教育局,1951年前,教育局升格为教育部,1975年成立高等教育部,旨在解决工业化带来的日益增长的劳动力市场需求。[①] 2005年,沙特全国人口2312万,其中外籍人口有627万。沙特王国希望本国劳动力的素质能得到提高,最终取代外籍员工的作用。今天,由IT技术推动的全球化进程席卷了整个世界,英语作为其最通用的语言被广泛使用于生产生活的各个方面,例如,在信息与通信领域,大量的书籍、手册、文献和学术报告都是用英语写成的;在国际经贸领域,绝大多数法律条款、协议、合同等都是用英语签署的。沙特认为目前国民的英语水平还不能满足国际化背景下国家经济发展的需要,因此,沙特教育部要求所有的教育机构把英语作为第二语言来教学。

(二) 沙特政府对英语教学高度重视

沙特政府认识到国家经济的腾飞使掌握英语成为必然的要求,要提高教育质量,使教育达到国际化水平,必须大力发展英语教学。为提高国民的英语水平,王室政府主要采取了两项措施:一是广泛开设英语课程,二是大规模派遣留学生出国学习。在过去几年里,数以万计的沙特学生在政府的奖学金资助下到美国和加拿大留学。"两圣地的仆人——阿卜杜拉·本·阿卜杜勒—阿齐兹国王"项目一直为品学兼优的沙特学生提供多级奖学金资助,2007年前后政府又为赴美国、加拿大、英国和澳大利亚学习的约7000名留学生提供了经济支持。这些举措充分证明了沙特政府提高教育质量、为实现未来经济目标做好准备的决心。

(三) 沙特的双语制

双语制指一个国家拥有两种或多种官方语言,也就是指一种以法律的形式规定的两种或多种语言并用的制度。沙特阿拉伯的第一语言是阿拉伯语,英语是仅次于阿拉伯语的官方通用语言。

双语制的出现有多种原因,包括移民、殖民、新国家建立、文化多元主义、异族通婚、国内改革等。对于沙特来说,双语制的兴起主要是由内部需求和外部因素共同决定的。内部需求指的是国内经济的要求,如对本

[①] 陈沫主编:《列国志·沙特阿拉伯》,社会科学文献出版社,2011年版,第286页。

国劳动力的需求、工业化、沙特化等。外部因素即世界经济格局的变化导致了国家、社会、政治和经济的变化，以英语为官方语言的信息技术时代就是一个最好的例子。过去，一个国家实行双语制通常是由于移民和殖民等原因，而今天沙特推行双语制主要是由于信息科技的兴起和国民出国留学的需要。

双语制带来了不少正面效应，掌握第二语言的人获得了与来自世界不同民族和文化的人群交流的能力，在就业市场也享有更多机会。这一点在沙特尤为明显，英语能力对个人求职和职业发展有十分重要的影响。例如，为了更好地与外国投资者和商人沟通合作，绝大多数沙特的石油大亨们都在国外接受过教育，特别是美国。

然而，学习一门第二语言或外语从来就不是一件容易的事情。对于一个非英语国家的学习者来说，要在短期内学好英语是不可能的，即使能在一年里学到英语的一些基本知识，要达到精通的水平仍然需要数年的时间。如何保证教学质量？这对于沙特的英语教学提出了挑战。

二、沙特英语教学的现状及存在的问题

（一）学习英语和留学成风

最初，沙特的英语学校是为回国工作的侨民子女开办的。现在，由于信息技术的到来及全球化对于国家利益产生的空前影响，越来越多的沙特学生在政府的支持和资助下把英语作为第二语言来学习，开设英语课程的学校数量剧增，大量的以英语见长的私立学校和国际学校在沙特应运而生，英语教师的队伍不断壮大。很多沙特学生希望能通过学习英语来提高自己受教育的层次，而家长也愿意花大钱把子女送到国外名校（尤其是美国和加拿大的学校）学习。加上政府的鼓励和丰厚奖学金的吸引，每年都有大批学生奔赴美国、加拿大、英国、澳大利亚等国进一步深造。据调查，沙特学生认为最理想的留学之地是美国。

沙特人热衷学习英语的最主要原因是为寻求更好的工作机会、谋求更好的个人发展。沙特经济的腾飞也造成了服务业就业缺口的增加，宾馆、机场和医疗机构等都需要雇佣大量精通英语的员工。英语即使不是作为自己的专业，也是学习其他学科的有力工具。计算机技术、电子商务和互联

网在沙特的普及使得越来越多的沙特学生加入英语学习的队伍。

另外，有的人也把学英语作为一项爱好，或是跟沙特侨民沟通的工具；还有部分人是在外界压力（政府要求、父母强制）下被动地学习英语。

（二）严重依赖外籍师资

沙特现有的英语师资大部分来自其他国家。由于缺乏本国英语教师，越来越多的外籍教师被优厚的薪酬待遇吸引，到沙特工作。现任统治者的政策更加灵活开放，外国人到沙特工作变得容易起来。沙特对英语教师的巨大需求是造成高薪的主要原因。在学校工作的英语外教一年可以挣到3万多美元。许多富裕的沙特家庭还雇有英语家教，报酬是每小时26—40美元。因此，外籍教师非常愿意来沙特工作，与泰国、菲律宾、中国、日本等其他亚洲国家提供的条件相比，沙特的待遇要高得多，除了实得工资，合同上讲明的津贴福利也十分诱人。沙特侨民回国任教更有优惠，薪金几乎免税，交通、住房、奖金方面能享受额外的福利。不过，沙特聘用的英语外教仅限于男教师和专业人士。

由于沙特对英语教师需求的急剧增加，外籍教师虽然人数渐长，但并不能达到需要的数量。而对外籍教师的严重依赖又加剧了沙特英语教学的师资短缺问题。一方面，要让英美国家的英语教师长期留在沙特工作是比较困难的事；另一方面，要聘用到合格的英语外教，实际上并不容易。此外，沙特现有的男性英语教师远远多于女性教师，比起男生系科来，女生系科的英语师资短缺问题更加严重。在招聘外教时，院校高层与教育政策制定者之间、英语系科与求职者之间均缺乏沟通与交流。在发布招聘信息时，学校极少使用互联网，校方不把职位空缺的消息发布到网上，使很多求职者根本不知道有关信息。另外，缺乏资金支持、没有清晰的工作职责界定、低效的人力资源管理以及"9·11"事件以后海湾地区不稳定的政治格局都给聘用外籍教师造成了困难。

（三）受国际局势影响大

"9·11"事件毫无疑问对在国外留学的沙特学生造成了巨大的影响。该事件发生后，很多沙特学生因惧怕遭到报复性袭击而回国，其中不乏豪门望族的后代。"9·11"事件不仅对沙特的国家声誉造成了毁灭性的伤害，也对沙特籍留学生在国外的安全构成了威胁。为弥补与国际社会的关系，在沙特王室政府的努力下，2006 年，大批沙特学生重返美国学习。政府还陆续给留美学生提供了更多的奖学金机会。而美国方面，由于对"反恐"话题的极度敏感，对学生护照申请者的背景调查越加严格，还会对他们进行专门的面试。事实上，大多数沙特学生对美国持乐观和宽容的态度，不少留学生认为自己在美国的学习生活仍是安全的、平静的。

以"9·11"事件为代表，国际局势的变化随时牵动着沙特与西方世界的微妙关系，更对英语在这个中东国家的生存和发展有重大的影响。

（四）起步早但教学效果总体不佳

2008 年，为了在世界经济贸易中获取更大利益，沙特政府大力提倡英语教学，沙特教育政策高级委员会仔细研究决定将英语融入小学课程中，及早开始在沙特年轻一代的头脑里灌输开明思想及与其他民族和文化和平共处的观念。为执行该决定，政府采取的首要措施就是引进 1000 名外籍英语教师，加强小学的师资力量。

沙特儿童往往在 6 岁之前就开始接受小学教育，而学校教育通常对学生价值观的形成起着不可磨灭的作用。把英语作为小学课程的一部分，这招致了许多信奉伊斯兰教的学者反对，他们担心教授小孩子英语会导致对阿拉伯儿童的西化教育。然而，自由开明的沙特王族认为英语不仅是加强本国与美国及国际社会其他国家联系的纽带，同时也是国家生存的重要武器，英语教育理应从娃娃抓起。

沙特小学的英语课程内容丰富。以伊斯兰沙特小学为例，该校严格执行把英语作为第二语言来教学的方针，以帮助学生成功地处理各级难度的语言材料，使其能将现实生活中的语言，用于学习和研究并开始学会对自身的学习负责为基本教学目标，主要通过阅读、增加词汇知识、批判性思考等来提高学生的英语技能。该校的英语入门课包括了诗歌、阅读、作文、听写、语法和书法。

虽然起步早，但沙特学生学习英语的情况总体来讲并不令人满意，很多学生的英语水平仍然很糟糕。

三、沙特学生的英语学习困难

(一) 阿拉伯学生在学习英语时面临的普遍问题

大多数关于阿拉伯世界英语教学的调查研究都是在约旦进行的。由于沙特临近约旦，且两国拥有十分相似的宗教和文化背景，因此有必要首先了解约旦在第二语言英语教学方面的经验。研究证明，大多数约旦学生写作能力较弱，口语交际能力差，还常犯一些词汇错误，因而不少英语教师和学校管理人员抱怨学生的英语水平持续下降。

苏丹学生也有类似的问题。很多英语课程的学习者会在写作文时犯严重的句法错误，大多数苏丹学生在处理时态、动词结构、主谓一致等语法问题时会出错。

1983年，在一项面向更大范围的阿拉伯学生学习困难的研究中，发现这些困难可以分为两大类：一类是知识性错误，即在发音、书写、句法等方面的不正确表现；另一类是缺乏能力，即缺乏在学术领域和日常生活中充分有效地自我表达的能力。造成这些困难的一个重要原因是阿拉伯学生缺少在课堂内外合理使用英语的环境和条件。课堂上，由于教师没有采用正确的教学手段，加上学生的学习方法不恰当，学生的英语语言和交际能力没能得到适当的锻炼。而课外学生又极少用英语与家人和朋友交流。因此，阿拉伯学生在交际能力和自我表达水平上存在明显的不足。

关于沙特学生英语学习困难的专门研究较少。研究者们普遍认为，沙特学生在发音方面比较薄弱，不管程度高低，在辨别第三人称单数和复数的"s"和"es"、使用语音语调时都常出错；很多学生的语法较差，不能正确使用介词、助动词、名词和代词，写复合句时经常会犯语法错误。甚至连高水平的英语学习者也容易犯一些明显的错误，例如情态动词和介词的误用、人称代词的错误省略和位置误放等。

(二) 沙特学生英语学习困难的原因

沙特学生在学习英语时会受到很多负面影响。首先，在与家人、朋友、同事、同学等交往时，沙特人通常使用母语阿拉伯语，在日常生活中使用英语的机会少之又少。其次，某些学校提供的英语课程不足，教学手段不正确。第三，某些学生缺乏学习英语的动力。最后，部分学生对所报考院校的英语课程设置不了解。阿拉伯英语学习者不尽如人意的总体表现主要是因为课程设置缺乏正确的指导原则、课堂教学方法的不足、学生交际技巧发展缓慢等。事实上，沙特英语教学在课程内容安排上存在很大的问题，对训练学生实际运用英语表达思想和与人沟通的重视不够，师资力量明显不足，教师素质有待提高，这些都严重影响了学生的英语学习效果。

（三）对沙特英语教学的意见和建议

如何改进沙特的英语教学是王室政府和教育工作者目前正努力探索的一个重要问题。要解决这个问题并非一日之功，这里仅针对前文提到的种种现象提出几点粗略的建议：

一是采用丰富的教学方法。以难度极大的写作教学为例，这项让大多数学生头疼的技能对学生的语法基础、词汇量、思维水平、表达能力等都有很高的要求，但在课堂教学时常常被教师有意无意地忽略掉了。有的教师布置了作文之后就撒手不管，任学生自己去摸索写作之道，却并不知道如何去帮助学生克服写作中遇到的困难。实际上，写作的教学不应照本宣科，也不能放任自流，写作课堂应该是一个积极活跃的场所，有思想的交流，有思维的碰撞，学生的知识和创造力能得到最大的激发。除了完成写作练习，学生在课堂上还可以探究某个话题、发表对该话题的看法；学生与学生之间或学生与老师之间展开讨论或辩论；学生阅读一些材料，然后将读后感写成文字等。教师应充分利用高科技时代电子教学、网络教学带来的便利，通过鼓励学生建立英语博客、空间，在学习群里用英语讨论，用英文发电子邮件等手段提高学生对写作的兴趣和实践能力。

二是增强师生互动交流。很多研究人员认为，学生在英语学习过程中如能得到来自教师和同学的及时反馈，特别是正面的反馈，会更有学习的兴趣和信心，学习成绩往往也会得到提高。教师对学生作业（包括口头练习、作文及其他笔头练习）的评价和批改能帮助学生找准知识和技能上的不足之处，针对自身的薄弱环节开展目标明确的学习。

三是提高英语教师素质。在条件许可的范围内，尽可能多地引进英语国家的教师前来任教。但在聘用外教时不能仅仅把注意力放在他们是否能讲一口漂亮的英语上，而应更加侧重于他们能否凭借渊博的知识、有效的教学方法、出色的沟通能力、责任心和爱心促进学生的英语学习。目前，各级教育机构在对外教资格审查时缺乏系统有效的手段，对他们的教育背景和从业经历审查不够，这是亟待改进的一个重要方面。另外，过于重视应聘者的国籍、发音和流利度，忽视其道德品质和教学能力也是不可取的，在加强对外教的严格挑选同时，提高本国英语教师的数量和质量，也许能从更本质的层面改善沙特的英语教学。

四、结论

英语教学在沙特阿拉伯是一项利润丰厚的业务，但单靠政策鼓励和资金投入并不能保证良好的教学效果，为了提高教学质量，必须选择胜任的教师担任教学工作，在课程设置和教学安排上要尊重学生的实际情况和语言教学的一般规律，做到语言能力和交际能力并重，为学生提供学习使用英语的环境和条件，采取恰当的教学手段等。这样，沙特国民的英语整体水平才能大幅度提高，更加适应经济社会的需要。

第八节　约旦中小学英语教学

约旦王国面积为8.934万平方公里，2004年人口为540万，阿拉伯人是主体，阿拉伯语是国语。[①] 约旦王国非常重视教育，由于自然资源的严重缺乏，该国着眼于培养自己的人力资源，大力发展教育并取得了显著成效。社会中上层普遍讲英语，政府也要求中小学把英语作为唯一的外语，英语教学在约旦具有举足轻重的地位，约旦政府一般是同时采用阿拉伯语与英语来印官方文件，其他少数民族在使用自己本民族语言的同时，把阿拉伯语作为第二语言学习和使用。[②] 本部分通过介绍1970年前后约旦中小学英语教学的总体情况，从课程设置、教学目标、师资培训等方面反映这

[①] 唐志超：《列国志·约旦》，社会科学文献出版社，2006年版，第1页。
[②] 梁国诗：《当代约旦哈希姆王国社会与文化》，上海外语教育出版社，2003年版，第8页。

个阿拉伯国家是如何在基础教育领域努力推广和普及英语的。

一、约旦对英语教学的重视

约旦政府每年在教育上投入不少于国民生产总值的20%，如此巨大的投入使约旦与其他阿拉伯国家相比国民受教育程度明显较高。1970年，小学适龄儿童入学率高达96%，而该指标在埃及为91%，在伊拉克为69%，在沙特阿拉伯为29%，在北也门仅为8%。约旦的适龄人口高中入学率为39%，埃及为30%，伊拉克为24%，沙特阿拉伯为6%，北也门仅为不到1%。约旦的每10万人口中注册在读的大学生有1222人（其中大多数在国外留学），同样的数据在埃及为565人，伊拉克为419人，土耳其为348人，法国为1239人，苏联为1830人，美国为3471人。

教育投入有相当可观的部分被用到了英语教学上。约旦不是唯一将英语作为通用语言的阿拉伯国家，但几乎没有哪个阿拉伯国家会让如此大比例的人口学习英语，或让英语在学校课程中占据如此大的比重。在埃及和苏丹，虽然英语被广泛用作大学的教学语言，但学生到高中毕业时只学了6年英语，很多人的英语水平都没达到大学的要求。英语在沙特阿拉伯也是唯一要求学生学习的外语，但学生到大学入学时也只学习了6年英语。叙利亚和黎巴嫩的很多学校把法语作为外语来教学。只有与英语国家经济往来密切的科威特在英语教学的投入上接近于约旦的水平。

二、约旦公立学校和私立学校的英语教学

约旦的绝大多数学生在公立学校上学。1970年，约旦学校注册总人数的68%属于由教育部设立的学校，1%属于由其他政府部门开设的学校，18.5%属于由联合国难民署开办的学校，上述均属于公立学校。进入私立学校人数的只占12%，剩下0.5%的学生在约旦大学上学。英语是公立学校唯一能教授的外语（全国只有3所学校除外），学生必须按照统一要求学习英语。

公立学校的英语教学是约旦英语教学最有代表性的部分。公立学校的

英语教学开始于小学五年级（小学为六年制），接下来是3年初中和3年高中教学，换句话说，每个学生在接受高等教育之前已学习了8年英语。小学和初中属于义务教育阶段，英语课统一安排为每周6节，每节课40分钟。高中阶段的英语课时根据年级和学校类型有差异，学术型高中第一年英语为每周7课时，第二、第三年文科英语增至8课时，理科减至6课时。商科学校英语为第一年每周7课时，第二、第三年6课时。工业专科学校和农业专科学校的英语课在三年之中每周只有2课时。学术型高中和商科学校主要面向升学，而工业和农业专科学校主要面向就业，这是造成这些学校英语课时量不等的一个重要原因。

约旦的私立学校主要有两类："本国私立学校"和"外国私立学校"，前者由约旦人创办，后者大多是欧洲和美国的传教团体开设的。所有私立学校都归教育部管辖，但与公立学校相比，享有一些额外的自由，比如可以教授英语以外的外语，可以让学生在较小的年龄开始学习英语，可以自行选拔教师、自主决定教材等。私立学校通常要求学生在幼儿园或小学低年级就开始学英语，一直学到高中毕业。每个学校的英语课时数可能会有差异，但总教学时长要远远超过同类型的公立学校。

约旦人普遍认为私立学校的英语教学质量更高，但这种看法并没有可靠的依据。一项对1971年6月初中毕业考试英语科目的成绩样本分析显示，总体上公立学校的学生考得比私立学校的学生更好。如果把本国私立学校和外国私立学校分开来看，外国私立学校的学生得分最高，公立学校学生其次，最差的为本国私立学校的学生。这个结果的可能原因是：本国私立学校中有很多是专门招收差生的补习学校，导致分数偏低；公立学校的生源水平和教学条件参差不齐，很多都设在欠发达的农村地区；而外国私立学校学生在英语学习方面拥有先天和后天的优势。具体来讲，外国私立学校学生开始学习英语的时间早、学习时间长；班级平均人数少（外国私立学校平均每班29人，本国私立学校平均每班33人，公立学校平均每班39人）；英语任课教师很多都来自于英美国家；学生多出生于富裕家庭或知识家庭，家长重视语言表达，鼓励学英语；学校一般开办在城市，学生接触英语的机会多。

三、约旦中小学的英语教学目标

约旦的中小学英语教学大纲分为两个部分：义务教育阶段和高中阶段。义务教育阶段的英语教学包括小学五、六年级和整个初中阶段，其教学目标是"通过发展学生在英语理解、口语、阅读和写作方面的能力，使他们能轻松地、技巧性地、鉴别性地使用英语，从而成为有文化、有知识、有能力、有见地的公民"（《英语课程大纲：义务教育阶段》1969：5）。为了达到该目标，大纲做了一些具体的要求——在义务教育阶段结束时（学生学习英语5年以后），学生应能理解常速的简单英语口语，能在合理范围内理智地与讲英语者交流，能轻松、流畅地阅读和理解简单的英文，能运用语言的基本结构用英文写一段话（《英语课程大纲：义务教育阶段》1969：5）。高中阶段的具体教学要求是学生在毕业时能理解在不同情景和语境中的英语口语，能在讲英语时做到发音、语法和意义上的准确，能轻松、正确地阅读和理解不同语境中的英语文本，能写出语法正确、标点使用恰当、结构合理的英文段落，获得高中毕业后学习和工作所必需的语言技能和技巧（《英语课程大纲：高中阶段》1971：9—10）。此外，文科学生还要能欣赏英语文学作品。

教学目标是衡量教学成败与否的尺码。大纲提出的目标是相当高的，按《英语课程设置：义务教育阶段》的说法，英语教学要强调英语在"有效交际"中的重要性，让学生意识到能讲一门外语不是奢望而是必须，因为在当今世界，时间和空间都不能将任何国家和人民与日益壮大的国际化力量分隔开来。高中阶段的大纲表明，不管学生毕业后选择升学还是就业，都应该具有迅速适应以英语为媒介的教学和职业培训的能力，最终成为社会和经济发展的有用人才。然而，当时约旦实行的考试体系并未与教学目标对应，全国统一的高中毕业考试被视为对中小学英语教学效果最权威的检测，但该考试不涉及口语和听力，只考查写作、阅读、语法等方面以及对课文内容的熟悉程度。此外，在课堂教学时，真正培养学生语言交际能力的环节少之又少。课堂活动主要包括语音和语法操练、课文分析、命题作文以及泛读四类，没有专门给学生锻炼口语和笔头交际的时间。考试体系、课堂教学与教学目标的脱节是约旦英语教学的最大硬伤，已引起了政府和教育工作者的普遍关注。

四、英语师资培训

（一）对合格英语教师的需求

作为国家语言教育政策的最重要执行者，英语教师的素质决定着英语教学的质量。根据1964年的《教育法》，从事义务教育阶段英语教学的人必须要顺利获得公立高中毕业文凭，并在师范学院学习两年。高中英语教师必须拥有文学学士学位或同等学历，并学习一年的专业教育课程，或接受相应的教育学及心理学方面的在职培训。那么，约旦英语教师的数量和质量是否已满足英语教学的要求了呢？

在1970年的一项调查统计中，有739名小学和初中的英语教师认为自己是英语教育领域的专业人士，持同样想法的高中教师有161名。这些调查对象既有公立学校教师也有私立学校教师，小学和初中教师中有294人是完全符合1964年《教育法》标准的师范学院毕业生，183人有大学学历但不一定按要求接受过教育学和心理学培训，也不能确定他们是否都毕业于英语专业。由于缺乏完整资料，不能对高中教师的任教资格做出判断。

事实上，合格的英语教师在约旦是非常紧缺的。根据该调查的结果，只有294人（即师范学院毕业生）真正算得上是义务教育阶段英语教育的专业人士。粗略估算一下，约旦所有的由教育部设立的小学和初中对英语教师的总需求，用这些学校的班级总量乘以每班每周的英语课时数（6），再除以教师的每周最大工作量（30课时），可以统计出至少需要英语教师589名。而义务教育阶段的学校除了教育部设立的公立学校外，还有其他类型的公立和私立学校，对英语教师的需求远远超过了假定人数。如果英语教师均由英语专业人士担任，约旦的英语教学水平将会大幅提高，但目前合格英语教师的缺口还是很大的。

（二）约旦的英语师资培训

在约旦，英语师资培训主要有三个基地：四所师范学院、约旦大学英语系、在职教师从业培训学院（CITTI）。

约旦的四所师范学院招收的大多是高中毕业考试成绩不够上大学，但达到师范学院要求的学生。第一学期，所有的文科学生都要上统一的课程，包括4学分的英语语言课、2学分的阿拉伯语课、1.5学分的体育课、1学分的艺术课和2学分的伊斯兰文化课。他们还要学习数学和理学（5学分）以及教育学入门和普通心理学（4学分）。学习艺术专业课能获得2个附加学分，女生还要额外学习2学分的家政学。英语语言课每周4学时，其中2学时为语言学习，1学时为阅读理解，1学时为写作练习。第一学期结束时文科学生开始分专业，英语专业的学生选拔主要是看本学期英语语言课上的总体表现、高中毕业考试的英语成绩以及英语课导师的意见。第二学期英语专业学生会继续学习英语语言课，课程安排不变，还会再学习一门每周6学时的专门研究指定英语教材的课程。第三、第四学期这门课会有小变动，每周5学时用于研究教材，1学时用来讲授教学法。所有的文科生都使用《新概念英语》教材，英语专业学生应在两年内学完该书第三册的前半部分。此外，英语专业学生还要做大量的课外泛读，进一步学习阿拉伯语、体育、艺术教育和伊斯兰文化，特别是一门名为"阿拉伯祖国"的4学分课程。他们的职业教育课包括发展心理学与教育心理学、教学法、教辅工具入门、教师培训、特殊教学法和课程论等科目。

建于1962年的约旦大学英语系是提供高中英语师资的主要力量，成立后每年有45—50名毕业生，到20世纪70年代毕业生人数有所上升。该系在文学、语言学和语言教学方面都有较强的实力，也负责整个约旦大学英语公共课的教学。值得一提的是，一些教师同时也是约旦教育部课程设置的顾问。自高校学分制改革以来，英语系抓住契机，对英语专业学生的课程安排做了改进，将英语专业细分为三个方向：语言、文学和语言教育。语言和文学方向的学生必须完成48学时的由约旦大学文学院安排的通识课程，以及54学时的由英语系开设的必修科目，包括5门文学课、4门语言课（语言技能、学习技能、发音与演讲、阅读与写作）。必修课中还有2门是关于莎士比亚的，2门是语言学类的。附加课程包括文学批评、希腊罗马神话、从荷马到宗教改革、从宗教改革到现代、阿拉伯语文本翻译。语言教育方向的学生多数将在毕业后成为高中英语教师，他们必须修满33学分的文学院课程和45学分的英语系必修课。他们学的必修课跟语言和文学方向的学生基本一致，只是其中一些必修课变成了选修课。不同的是，他们还要学习33学分的由教育学院开设的教育学和心理学课程，才能正式拿到学士学位。

位于安曼的在职教师从业培训学院（后文简称培训学院）成立于1971年，主要为学历不够的在职教师提供等同于师范学院的培训。1973年，有90多名在职英语教师从该学院毕业。根据教学进度安排，学生首先要参加为期两周的暑期新生培训，然后统一上一学期的基础课，英语也是基础课之一。第二学期开始时，学生选择自己的专业，在导师的监督下每周开一次见面会，复习上周的学习资料，初步了解新的学习内容，其余时间均靠学生自学。课程以学分制为基础，学生要在4个学期和2个暑假之内修满23个学分。英语专业的语言练习占14学分，另有4个学分的教学法课、3个学分的语言学课以及2个学分的语音课。语言练习课以《新概念英语》为教材，贯穿了两年的学习期，其重要地位充分体现了培训学院以语言水平为未来英语教师成功关键的理念。语音课强调解决由阿拉伯语和英语的差异造成的发音困难；语言学课程包括语言的性质、形态学、音系学、句法学等内容，同样着眼于阿拉伯语与英语的对比分析；教学法课主要有教师角色、以英语为外语的教学法、各项语言技能的教学、测试与教学自评、听说法教材与教具等教学内容。学院每周都会把精选的英语广播、录音和电视节目提供给学生，帮助他们学习。尽管没有在教学中明确主张使用哪种教学法，《约旦新编实用英语》系列丛书中的教学理念渗入了培训课程的各个方面，对学生产生了深远影响。

除了上述集中的培养和培训手段之外，约旦还会利用学校的假期，对任职资历不达标的教师进行几天或一周的短期培训。

五、结论

自然资源短缺的压力迫使1970年前后的约旦政府把发展教育作为国家的出路，而与国际社会接轨的迫切心愿使约旦把英语教学放在十分重要的位置，花大力气提高国民的英语水平。政府的努力取得了一些成效，但还不尽如人意，最突出的问题就是英语的考试体系、课堂教学与教学目标的脱节，其次，师资力量的不足、公私立学校学生英语水平发展的不平衡等也阻碍了约旦的英语教学发展。

参考文献

一、中文文献

阿杜朴·侯赛因·扎林库伯著，张鸿年译：《波斯帝国史》，复旦大学出版社，2011年7月版。

埃尔顿·丹尼尔（Daniel E. L.）著，李铁匠译：《伊朗史》，中国出版集团、东方出版中心，2010年8月版。

艾布拉姆·德·斯旺著，乔修峰译，宁一中审校：《世界上的语言——全球语言系统》，花城出版社，2008年9月版。

伯纳德·刘易斯著，范中廉译：《现代土耳其的兴起》，商务印书馆，1982年版。

博纳德·斯波斯基著，张治国译，赵守辉审订：《语言政策——社会语言学中的重要论题》，商务印书馆，2011年9月版。

陈华腾：《为了一个民族的中兴：以色列教育概览》，华东师范大学出版社，2005年8月版。

达州、徐向群等：《中国人看以色列》，新华出版社，1990年版。

戴维森著，张增健、刘同舜译：《从瓦解到新生：土耳其的现代化历程》，学林出版社，1996年版。

丹尼斯·埃杰著，吴志杰译，姚小平审订：《语言规划与语言政策的驱动过程》，外语教学与研究出版社，2012年12月版。

冯基华：《犹太文化与以色列社会政治发展》，社会科学文献出版社，2010年10月版。

国少华：《阿拉伯—伊斯兰文化研究》，时事出版社，2009年9月版。

哈全安：《中东史：610—2000》，天津人民出版社，2010年1月版。

汉斯·若阿西母·施杜里希著，吕叔君、官青译：《世界语言语言简史》，山东画报出版社，2009年6月版。

黄维民：《中东国家通史土耳其卷》，商务印书馆，2002年版。

金宜久主编：《伊斯兰教史》，江苏人民出版社，2008年3月版。

雷钰、黄民兴等：《列国志·以色列》，社会科学文献出版社，2011年版。

李铁匠：《伊朗古代历史与文化》，江西人民出版社，1993年12月版。

李毅夫：《当代世界问题与民族政策》，四川民族出版社，1994年版。

刘洪一：《犹太精神——犹太文化的内涵与表征》，南京大学出版社，1995年8月版。

刘向华：《希伯来大学》，湖南教育出版社，1994年7月版。

刘中民：《民族与宗教的互动：阿拉伯民族主义与伊斯兰教关系研究》，时事出版社，2010年12月版。

莫迪凯·开普兰著，黄福武、张立改译：《犹太教：一种文明》（汉译犹太文化名著丛书），山东大学出版社，2002年2月版。

默罕默德·礼萨·巴列维：《我对祖国的职责》，商务印书馆，1977年版。

尼古拉斯·奥斯特勒著，占璐、梵非、蒋哲杰、王超倩译，维舟校：《语言帝国——世界语言史》，上海人民出版社，2011年5月版。

诺亚·卢卡斯著，杜先菊、彭艳译：《以色列现代史》，商务印书馆，1997年12月版。

热拉德·德·维利埃等著，周许苹、潘庆舲译：《巴列维传 附：白色革命》，1986年3月版。

塞缪尔·亨廷顿著，周琪等译：《文明的冲突与世界秩序的构建》，新华出版社，1998年3月版。

苏·赖特著，陈新仁译：《语言政策与语言规划——从民族主义到全球化》，商务印书馆，2012年9月版。

王辉：《澳大利亚语言政策研究》，中国社会科学出版社，2010年11月版。

王洁、苏金智、约瑟夫·G. 图里主编:《法律、语言、语言的多样性》(第九届国际法律与语言学术研讨会论文集),法律出版社,2005年6月版。

王铁铮、黄民兴、彭树智等:《中东史》,人民出版社,2010年3月版。

王铁铮:《世界现代化历程——中东卷》,江苏人民出版社,2010年2月版。

王维雅:《东方语言文字与文化》,北京大学出版社,2002年11月版。

王新中、冀开运、彭树智:《中东国家通史:伊朗卷》,商务印书馆,2002年1月版。

吴冰冰:《什叶派现代伊斯兰主义的兴起》,中国社会科学出版社,2004年版。

西奥多·赫茨尔著,肖宪译:《犹太国》,商务印书馆,1993年12月版。

西塞尔·罗斯著,黄福武等译:《简明犹太民族史》(汉译犹太文化名著丛书),山东大学出版社,2004年2月版。

小阿瑟·戈尔德施密特、劳伦斯·戴维森著,哈全安、刘志华译:《中东史》,东方出版中心,2010年9月版。

肖宪:《中东国家通史·以色列卷》,商务印书馆,2001年版。

邢秉顺:《伊朗文化》,文化艺术出版社,2003年版。

阎瑞松:《以色列政治》,西北大学出版社,1995年10月版。

杨曼苏:《以色列谜一样的国家》,世界知识出版社,1992年5月版。

昝涛:《现代国家与民族建构》,生活·读书·新知三联书店,2011年版。

扎比胡拉·萨法著,张鸿年译:《伊朗文化及其对世界的影响》,商务印书馆,2011年版。

张倩红、艾仁贵:《犹太文化》,人民出版社,2013年5月版。

张倩红、张礼刚、刘百陆:《犹太教史》,华夏文化出版社,2011年11月版。

张倩红:《以色列史》,人民出版社,2008年1月版。

张西平、刘若梅:《世界主要国家语言推广政策概要》,外语教学与研究出版社,2008年8月版。

赵蓉晖编:《社会语言学》,上海外语教育出版社,2005年7月版。

中国社会科学院民族所课题组等编:《国家、民族与语言:语言政策国别研究》,语文出版社,2003年4月版。

中国社会科学院民族研究所"少数民族语言比较研究课题组":《国外语言政策与语言规划》,语文出版社,1999年版。

周承:《以色列新一代俄裔犹太移民的形成及其影响》,时事出版社,2010年11月版。

周庆生等编译:《国外语言政策与语言规划进程》,语文出版社,2001年12月版。

周玉忠主编:《美国语言政策研究》,外语教学与研究出版社,2011年12月版。

周玉忠主编:《语言规划与语言政策:理论与国别研究》,中国社会科学出版,2004年1月版。

朱克柔:《民族冲突和宗教争端——当代中东热点问题的历史探索》,人民出版社,1996年6月版。

B. Spolsky、张治国:《语言政策简介》,《当代语言学》,2009年第2期。

陈雪娇:《卡扎尔王朝至巴列维王朝时期伊朗的犹太人研究》,陕西师范大学硕士学位论文,2010年。

郭蕊:《伊朗民族及民族问题研究》,西南大学硕士学位论文,2010年。

郭熙:《面向社会的社会语言学:理想与现实》,《语言文字应用》,2005年第3期。

哈全安:《伊朗现代化进程中的世俗政治与宗教政治》,《史学理论研究》,2008年第3期。

韩继伟、孙金光:《从历史文化视角解读伊朗民族精神》,《黔西南民族师范高等专科学校学报》,2009年12月。

何俊芳:《国外多民族国家语言政策与民族关系》,《中南民族大学学报(人文社会科学版)》,2011年7月。

贺红霞:《浅谈以色列语言教育现状和政策》,《西安文理学院学报(社会科学版)》,2009年8月,第12卷第4期。

侯红：《整体语言教学初探》，《沈阳教育学院学报》，2009年9月，第3期。

冀开运：《简论当代伊朗宗教管理的特点》，《西南大学学报（社会科学版）》，2011年3月第37卷第2期。

冀开运：《论伊朗现代教育的历史进程》，《西北大学中东研究》，1998年3月。

冀开运：《伊朗俾路支斯坦民族问题解析》，《世界民族》，2012年第4期。

冀开运：《伊朗民族关系格局的形成》，《世界民族》，2008年第1期。

冀开运：《论伊朗政治与宗教关系的特征》，《商洛学院学报》，2008年6月第22卷第3期。

李桂南：《介绍国家、民族与语言——语言政策国别研究》，《外语教学与研究》，2003年第6期。

李汉朝：《以色列基础教育特点及启示》，《现代教育论丛》，2010年1月第1期。

李鹏涛：《伊朗现代化进程中的民族关系——伊朗民族矛盾的产生与演变》，《世界民族》，2009年第1期。

李唯啸：《一战后英国在中东的政策》，兰州大学硕士学位论文，2010年10月。

李先军：《减少文化摩擦及促进民族和解的新举措——以色列双语言、跨文化教育》，《世界民族》，2006年第6期。

李志芬：《以色列阿拉伯人民族意识的发展及其对以色列民主制度的挑战》，《世界民族》，2009年第2期。

李志芬：《以色列阿拉伯人社会地位之探悉》，西北大学硕士学位论文，2006年4月。

李志芬：《以色列阿拉伯人政治地位之探析》，《延安大学学报（社会科学版）》，2011年8月，第33卷第4期。

李志芬：《以色列对本国阿拉伯公民政策思想之评析》，《西北大学学报（哲学社会科学版）》，2008年11月，第38卷第6期。

李志芬：《主体民族主义与国家构建的悖论——以色列民族主义政策思想之评析》，《西亚非洲》，2011年第7期。

林书武：《希伯来语成为以色列民族通用语言的原因》，《外语研究》，2001年第1期。

刘靖华：《全球化背景下的民族主义问题初探》，《现代国际关系》，2001年第8期。

刘军：《以色列民族政策浅析》，《世界民族》，2007年第1期。

鲁子问：《国家治理视野的语言政策》，《社会主义研究》，2008年第6期。

马蒂亚斯·柯尼格、冯世则：《文化多样性和语言政策前论续议》，《国际社会科学杂志（中文版）》，2000年3月。

毛春洲：《语言政策与规划相关研究概况》，《人民论坛》，2010年11月。

彭正文：《以色列中小学的"国家教育"：目标、途径及启示》，《外国中小学教育》，2012年6月第6期。

普忠良：《研究多民族国家语言政策的最新成果——〈国家、民族与语言——语言政策国别研究〉评价》，《世界民族》，2004年第3期。

邱兴：《以色列阿拉伯人中小学教师素质研究》，《外国中小学教育》，2004年9期。

色·赫其业勒图：《论语言政策》，《内蒙古师大学报》，1999年6月。

佟德富、杨桂萍：《略论宗教教育的特点及其对世俗教育的影响》，《甘肃社会科学》，1994年第2期。

汪文清、王克非：《以色列社会现实与多语言教育政策分析》，《理论建设》，2008年第6期。

汪文清：《以色列外有教育政策及其实施效果分析》，《中国西部科技》，2009年11月，第8卷第32期。

王二建：《希伯来语复兴的原因探析》，《黑龙江史志》，2013年第17期。

王锋：《试论波斯语言文化宗教对印度与中国穆斯林社会的影响》，"第二次回族学国际学术研讨会"论文汇编，2003年。

王菊如：《伊朗的民族与民族问题》，《西亚非洲（双月刊）》，1994年第6期。

王铁铮：《从犹太复国主义到后犹太复国主义》，《世界历史》，2012

年第 2 期。

王烨：《冷战后美以关系探析》，西北大学硕士学位论文，2007 年 6 月。

肖建飞：《国际法中的语言权力及其演变》，《世界民族》，2012 年第 5 期。

谢倩：《外语教育政策的国际比较研究》，华东师范大学博士学位论文，2011 年 3 月。

徐漫：《伊朗民众宗教信仰与宗教生活新趋向剖析》，《世界宗教文化》，2012 年第 4 期。

于卫青：《伊斯兰教在伊朗的地方化和民族化》，《湛江师范学院学报》，2005 年 2 月第 26 卷第 1 期。

于蔚天：《以色列教育立国经验研究》，西北大学硕士学位论文，2011 年 6 月。

员开华、段志强：《以色列的教育投资与分配》，《现代教育》，2007 年第 2 期（下）。

张晖：《伊朗古代文明在世界文明史上的重要地位》，《伊朗学研究》，2009 年 5 月。

张杰：《语言全球化：一体化与多元化》，《外国语》，2002 年第 6 期。

张洁：《以色列中小学英语教师的资格、培训及职业标准》，《外国中小学教育》，2008 年第 4 期。

张灵敏：《教育与以色列阿拉伯人的发展》，华东师范大学硕士学位论文，2007 年 5 月。

张倩红：《论以色列教育的特点》，《西北大学学报（哲学社会科学版）》，2000 年 2 月第 30 卷第 1 期。

张咏梅：《以色列阿拉伯人的现状与前景》，《西亚非洲（双月刊）》，1989 年第 6 期。

张占山：《语言规划、语言政策与社会背景的关系》，《烟台教育学院学报》，2005 年第 2 期。

赵克仁：《以色列犹太民族心态探析》，《世界民族》，1995 年第 2 期。

郑朝红、张帅：《全球化语境下的语言纯洁》，《河北大学学报（哲学社会科学版）》，2008 年第 5 期第 33 卷（总第 143 期）。

周庆生、魏丹:《介绍〈国家、民族与语言——语言政策国别研究〉》,《外语教学与研究 (外国语文双月刊)》, 2003 年 11 月。

一、外文文献

Alex Weingrod, Studies In Israel Ethnicity [M], Gordon And Breach Science Publishers, 1985.

Al-Haj, Majd, Education Among the Arabs of Israel: Domination and Social Change [M] . Jerusalem: Megnes Press. 1996.

Al-Haj Majid, Education, Empowerment, and Control: The Case of the Arabs in Isra [M] el, State University of New York Press. 1996.

Bernard Spolsky& Elana Shohamy, The Language of Israel: Policy, Ideology and Practice [M], Multilingual Matters Ltd, 1999.

Don Peretz, Israel and The Palestine Arabs [M], The Middle East Institute Washington, D. C. 1958.

Jacob M. Landau, The Arabs In Israel [M], Oxford University Press. 1969.

Muhammad Hasan Amara&ABD Al-Rahman, Language Education Policy: The Arab Minority in Israel [M], Kluwer Academic Publishers. 2002.

Ali Jabareen. Language Policy and the Status of Arabic in Israel , http: // www. qsm. ac. il/asdarat/jamiea/9/3 – Ali%20Jabareen. pdf.

Bernard Spolsky&Elana Shohamy, Language in Israeli society and education, International Journal of the Sociology of Language. Volume 137, Issue 1, Pages 93 – 114, ISSN (Online) 1613 – 3668, ISSN (Print) 0165 – 2516, DOI: 10. 1515/ijsl. 1999. 137. 93, July 2009.

Dafna Yitzhaki, Attitudes to Arabic Language Policies in Israel, Language problems and Language Planning, June 2011, Vol. 35 Issue 2.

Dafna Yitzhaki. The Discourse of Arabic Language Policies in Israel: Insights from Focus Groups, Lang Policy, November 2010, Volume 9, Issue 4.

Ilan Saban& Muhammad Amara, The Status of Arabic in Israel: Reflections on The Power of Law Produce Social Change, Israel Law Review, Hebrew University Faculty of Law, A Reprint from Volume 36, Number 2. Summer 2002.

Michael Hallel& Bernard Spolsky, The teaching of Additional Languages in Israel, Annual Review of Applied Linguistics, 1993.

Spolsky, B. Language in Israel: Policy, Practice, and Ideology, Georgetown University Round Table on Languages and Linguistics, 1999.

Donald N. Wilber, Modern Iran, Princeton University, 1955.

Rasool Nafisi, Iran: Political Cultire in the Islamic Republic, Southport, 1992.

Amin Bananz, The modernization of Iran (1921 – 1941), Stanford University, 1961.

Joanne Richter IRAN: the culture, Crabtree Publishing Company, 2009.

Lo Bianco J, Real world language politics and policy, 2002.

Rudi Matthee, Transforming Dangerous Nomands Into Useful Aftisans, Technicians, Agericulturalists, Iranian Studies 1993.9.

Katarzyna Marszalek – Kowalewska, Iranian Language policy: a case of linguistic purism, Investigationes Linguiticae Vol, XXII, 2011.

John R. Perry, Language Reform In Turkey And Iran, Middle East Stud. 17 (1985).

Mehrdad Kia, Persian Nationalism And The Campaign For Language Purification, Middle East Studies Volume34, Issue2, 1998.

Majid Hayati and Amir Mashhadi, Language planning and language-in-education policy in Iran [J] Language Problems and Language Planning Vol. 34, 2010.

Hossein Farhady, Reflections on Foreign Language Education in Iran, The Electronic Journal for English as a Second Language March 2010 – Volume 13, Number 4.

Hossein Farhady and Hora Hedayati, Language Assessment Policy In Iran Annual Review of Applied Linguistics, (2009) 29.

Ali Ashraf Sadeghi, Language planning in Iran: a historical review the Sociology of Language, 1990, 11.

Mohammad Amouzadeh, Language as social practice: Persian newspapers in post-revolutionary Iran the Journal of Language and politicals 2008, 7.

T. Ricen, An Introduction to Language Policy: Theory and Method, Oxford: Blackwell, 2006.

Alexander, N, The politics of language planning in post-apartheid south Afrrica, Language Problems and Language Planning, 2004, (2).

Pool J, Language Planing and Identity Planing, International Journal of the Sociology of Language, 1979, (20).

Ricen to T, Historical and Theoretical Perspectives in Language Policy and Planning Journal of Sociolinguistics, 2000, (2).

Ruiz. R, Orientations in language Planing, NABE Journal, Vol. 2, No. 8, p. 16.

Naeeni, S. M, New councils in Iran's Higher Education (translated. In Encyclopedia of Higher Education (Vol. 1, pp. 631 - 641), Tehran: Great Persian Foundation, 2004.

Epstein, Eches from the Pheriphery: Challenges to Building a culture of Peace Through Education in Marginalized Communities, E. H. 2006.

Y. Iram, Edueating toward a Culture of Peace, Green wieh, Conneetieut: Information Age Publishing.

Elyas, T. 2008, The Attitude and Impact of the American English as a Global Language within the Saudi Educational System, *Novitas Roral*, Vol. 2, 1, p. 28.

Ibrahim, M. 1983, *The Role of English Departments in Arab Universities*, In Dihayat and Ibrahim (eds.), Papers from the First Conference on the Problems of Teaching English Language and Literature at Arab Universities, University of Jordan, Amman-Jordan.

Kambal, M 1980, *An Analysis of Khartoum University Students'Composition Errors with Implications for Remedial English in the Context of Arabicization*, University of Texas, Austin, Texas.

Al-Bukhari, Najati M. A. *Education in Jordan*, Amman, Ministry of Culture and Information, 1972.

Campbell, Russell, Yehia El-Ezaby, and William Harrison. *English Language Teaching in Jordan: A Preliminary Study*, Cairo, Ford Foundation, mimeographed, 1972.

Harrison, Prator and Tucker. *English-Language Policy Survey of Jordan*, 1975.

Jaber, Tayseer A. "Education as an Investment in Jordan", in *Jordan Today*, May, 1972, pp. 3 – 8.

Jordan, Ministry of Education, Curricula and Textbooks Division. *English Curriculum: Compulsory Stage*, Amman, Cooperative Printing Presses Workers Society, second edition, 1969.

Jordan, Ministry of Education, Curricula and Textbooks Division. *English Curriculum: Secondary Stage*, Amman, Cooperative Printing Presses Workers Society, 1971.